融合型·新形态教材
复旦社云平台 fudanyun.cn

婴幼儿托育·教养·早期教育系列教材

U0731032

婴幼儿家庭教养指导与咨询

总主编 陈雅芳 颜晓燕

主 编 郭俊格

副主编 王 凤 洪安宁

编 者 郭俊格 王 凤 洪安宁 柯 瑜 邱冠楠

復旦大學 出版社

内容提要

本书立足0~3岁婴幼儿身心发展规律，以"科学育儿理念普及"与"家庭教养能力提升"为核心目标，采用"项目导读-案例剖析-任务驱动"三维编写框架，围绕家庭教养指导与家长咨询两大主线展开。基于成人学习特点设计六大项目，涵盖婴幼儿生理心理发展特点解析、分龄教养指导（0~1岁、1~2岁、2~3岁及特殊婴幼儿）、教养活动评析三大模块，贯穿家庭照护、穿衣出行、亲子游戏等生活场景；通过真实案例与实操实训方案，将理论转化为可操作的养育策略。本书既可作为托育专业院校理实一体化教材，又可作为托育机构从业者及0~3岁婴幼儿家长阅读参考。本书配有教学课件、教案、视频、习题参考答案等教学资源，为阅读者打造"理论认知-方法习得-实践反思"的全周期支持体系，助力家庭建立科学育儿观，提升0~3岁婴幼儿养育质量。

复旦社云平台
数字化教学支持说明

为提高教学服务水平，促进课程立体化建设，复旦大学出版社建设了"复旦社云平台"，为师生提供丰富的课程配套资源，可通过"电脑端"和"手机端"查看、获取。

🖥️ 【电脑端】

电脑端资源包括PPT课件、电子教案、习题答案、课程大纲、音频、视频等内容。可登录"复旦社云平台"（fudanyun.cn）浏览、下载。

Step 1 登录网站"复旦社云平台"（fudanyun.cn），点击右上角"登录／注册"，使用手机号注册。

Step 2 在"搜索"栏输入相关书名，找到该书，点击进入。

Step 3 点击【配套资料】中的"下载"（首次使用需输入教师信息），即可下载。音频、视频内容可点击【数字资源】，搜索书名进行浏览。

【手机端】

PPT 课件、音视频、阅读材料：用微信扫描书中二维码即可浏览。

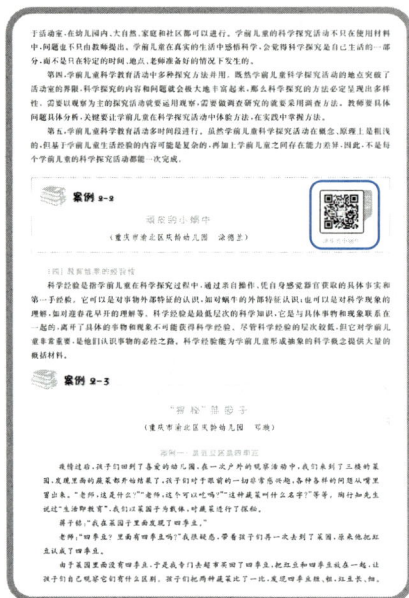

扫码浏览

【更多相关资源】

更多资源，如专家文章、活动设计案例、绘本阅读、环境创设、图书信息等，可关注"幼师宝"微信公众号，搜索、查阅。

平台技术支持热线：029-68518879。

"幼师宝"微信公众号

　　人生百年,立于幼学。0～3岁婴幼儿的早期教育与照护是学前教育与终身教育的开端,不仅关系着儿童的健康成长,也关系到千家万户的幸福和谐与国家未来人才的综合素质。习近平总书记指出,要大力发展普惠托育服务体系,显著减轻家庭生育、养育及教育负担。党的二十大报告指出:深入贯彻以人民为中心的发展思想,在幼有所育上持续用力。坚持以推动高质量发展为主题,建设教育强国,办好人民满意的教育。2022年7月,国家卫生健康委员会、国家发展改革委等17部门联合印发《关于进一步完善和落实积极生育支持措施的指导意见》,也明确提出提升托育服务质量。在此背景下,国家迫切需要建设一支"品德高尚、富有爱心、敬业奉献、素质优良"的婴幼儿照护服务队伍,开展托幼专业师资人才培养培训并编写相应的专业教材成为当务之急。泉州幼儿师范高等专科学校在2014年编写了"0～3岁儿童早期教育"系列教材,在此基础上,我们再次组织高校、幼儿园和托育机构的教师团队,对本套丛书进行编写和修订。

　　本丛书以习近平新时代中国特色社会主义思想为指导,贯彻落实党中央关于托育工作的决策部署,依据《国务院办公厅关于促进3岁以下婴幼儿照护服务发展的指导意见》(国办发〔2019〕15号)、《托育机构保育指导大纲(试行)》、《国家卫生健康委办公厅关于印发3岁以下婴幼儿健康养育照护指南(试行)的通知》(国卫办妇幼函〔2022〕409号)、《托育从业人员职业行为准则(试行)》等政策、法规的精神要求,全面落实立德树人根本任务,通过教材建设,满足专业人才培养需求。本套教材拟从以下三个方面回应当前托育发展的现状。一是破解托育服务行业快速发展与专业人才供给不足的矛盾,为婴幼儿教育提供可持续、专业化的服务和指导。二是弥补院校早期教育、托育服务专业教材系列化的缺失,助推人才培养,建立与托育服务产业链相配套的人才链,为各院校提供前沿教材参考,从人才培养的源头保障托育服务专业化水平的提升。三是助力解决公办托育一体化服务、社区配套托育服务中科学养育方案和教材内容欠缺等难题,助推"托幼一体化"模式和多形式普惠托育服务模式形成,促进托育机构多样化健康发展。

　　本丛书依照中华人民共和国国家标准《0～3岁婴幼儿居家照护服务规范》《家政服务母婴生活护理服务质量规范》,对照教育部《早期教育专业教学标准》《婴幼儿托育服务与管理专业教学标准》,融合思政教育,对接工作岗位,以任务驱动、问题导向的岗课赛证贯通的体系编排内容,呈现"项目导读、学习目标、知识导图、案例导入、内容阐释、育儿宝典、任务思考、实训实践、赛证链接"的编写体例,突出职业性、科学性与实用性三大特色。此外,教材还内置二维码链接视听资源、课程资源与典型案例,形成数字化教材体系,支持线上线下混合式教学。实现纸质教材＋数字资源的结合,体现"互联网＋"新形态一体化教材的编写理念。

　　本丛书组建专业编写团队,汇聚学前教育、早期教育和托育服务与管理专业的专家学者,联合高职高专院校、幼儿园、早教和托育机构等相关教师参与编写,共同打造涵盖0～3岁婴幼儿"卫生保健、心理发展、早期教育、环境创设、营养喂养、动作发展、言语发展、游戏指导、艺术启蒙、情感与社会性发展、观察评价、亲子活动、家庭教养"等14本系列教材,体现专业性、系列化和全视域特点。

　　本丛书中的8本教材《婴幼儿卫生与保健》《婴幼儿心理发展》《早期教育概论》《婴幼儿亲子活动设计与指导》《婴幼儿游戏指导》《婴幼儿活动设计与指导(动作发展)》《婴幼儿活动设计与指导(言语发展)》《婴幼儿活动设计与指导(艺术启蒙)》,历经十余年教学实践检验后,结合当代托育服务新理念进行全新修订;另6本教材《婴幼儿科学营养与喂养》《婴幼儿活动设计与指导(社会性发展)》《婴幼儿活动设计与指导(综合版)》《婴幼儿行为观察与发展评价》《婴幼儿教养环境创设与利用》《婴幼儿家庭教养指导与咨询》则是最新编写的,能够较好地融合校企合作、双元育人的有效做法,体现理论与实践密切结合的特点。

本丛书由陈雅芳、颜晓燕担任总主编,许琼华、洪培琼担任副总主编,统筹全书策划与审校工作。各本教材的主编分别为:洪培琼、许环环主编《婴幼儿卫生与保健》、孙蓓主编《婴幼儿心理发展》、刘丽云主编《早期教育概论》、林娜主编《婴幼儿科学营养与喂养》、陈春梅主编《婴幼儿活动设计与指导(动作发展)》、颜晓燕主编《婴幼儿活动设计与指导(言语发展)》、公燕萍主编《婴幼儿活动设计与指导(艺术启蒙)》、许琼华主编《婴幼儿活动设计与指导(社会性发展)》、邓诚恩主编《婴幼儿活动设计与指导(综合版)》、曹桂莲主编《婴幼儿亲子活动设计与指导》、孙巧锋主编《婴幼儿游戏指导》、许颖主编《婴幼儿行为观察与发展评价》、林兢主编《婴幼儿教养环境创设与利用》、郭俊格主编《婴幼儿家庭教养指导与咨询》。

本丛书符合职前早期教育、托育服务与管理等专业课程的开设需求,符合职后相关教育工作者职业能力的发展需求,同时也为家长提供科学育儿参考,适宜高校教师和学生,早教和托育机构的教育工作者、研究者以及广大家长使用。同时,本丛书也被列入泉州市托育综合服务中心规划教材。

打造高品质的专业教材是编写组的初衷,助力广大学生、教师和家长共同守护婴幼儿的健康发展是编写组不变的初心!因编者水平有限,书中不妥之处敬请读者批评指正!

"婴幼儿教养系列教材"编写组

前　言

家庭是 0~3 岁婴幼儿成长的第一个环境,家长是婴幼儿教养的第一任老师,家长的科学育儿观念、科学育儿水平直接影响婴幼儿的健康成长。本书针对 0~3 岁婴幼儿的身心发展,在剖析 0~3 岁婴幼儿生理、心理特点的基础上,联系理论与实际,详细阐述了如何做好婴幼儿的家庭教养指导与咨询工作,并从家庭照护、穿衣出行、亲子游戏等方面作出评析。基于成人的学习规律,由项目导读调动学习积极性,案例导入引发思考,以任务驱动式的形式,围绕家庭教养指导与家长咨询两个方面,深入阐释理论,收集生动案例,设计育儿宝典,布置任务思考;同时,增设实训实践任务书,提升使用者实践设计能力。

本书每章都配有项目导读、案例导入,针对家庭照护、穿衣出行、亲子游戏等高频生活场景进行细致评析,并提供切实可行的操作建议。每章精心总结关键知识点和实用技巧,形成易于掌握、方便查阅的"育儿宝典",使读者能够有针对性地了解家庭教养中的某些具体问题及其解决方法。引导新手家长结合自身实际进行反思与探索,将知识内化为个人智慧,提升独立解决问题的能力。特别增设实训实践环节,设计具体的实践任务书,为读者(尤其是专业指导人员或学习者)提供模拟演练和真实操作的蓝本,显著提升将理论转化为实际咨询与指导方案的设计能力和执行力,这是本书区别于同类书籍的重要特色。

本书精心设计 6 个项目,系统覆盖 0~3 岁婴幼儿家庭教养的方方面面:从必备的基础知识,到精准分龄(0~1 岁、1~2 岁、2~3 岁)的教养指导与咨询策略,再到教养实践的评析总结,以及对特殊婴幼儿家庭的特别关怀指导,构建了完整的知识闭环。具体项目撰写分工为:项目一、项目五由泉州幼儿师范高等专科学校郭俊格编写,项目二由泉州幼儿师范高等专科学校王凤编写,项目三由泉州幼儿师范高等专科学校洪安宁编写,项目四由泉州幼儿师范高等专科学校柯瑜编写,项目六由泉州市刺桐幼儿园邱冠楠和泉州幼儿师范高等专科学校郭俊格编写,郭俊格、王凤负责统稿。

在本书的编写过程中,我们广泛参考和借鉴了国内外众多优秀的研究成果、经典著作与前沿理论,力求为读者呈现系统、准确的知识体系。然而,由于编写时间紧迫、涉及内容广泛,且编者经验与能力有限,在部分内容的引用标注上存在疏漏或不够准确、详尽之处,在此表示深深的感谢并致以诚挚歉意。本书虽经努力,仍难免存在不足,恳请各位专家、读者不吝指正,您的宝贵意见将是我们改进的重要动力。我们致力于提供一部不断完善的优质教材。

编者

2025 年 7 月

目 录

项目一 了解 0～3 岁婴幼儿家庭教养指导与咨询的基础知识

📖 项目导读

人口结构变化如低生育率、老龄化等问题促使社会重视早期投入，提升人口质量。而家庭养育面临的挑战主要有：祖辈传统经验与科学育儿理念的差异；新手父母普遍缺乏婴幼儿心理、营养、早期启蒙的系统知识；双职工家庭时间有限，早教机构质量参差不齐，家庭亟需专业支持。

本模块要求学习者掌握 0～3 岁婴幼儿家庭教养指导与咨询的基本概念及特点，了解婴幼儿家庭教养指导与咨询的方法，明确婴幼儿家庭教养指导与咨询的重要意义。

📖 学习目标

1. 知识目标： 了解婴幼儿家庭教养指导的内容，领会婴幼儿家庭教养的特点，明确婴幼儿家庭教养的目的与意义，明晰婴幼儿家庭教养的影响因素与我国婴幼儿家庭教养发展现状。

2. 能力目标： 熟知婴幼儿家庭教养指导与咨询的途径，掌握婴幼儿家庭教养指导与咨询的方法，能够遵循婴幼儿家庭教养指导的原则，选择并运用科学适当的方法实施家庭教育。

3. 素养目标： 树立科学的家庭教养观念，具有初步家庭教养指导的意识，能使用适当的指导方法。

⚙️ 知识导图

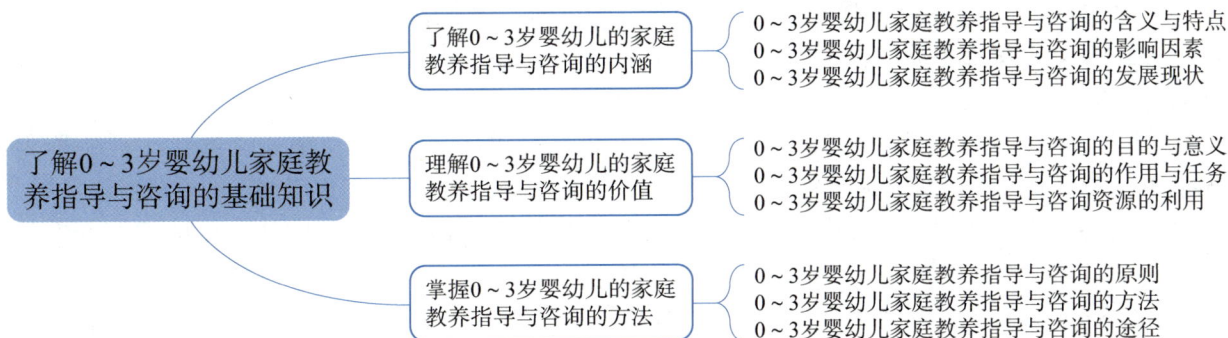

任务一　了解0～3岁婴幼儿的家庭教养指导与咨询的内涵

案例导入

"3岁之前吃饱穿暖最重要,教育是教师的事情。"这是很多家长一直秉持的观念。许多家长通常认为0～3岁的宝宝养重于教,家长只需要关注宝宝的吃喝拉撒睡,让他们吃饱穿暖不生病,身体健康发育好就可以了,其他方面顺其自然,等上了幼儿园再考虑教育,那是学校和老师的事情。虽然现在很多家长已经开始慢慢转变自身观念,但依然存在教育观念方面的偏差,经验不足。你对此持什么观点?为什么?通过本任务的学习一起走进婴幼儿家庭教养的世界。

婴幼儿时期是性格形成的关键时期。家庭中的爱与关怀、规则与界限,为孩子提供了安全感和自我价值感的基石,有助于形成稳定、积极的人格特质。通过亲子互动、故事讲述、玩具游戏等方式,家长可以激发孩子的好奇心、探索欲和解决问题的能力,为日后的学习打下坚实的基础。家庭是孩子学习如何与他人相处的起点。家长的示范、鼓励孩子表达情感、参与家庭活动,有助于孩子理解合作、分享和同理心的重要性。婴幼儿期建立的情感联结是孩子情感安全的源泉。良好的家庭氛围、积极的亲子关系对孩子的情绪调节、压力应对能力有着深远的影响。

婴幼儿家庭教养是一项既充满挑战又极具意义的任务。它要求家长们既要有爱心与耐心,也要具备科学的教育理念和方法。通过科学的指导方法,我们可以为孩子营造健康、快乐的成长环境,为他们的未来奠定坚实的基础。

一、0～3岁婴幼儿家庭教养指导与咨询的含义与特点

(一) 0～3岁婴幼儿家庭教养指导的含义

0～3岁婴幼儿家庭教养指的是在家庭环境中,父母或其他家庭成员对0～3岁婴幼儿进行的教育、养育和照顾活动。这个阶段的婴幼儿处于身心快速发展的关键时期,家庭教养对他们的成长具有至关重要的影响。而0～3岁婴幼儿家庭教养指导,是指针对0～3岁这一特定年龄段的婴幼儿,在家庭环境中由父母或其他家庭成员实施的教养活动和指导策略。这一阶段的家庭教养不仅关注婴幼儿的身体健康和营养摄入,还涉及心理发展、认知启蒙、社会性培养等多个方面。

具体来说,0～3岁家庭教养指导含义包括以下几个方面:

① 提供安全健康的生活环境:确保婴幼儿的基本生活需求得到满足,如提供适宜的食物、安全的居住环境、良好的卫生条件等。

② 促进婴幼儿身心健康发展:通过合理的作息安排、适当的运动锻炼、科学的营养摄入等方式,促进婴幼儿的身体健康发育;同时,通过亲子互动、语言交流、情感沟通等方式,促进婴幼儿的心理健康发展。

③ 培养婴幼儿的认知能力:利用玩具、图书、游戏等教育资源,激发婴幼儿的好奇心和探索欲望,培养其感知、记忆、思维等认知能力的发展。

④ 引导婴幼儿形成良好的行为习惯:通过示范、引导、奖励等方式,帮助婴幼儿建立正确的价值观和行为准则,如诚实守信、尊重他人、讲究卫生等。

⑤ 关注婴幼儿的情感需求:给予婴幼儿足够的关爱和陪伴,及时回应其情感需求,帮助其建立安全感和自信心。

0～3岁婴幼儿家庭教养指导是一种综合性的、以婴幼儿为中心的教育活动,旨在通过科学的指导和养育方式,促进婴幼儿的全面发展。这一阶段的家庭教养对婴幼儿的未来成长和发展具有深远的影响。

（二）0～3 岁婴幼儿家庭教养指导的内容

0～3 岁婴幼儿家庭教养的内容是一个综合性的体系,旨在促进婴幼儿在多个方面的全面发展。

1. 营养与健康

① 提供均衡饮食:确保婴幼儿获得充足的营养,满足身体发育的需求。家长应根据婴幼儿的年龄和营养需求,合理搭配食物,提供多样化的饮食。

② 培养良好的生活习惯:包括规律的作息时间、充足的睡眠、适当的运动等,这些都有助于婴幼儿的身心健康。

2. 安全与防护

① 创建安全的生活环境:预防意外伤害的发生,如设置防护栏、插座保护盖等,确保婴幼儿在家中的安全。

② 教导基本安全知识:如不触摸危险物品、不跟陌生人走等,提高婴幼儿的安全意识。

3. 感知觉与动作发展

① 感知觉训练:通过各种感官活动,如视觉(看图画书、观察自然)、听觉(听音乐、听故事)、触觉(玩水、玩沙)等,丰富婴幼儿的感知经验。

② 动作发展训练:根据婴幼儿的年龄特点,进行大动作(如抬头、翻身、坐、爬、站、走)和精细动作(如抓握、捏拿小物件)的训练。

4. 认知与语言发展

① 提供认知刺激:通过玩具、游戏等,激发婴幼儿的好奇心和探索欲望,促进其认知能力的发展。

② 语言刺激与交流:多与婴幼儿说话,创造丰富的语言环境,鼓励其模仿和表达,促进其语言能力的发展。

5. 社交与情感培养

① 培养社交技能:鼓励婴幼儿与同龄人互动,学习分享、合作和解决冲突等基本的社交技能。

② 情感培养:通过亲子互动和交流,培养婴幼儿的同情心、责任感和良好的人际交往能力。

6. 品德教育

① 培养良好品德:在日常生活中,通过言传身教,培养婴幼儿诚实、善良、有礼貌等良好品德。

② 树立榜样:家长应以身作则,成为婴幼儿学习的榜样,通过自己的行为示范,传递正确的价值观和道德观。

7. 环境创设与资源利用

① 营造温馨有序的家庭环境:为婴幼儿创造温馨、有序、富有启发性的家庭环境,激发其探索欲望和创造力。

② 充分利用家庭资源:如利用家中的书籍、玩具、音乐等资源,为婴幼儿提供丰富的学习和发展机会。

总之,0～3 岁婴幼儿家庭教养的内容涵盖了营养与健康、安全与防护、感知觉与动作发展、认知与语言发展、社交与情感培养、品德教育以及环境创设与资源利用等多个方面。家长应全面关注婴幼儿的成长需求和发展特点,为其提供全面、科学、个性化的家庭教养服务。

（三）0～3 岁婴幼儿家庭教养指导的特点

1. 全面性

家庭教养的内容应涵盖婴幼儿的生理、智力、情感、社会性等多方面的发展。具体来说:家长需要关注婴幼儿的饮食、睡眠、运动等,确保其身高、体重、头围等指标正常增长,同时增强体质和运动能力。通过提供丰富的环境和材料,如玩具、图画书等,激发婴幼儿的好奇心和探索欲,促进其感知、记忆、思维、想象等认知能力的发展。家长应给予婴幼儿充足的情感支持,与其建立安全、稳定的亲子关系,培养积极的情感态度和良好的性格。通过亲子互动、同伴交往等方式,促进婴幼儿社会交往能力、合作能力和自我意识的发展。

2. 个体差异性

每个婴幼儿在生理、智力、情感、社会性等方面的发展水平都存在差异。因此,家庭教养应遵循个别差异的原则,根据每个婴幼儿的具体情况因材施教。例如,对于动作发展较慢的婴幼儿,家长可以提供更多的活动机会和辅助,促进其运动能力的发展;对于语言发展较慢的婴幼儿,家长则可以更多地与其交流,丰富其词汇量。

3. 整体性

0～3岁婴幼儿的发展是一个整体,各方面发展之间相互联系、相互促进。因此,家庭教养应注重各方面发展的协调一致,促进婴幼儿的整体和谐发展。例如,通过亲子游戏、亲子阅读等活动,可以同时促进婴幼儿的智力、情感和社会性等多方面的发展。

4. 积极主动性

婴幼儿是天生的学习者,具有强烈的求知欲和探索欲。家庭教养应注重培养婴幼儿的积极主动性,鼓励他们自主探索、自主学习。例如,家长可以提供安全的探索环境,让婴幼儿自由玩耍、探索;同时,也可以引导婴幼儿提出问题、解决问题,培养其好奇心和探索精神。

5. 游戏性

游戏是婴幼儿的主要活动方式,也是家庭教养的重要手段。家长应创设丰富多彩的游戏环境和游戏活动,促进婴幼儿在游戏中快乐学习、健康成长。例如,可以通过亲子游戏、角色扮演等方式,让婴幼儿在游戏中锻炼社交技能、提升语言表达能力等。

6. 家园合作性

虽然家庭是0～3岁婴幼儿保育与教育的主要承担者,但幼儿园、社区等外部资源也对婴幼儿的成长具有重要影响。因此,家庭教养应注重家园合作,建立良好的家园沟通机制,共同促进婴幼儿的健康成长。例如,家长可以积极参与幼儿园的活动,了解婴幼儿在园的表现;同时,也可以与幼儿园教师分享育儿经历,共同为婴幼儿的成长提供支持。

总之,0～3岁婴幼儿家庭教养的特点主要体现在全面性、个体差异性、整体性、积极主动性、游戏性和家园合作性等方面。这些特点共同构成了婴幼儿家庭教养的核心理念和实践方向。

(四) 0～3岁婴幼儿家庭教养咨询的含义

0～3岁婴幼儿家庭教养咨询的含义是,为0～3岁婴幼儿的家庭提供关于婴幼儿养育、教育、心理发展等方面的专业指导和咨询服务。这种咨询旨在帮助家长理解婴幼儿的成长阶段和特点,掌握科学的育儿方法和技巧,以促进婴幼儿的全面发展。

总的来说,0～3岁婴幼儿家庭教养咨询内容包含以下几个方面:

① 婴幼儿成长阶段理解:帮助家长了解0～3岁婴幼儿在不同成长阶段的心理、生理和行为特点,以及这些特点对育儿方式的影响。

② 育儿方法与技巧指导:提供关于婴幼儿饮食、睡眠、卫生、安全等方面的专业建议,以及如何进行亲子互动、情感沟通、行为引导等育儿技巧的指导。

③ 心理发展与情感支持:关注婴幼儿的心理发展需求,提供关于如何培养婴幼儿良好的情绪管理能力、自信心和社交技能等方面的建议。同时,为家长提供情感支持,帮助他们应对育儿过程中的压力和困惑。

④ 教育资源与活动推荐:根据婴幼儿的兴趣和发展需求,推荐适合的教育资源和活动,如图书、玩具、亲子游戏等,以促进婴幼儿的认知和语言发展。

⑤ 特殊需求婴幼儿咨询:针对有特殊需求的婴幼儿,如早产儿、有特殊疾病或发育迟缓的婴幼儿,提供专业的咨询和指导,帮助家长制定个性化的养育计划。

通过0～3岁婴幼儿家庭教养咨询,家长可以获得专业的育儿知识和支持,提高育儿能力,为婴幼儿的健康成长和全面发展奠定坚实的基础。同时,咨询也有助于增进亲子关系,促进家庭和谐。

(五) 0～3岁婴幼儿家庭教养咨询的特点

0～3岁婴幼儿家庭教养咨询的特点主要体现在以下几个方面:

1. 全面性

0～3岁婴幼儿家庭教养咨询的内容涵盖了婴幼儿成长的多个方面,包括生理、心理、情感、社会性等各个方面的发展。咨询不仅关注婴幼儿的身体健康,还注重其心理健康和社交能力的培养。

2. 个性化

每个婴幼儿都是独特的个体,他们在成长过程中的需求和表现也会有所不同。因此,0～3岁婴幼儿家庭教养咨询强调个性化服务,根据每个婴幼儿的具体情况和家庭背景,提供针对性的建议和指导。

3. 专业性

0～3岁婴幼儿家庭教养咨询通常由具有专业知识和经验的专业人员提供,他们了解婴幼儿成长的特点和规律,能够准确评估婴幼儿的发展状况,并提供科学、合理的育儿建议。

4. 互动性

家庭教养咨询是一个双向交流的过程,家长和咨询人员之间需要进行充分的沟通和互动。咨询人员需要了解家长的需求和困惑,家长也需要积极反馈婴幼儿的情况和进展,以便咨询人员能够根据实际情况调整建议和指导。

5. 持续性

0～3岁婴幼儿的成长是一个持续的过程,家庭教养咨询也需要持续进行。咨询人员需要定期与家长联系,了解婴幼儿的最新情况,提供持续的支持和指导。同时,家长也需要保持与咨询人员的沟通,及时获取新的育儿知识和方法。

6. 情感支持性

在咨询过程中,咨询人员不仅提供育儿知识和方法,还给予家长情感上的支持和理解。面对育儿过程中的挑战和困惑,家长可能会感到焦虑和压力,咨询人员的情感支持有助于缓解这些负面情绪,增强家长的育儿信心和动力。

总之,0～3岁婴幼儿家庭教养咨询具有全面性、个性化、专业性、互动性、持续性和情感支持性等特点。这些特点使得咨询能够更好地满足家长的需求,促进婴幼儿的全面发展。

二、0～3岁婴幼儿家庭教养指导与咨询的影响因素

0～3岁婴幼儿家庭教养指导与咨询的效果受到多种因素的影响,这些因素共同作用于婴幼儿的成长环境和家庭教养过程。

(一) 家庭环境因素

1. 家庭结构

家庭成员的构成、家庭关系以及家庭稳定性等,对学前儿童的家庭教育具有深远影响。一个完整、稳定的家庭结构能够为儿童提供持续的情感支持和安全感,有助于儿童形成稳定的心理状态和积极的社会行为。相反,家庭结构不完整或频繁变动,如父母离异、单亲家庭等,可能导致儿童缺乏安全感,影响其社会适应能力和情感发展。

2. 家庭氛围

一个温馨、和谐、充满爱的家庭氛围能够让孩子感受到安全和归属感,有助于他们形成健康的心理和积极的人生态度。良好的亲子关系也是孩子情感发展的重要支撑,能够让他们学会如何与人相处,如何表达自己的情感和需求。如果家庭氛围紧张、冷漠,或者亲子关系疏远、对立,那么孩子可能会感到孤独、无助,甚至产生心理问题。

3. 家庭物质条件

家庭经济状况是影响学前儿童教育资源投入的重要因素。经济条件较好的家庭能够为孩子提供更多的教育资源,如优质的早教课程、丰富的玩具和图书,甚至海外游学等机会。这些资源不仅能够丰富孩子的知识面和视野,还能够培养他们的兴趣和特长,为未来的学习和生活打下坚实的基础。经济条件较差的家庭可能面临教育资源匮乏的问题,影响儿童的全面发展。

4. 家庭成员育儿观念

祖辈和父辈的育儿观念可能存在差异,这会影响家庭教养的一致性和有效性。随着社会的发展,越来越多的年轻父母开始注重科学育儿,但部分祖辈可能仍坚持传统育儿方式。

（二）父母因素

1. 父母的素质

父母的教育水平和观念直接影响着他们对孩子的教育方式和内容的选择。受过高等教育的父母往往更加注重孩子的全面发展，倾向于采用更为科学、合理的教育方法，如启发式、游戏式等，以促进孩子的智力和情感发展。教育水平较低或教育观念保守的父母可能更倾向于采用传统的教育方式，如死记硬背、严厉惩罚等，这可能会抑制孩子的创造力和个性发展。

2. 父母的心理素质

家长的情绪管理能力、抗压能力等心理素质对学前儿童的家庭教育同样具有重要影响。家长的情绪状态会直接影响儿童的情绪和行为表现。情绪稳定、心态积极的家长能够给儿童带来正面的情感影响，有助于儿童形成健康的心理品质。

（三）婴幼儿自身特点

每个婴幼儿都有其独特的性格、兴趣和气质，这些特点也会影响家庭教养的方式和效果。婴幼儿在不同阶段的发展需求也会影响家庭教养的内容和重点。因此，家长在选择家庭教育方式时，应充分考虑孩子的自身特点。同时，家长也应关注孩子的情感需求，给予他们足够的关爱和支持，让孩子在温馨、和谐的氛围中健康成长。

（四）社会文化背景

不同的文化传统、价值观念和社会风气会对家庭教育产生不同的影响。例如，在一些重视教育的文化中，家长可能会更加注重孩子的学术成绩和知识技能的培养；而在一些注重个性和创造力的文化中，家长则可能更加鼓励孩子探索未知、发挥想象力。因此，家长在选择家庭教育内容时，应充分考虑社会文化背景的影响，结合孩子的实际情况和兴趣爱好，制定符合孩子发展需求的家庭教育计划。

（五）教育政策与资源

政府对教育的重视程度、教育资源的分配等也会影响家庭教育的质量和效果。例如，政府对学前教育的投入、对家庭教养的政策支持等都会为家庭教育提供更多的资源和机会。如提供育儿指导、教育资源等，会影响家庭教养的实施效果。托育机构、亲子活动场所等社会资源的普及程度也会影响家庭教养的多样性和丰富性。同时，随着科技和媒体的迅猛发展，它们在学前儿童家庭教育中的角色和影响日益凸显，为家庭教育提供了更多的资源和手段，如在线教育平台、智能玩具、教育 App 等。

综上所述，0～3 岁婴幼儿家庭教养指导与咨询的影响因素是多方面的，包括家庭环境、父母因素、婴幼儿自身特点、社会文化背景以及教育政策与资源等。为了提供有效的家庭教养指导与咨询，需要综合考虑这些因素，并根据婴幼儿的实际情况和需求制定个性化的教养计划。

当前家庭教养也面临着一些挑战。

① 教育观念落后：部分家长缺乏科学的育儿观念，过度溺爱或严格管教，不利于婴幼儿的全面发展。

② 亲子关系疏远：由于工作忙碌等原因，部分家长与婴幼儿相处时间减少，导致亲子关系疏远。

③ 教育资源不足：部分地区和家庭缺乏优质的教育资源，难以满足婴幼儿的学习和发展需求。

④ 家庭教育环境不稳定：频繁更换生活环境或家庭成员关系不睦可能对婴幼儿成长产生不利影响。

在后续的教养中可以通过加强家庭教育指导、增进亲子关系、提高家长的教育能力、优化家庭教育环境、引入专业教育机构等措施改善。政府和社会应加大对家庭教育的投入，提供专业的家庭教育指导，帮助家长树立正确的育儿观念。家长应尽量多陪伴婴幼儿，与他们建立良好的亲子关系，促进婴幼儿的心理健康发展。通过培训、学习等方式提高家长的教育能力和素质，使其更好地承担起教育婴幼儿的责任。家庭应提供稳定、和谐的教育环境，避免频繁更换生活环境对婴幼儿的成长产生不利影响。鼓励家长参与专业的育儿机构或课程，学习科学的育儿方法，提高家庭教养的专业性和科学性。

影响 0～3 岁婴幼儿家庭教养的这些因素相互交织、共同作用，影响着家庭教养的实践效果和婴幼儿的全面发展。因此，我们需要从多个方面入手，加强家庭教育指导，增进亲子关系，提高家长的教育能力，优化家庭教育环境以及引入专业教育机构等，以推动家庭教养的持续改进和发展。

三、0～3 岁婴幼儿家庭教养指导与咨询的发展现状

0～3 岁是婴幼儿教育的起始阶段,也是婴幼儿身心发展的关键时期,此时期大脑发育迅速,对环境刺激敏感,是接受教育的黄金期。因此,0～3 岁婴幼儿家庭教养指导与咨询的发展显得尤为重要。

(一)家庭教养指导的需求增加

随着社会对婴幼儿早期教育重视程度的提高,教育理念与时俱进,越来越多的家庭开始关注 0～3 岁婴幼儿的家庭教养问题。家长们对科学教养知识与方法需求迫切,不仅关注孩子的营养健康,对智力开发、情感培养、社会性发展等方面的指导需求也日益增加;希望通过专业的指导与咨询,了解婴幼儿的成长规律、心理发展特点以及科学的育儿方法,从而提升教养水平,更好地促进婴幼儿的全面发展。

(二)专业指导与咨询机构的涌现

为了满足家长们的需求,近年来,越来越多的专业指导与咨询机构应运而生。这些机构通常拥有专业的早教团队和心理咨询师,能够为家长提供个性化的家庭教养指导与咨询服务。他们通过线上线下的方式,为家长提供育儿知识讲座、亲子活动、心理咨询、入户指导等服务,包括社区、医院、早教园、专业家庭教育指导机构等,其中社区开展亲子活动、举办育儿讲座;医院提供育儿咨询、健康检查等服务;早教园通过亲子课程等指导家长。提供营养保健知识、科学养育技巧、婴幼儿发展特点、亲子互动方法、心理健康等方面内容,帮助家长解决育儿过程中的困惑和问题。

(三)政策法规的支持与推动

政府也高度重视 0～3 岁婴幼儿家庭教养指导与咨询的发展。为了促进婴幼儿照护服务的发展,国家出台了一系列政策法规,如《国务院办公厅关于促进 3 岁以下婴幼儿照护服务发展的指导意见》(国办发〔2019〕15 号)提出,要促进 0～3 岁儿童早期综合发展,积极开展 0～3 岁儿童科学育儿指导等。这些政策旨在建立完善促进婴幼儿照护服务发展的供给体系,多种形式开展婴幼儿照护服务,满足人民群众对婴幼儿照护服务的需求。同时,政府还鼓励社会力量参与婴幼儿照护服务,推动托育服务的普惠化发展。

(四)家庭养育模式的转变

随着社会的发展和家庭结构的变化,传统的家庭养育模式正在发生转变。越来越多的家庭开始意识到隔代教养存在的弊端,如教育观念不一致、过度溺爱等。因此,他们更愿意选择专业的机构来承担婴幼儿的照护和教育任务。这种转变也促进了 0～3 岁婴幼儿家庭教养指导与咨询的发展。

(五)存在的问题与挑战

尽管 0～3 岁婴幼儿家庭教养指导与咨询取得了显著的发展,但仍存在一些问题和挑战。例如,部分家长对早期教育的重视程度不够,主动参与意识低,仍依赖传统经验教养孩子,缺乏科学的育儿知识和方法;部分指导与咨询机构的从业人员专业水平参差不齐,缺乏系统的专业培训,存在指导内容针对性不强、缺乏个性化指导、指导方法不科学等问题,不能有效满足家长需求,难以提供高质量的指导与咨询服务难以保证服务质量;此外,托育服务的供给仍然不足,尤其是普惠性的托育服务供给短缺,城市与农村、发达地区与欠发达地区在家庭教养指导与咨询资源上存在差距,农村和欠发达地区资源匮乏。

(六)未来发展趋势

随着家长对婴幼儿教育需求的不断提高,未来 0～3 岁婴幼儿家庭教养指导与咨询将更加注重个性化和定制化的服务。机构将根据婴幼儿的不同年龄、性格、兴趣等特点和不同家庭的需求,提供更加个性化的教养指导与咨询服务。线上线下的融合、多学科融合将成为未来 0～3 岁婴幼儿家庭教养指导与咨询的重要趋势。机构将利用互联网、大数据等技术手段,加强家庭、社区、托育机构等多方合作,整合资源,形成全方位的教养支持体系,为家长提供更加便捷、高效的服务。

未来,0～3 岁婴幼儿家庭教养指导与咨询机构将更加注重专业化和规范化的发展。从业人员的专业素质将不断提高,相关培训和资格认证体系会更加完善。政府将加强对机构的监管和评估,推动其提高服务质量和专业水平。

育儿宝典

张张夫妇是一位年轻的父母,他们的孩子小宝(化名)刚满两岁。由于双方都是初为父母,缺乏育儿经验,面对小宝的教育和成长,遇到了一些挑战。特别是小宝在行为习惯、语言表达以及社交能力方面的发展,让张张夫妇感到困惑和担忧。

一、问题分析

小宝在日常生活中表现出一些不良的行为习惯,如不愿意分享玩具、喜欢哭闹等。虽然小宝能够说一些简单的词汇,但在表达复杂情感和需求时仍显困难。小宝在与同龄儿童交往时显得较为害羞和退缩,缺乏主动交流的意愿。

二、问题诊断

① 行为习惯:处于自主意识敏感期,常见秩序反抗与规则试探。

② 语言表达:处于语言爆发期前奏,是词汇量积累与句式转换关键点。

③ 社交能力:同伴交往经验不足,情绪识别与表达机制待发展。

④ 针对小张夫妇的困惑,寻求专业婴幼儿家庭教养指导与咨询服务。

三、家庭教育核心指导策略

(一) 行为习惯培养

① 自主决策训练。给宝宝提供每日 2～3 次有限选择,例如,用蓝色碗还是黄色碗吃饭?使用"先……然后……"句式建立行为链条,例如,先洗手,然后吃水果。

② 制定规则。制作行为习惯三连图:晨间流程(穿衣→刷牙→早餐)→玩具收纳(停止玩→分类→放回箱子)→安全守则(插座、刀具或高处警示标志)。

③ 正向强化机制。设置星星奖励墙,每完成 3 个目标兑换亲子游戏时间;采用描述式表扬,例如"小宝自己把积木放回盒子,很有条理!"

(二) 语言发展促进策略

1. 对话升级技术

(1) 扩展回应法:小宝说"车",家长回应"对,红色消防车在救火。"

(2) 引入因果句式:"因为下雨了,所以我们要穿雨靴"。

2. 多种模式输入策略

(1) 触觉与语言相结合:具体表现为触摸砂纸字母时同步发音。

(2) 动作与语言相结合:边做家务边解说,例如"妈妈在叠衣服,1 件、2 件……"

3. 阅读干预计划

每日固定 3×3 阅读法:3 本绘本(认知类、情绪类、生活类各 1 本)、3 种互动方式(指认画面、预测情节、角色扮演)、3 次复述机会(晨起、午睡后、睡前)。

(三) 社交能力发展路径

1. 情绪管理四步法。

包括情绪命名、表情模仿、疏导方式、场景复盘。例如,小宝抢玩具时→"你很着急"→做深呼吸→事后用玩偶演示分享。

2. 同伴交往阶梯训练

① 第一阶段:平行游戏,每个伙伴各玩各的。

② 第二阶段:交换游戏(用玩具车换积木)。

③ 第三阶段:合作游戏,例如共同搭房子。

3. 社交故事预演

制作《小宝的社交手册》照片书,包含打招呼的正确方式、轮流玩滑梯的步骤、被拒绝时的应对方法。

（四）家庭支持方案

张张夫妇可以设立自由探索区（2 m² 安全空间，每两周更换探索主题），创建语言刺激角（墙面贴家庭成员照片和物品认知卡片）。同时，可以使用"行为-反应-进步"三联日记模板，包含日期、目标行为、孩子表现、家长反应、积极变化等内容。还可以去参加一些活动，比如"读懂婴语"工作坊，学习解码哭闹、肢体语言的含义；演练"冷静介入法"，当冲突发生时，先数 3 秒再回应。

通过以上指导要点，可以达到的预期成效：在短期内（1～3 个月）日常惯例接受度提高 50％，词汇量增长至 200 个以上，话语中出现 3～4 个词或句子；中期（4～6 个月）内自主完成 3 项生活自理行为（洗手、穿鞋、收玩具），能在提示下与同伴分享玩具；长期（1 年）内形成稳定的情绪调节模式，建立健康安全的亲子依恋关系。

案例启示　专业的婴幼儿家庭教养指导与咨询对于解决家长在育儿过程中的困惑和问题具有重要意义。通过科学的育儿方法和技巧，家长可以更好地理解和引导婴幼儿的发展，促进他们的身心健康和全面发展。同时，家长自身的成长和提升也是家庭教育不可或缺的一部分。

任务思考

1. 简述 0～3 岁婴幼儿家庭教养指导的特点。
2. 简述 0～3 岁婴幼儿家庭教养指导的内容。
3. 简述 0～3 岁婴幼儿家庭教养指导的原则。
4. 举例说明 0～3 岁婴幼儿家庭教养指导的影响因素。

任务二　理解 0～3 岁婴幼儿的家庭教养指导与咨询的价值

案例导入

　　林女士是一位 28 岁的职场妈妈。儿子豆豆 10 个月大时出现严重分离焦虑,每天早晨妈妈上班时豆豆都会哭到呕吐。同时,豆豆对辅食异常抗拒,体重连续 3 个月未达标。林女士尝试网络搜索各种育儿方法,但不同育儿博主的主张相互矛盾——有的建议"哭声免疫法",有的强调"及时响应",这让她陷入更深的自责与焦虑。某日豆豆因误吞纽扣送医急救,林女士在急诊室崩溃大哭:"我连最基本的看护都做不好,根本不配当妈妈!"儿科医生发现其存在严重育儿焦虑,转介至家庭教养指导中心,接受专业的介入和指导。指导中心设计了渐进式分离方案:从 5 分钟分离逐步延长,配合过渡物(妈妈围巾);创建感官探险餐盘,使用不同材质的硅胶模具,可食用颜料手指画。林女士开展养育镜像训练:通过视频回放学习识别婴儿非语言信号,建立"妈妈树洞"支持小组,与同类家庭组建互助联盟。

　　3 个月后,豆豆分离焦虑时长从 40 分钟缩短至 5 分钟,成功尝试 8 种新食材。林女士在教养日记中写道:"现在终于读懂了他嘬嘴是好奇而不是抗拒,原来孩子不是在'为难'我,而是在邀请我走进他的世界。"

　　家庭教养指导如何将理论转化为拯救现实困境的具体方案?当传统育儿经验与当代科学养育发生冲突时,专业咨询如何搭建桥梁?为什么说 0～3 岁家庭指导不仅是培养孩子,更是重塑整个家庭系统?

一、0～3 岁婴幼儿家庭教养指导与咨询的目的与意义

　　0～3 岁是人一生发展的奠基阶段,家长若从开始就能接受科学的家庭教育指导,对婴幼儿一生的发展会起到极大的助益,取得事半功倍的效果,可以避免很多悲剧的发生。《中华人民共和国家庭教育促进法》(以下简称《家庭教育促进法》)要求父母或者其他监护人"用正确思想、方法和行为教育未成年人养成良好思想、品行和习惯","未成年人的父母或者其他监护人应当树立正确的家庭教育理念,自觉学习家庭教育知识,在孕期和未成年人进入婴幼儿照护服务机构、幼儿园、中小学校等重要时段进行有针对性的学习,掌握科学的家庭教育方法,提高家庭教育的能力"。然而,很多家长往往只养不教,把一个人的教育成败单纯归因于学校教育,认为好的学校和好的老师就可以培养出优秀的孩子;一些家长更是漠视自身育儿素质,不重视教育知识的学习、教育观念的更新和育儿水平的提高,沿袭陈旧的教育理念与方式,导致错失早期教育的关键期,亲子关系紧张、家庭氛围不佳。

　　家长不因孩子的出生取得了家长身份就自然会当家长,从一名新手家长成长为有效陪伴婴幼儿健康成长的合格家长,需要专业机构和人员的指导。这些指导可以帮助 0～3 岁婴幼儿家长丰富育儿知识,提高育儿技能,解决育儿问题。

(一) 0～3 岁婴幼儿家庭教育指导的目的

　　《家庭教育促进法》指出:"家庭教育要遵循家庭教育特点,贯彻科学的家庭教育理念和方法",家庭教育指导可以帮助教养人树立科学的教育观念,提高育儿水平[①]。

1. 帮助家长树立科学教育观念,端正家庭教育态度

　　最新的脑科学研究发现:3 岁前人类的大脑会建立一个独一无二只属于自己的脑结构,3 岁前一个人如何被对待,会影响他将来对待自己和家人的方式。科学的家庭教育观念需要家长学习如何尊重、理解和接纳儿童。婴幼儿期心理发展中遇到的问题得不到重视和合理对待,将会成为束缚儿童健康成长的枷锁,

---

① 吴晓丹.0～3 岁婴幼儿家庭教育与指导[M].北京:北京师范大学出版社,2023:41～43.

影响家庭和谐、社会安定,甚至会影响孩子一生。当下社会飞速发展,各种教育理念和教育知识层出不穷、鱼龙混杂。科学的家庭教育指导就是帮助家长树立科学的教育理念,端正家庭教育态度,培养符合未来社会发展需要的儿童。

2. 解决家庭实际育儿问题,提高家长育儿水平

目前,0～3 岁婴幼儿家庭以外固定的、专业的学习和活动场所数量严重不足,仅有的早教机构和托育机构的教育质量也参差不齐;很多家长缺乏学习科学育儿知识的专门途径,家庭教育实践中很多困惑、问题无法解决,贻误教育时机。因此,多途径的、专业的、科学的、有针对性的家庭教育指导非常必要,也迫在眉睫。家庭教育指导的目的就是从专业的视角帮助家长梳理家庭育儿的问题并找到原因,用专业的知识提供科学的育儿策略,有预见性地帮助家长避免一些常见问题,切实提高育儿水平。比如,3 个月的婴儿还不能翻身,是因为家里人抱得太多,婴儿没有练习的机会,或者有的家庭给婴儿准备太软的床不适合婴儿做翻身的练习;再如,8 个月的婴儿不宜使用学步车,否则会影响腿部的发育、身体的协调与平衡感的建立。

(二) 0～3 岁婴幼儿家庭教育指导的意义

1. 促进社会可持续发展

美国经济学家、诺贝尔奖获得者詹姆斯·赫克曼(James Heckman)指出,一个国家和家庭对 0～3 岁婴幼儿的早期教育投资的回报率是最高的,达到了 1∶18。0～3 岁婴幼儿的家长若能接受专业的、科学的家庭教育指导,并给予婴幼儿合理的早期启蒙,婴幼儿将来会成为国家的栋梁、未来经济的创造者,而不会依赖低保或社会救济生存,徒增社会经济负担。同时,接受良好教育指导的儿童极少会误入歧途。可见,良好的早期教育可以增加社会回报,减少犯罪,促进社会的稳定[①]。

2. 构建良好的家庭氛围

近年来,新手父母越来越意识到 0～3 岁婴幼儿教育的重要性,为了给孩子提供良好的早期教育,他们不辞辛苦地参加各种早教班,关注育儿微信公众号,参加父母沙龙、育儿讲座等。家长们若得到科学的、合理的家庭教育指导,便可解决育儿困惑,缓解育儿焦虑。通过专业的指导,家长可以学习如何进行有效的亲子沟通、情绪管理、行为引导等育儿技巧,提高育儿效率。专业的、科学的、有针对性的家庭指导可以节省新手父母在海量信息中筛选、甄别科学育儿知识和解决育儿问题的大量时间,使他们少走弯路;可以协助父母亲与祖父母在育儿的基本问题上达成共识,帮助家长深入了解婴幼儿在不同阶段的发展特点,从而更加科学地规划育儿计划,促进孩子的全面发展。减少家庭成员之间由于育儿观念不同产生的矛盾冲突,有利于和谐的、亲密的家庭氛围的建立,提高家庭幸福指数。

3. 促进婴幼儿全面发展

接受家庭教育系统指导的家长能够掌握科学育儿理念和育儿方法,从而提高婴幼儿综合素质,为其一生的发展奠定基础。有研究表明,家长若在 1 岁前为孩子提供良好的早期教育,15 个月大时,孩子学习新事物的能力、说话的流畅性及智商测试等各项指标,与未接受过早期教育的孩子相比有明显优势,2～3 岁时的差异更大。得到育儿指导的家长更能够依据婴幼儿身心发展规律为其提供科学的教育与养护,他们可以创设适宜的家庭环境,选择安全的外部环境,利用安全保障措施确保婴幼儿的生命安全;可以依据婴幼儿的月龄阶段特点与需求,为他们提供科学的护理和照顾,从而增强婴幼儿体质,减少疾病的发生;可以高质量地陪伴婴幼儿,满足他们归属感和安全感的心理需求,平稳度过 3 岁前这一建立归属感和安全感的最重要阶段;接受过科学指导的家庭教育,其养育的婴幼儿各项能力发展更迅速、质量更高。

二、0～3 岁婴幼儿家庭教养指导与咨询的作用与任务

(一) 0～3 岁婴幼儿家庭教养指导与咨询的作用

1. 促进婴幼儿身心健康发展

通过家庭教养指导,家长可以掌握婴幼儿身心发展的特点和规律,了解不同年龄段婴幼儿的需求和表

---

① 吴晓丹. 0～3 岁婴幼儿家庭教育与指导[M]. 北京:北京师范大学出版社,2023:42～43.

现,从而采取更科学、合理的教养方式。专业的咨询机构或专家可以为家长提供针对性的育儿建议,帮助家长解决育儿过程中的困惑和问题。家庭教养指导可以引导家长帮助婴幼儿建立良好的生活习惯,如规律的作息时间、合理的饮食安排、适当的运动等,这些习惯有助于婴幼儿的身体健康和心理健康。在家庭教养指导中,家长可以学习如何通过玩具、游戏等方式刺激婴幼儿的感官和动作发展,提高他们的感知能力和运动能力。

2. 提升家长育儿能力和自信心

家庭教养指导可以为家长提供实用的育儿技能和技巧,例如,如何安抚哭闹的婴幼儿,如何进行亲子阅读,如何培养孩子的社交能力等。这些技能可以帮助家长更好地应对育儿过程中的挑战,提高他们的育儿效率和质量。通过家庭教养指导与咨询,家长可以了解到自己的育儿方法是否科学、有效,从而调整和改进育儿方式。当家长看到孩子在自己的引导下取得进步时,他们的育儿信心会得到提升,这有助于他们更加积极地参与育儿过程。

3. 建立良好的亲子关系

家庭教养指导鼓励家长多与婴幼儿沟通和交流,了解他们的需求和感受。通过有效的沟通,家长可以更好地理解婴幼儿的行为和情绪,从而给予他们更恰当的关爱和支持。在家庭教养指导中,家长可以学习如何通过积极的反馈和鼓励来建立亲子之间的信任关系。当婴幼儿感受到家长的关爱和支持时,他们会更加信任家长,从而更愿意与家长合作和分享自己的感受。

4. 预防婴幼儿心理问题

家庭教养指导可以帮助家长了解婴幼儿心理发展的特点和规律,从而早期识别婴幼儿可能出现的心理问题。当家长发现孩子出现焦虑、抑郁等情绪问题时,可以及时寻求专业的咨询和帮助。家庭教养指导与咨询可以为家长提供心理支持,帮助他们应对育儿过程中的压力和困惑。同时,家长也可以从咨询中获得关于如何帮助孩子应对心理问题的方法和策略。

0～3 岁婴幼儿家庭教养指导与咨询在促进婴幼儿身心健康发展、提升家长育儿能力和自信心、建立良好的亲子关系以及预防婴幼儿心理问题等方面都发挥着重要作用。因此,家长应积极参与家庭教养指导与咨询活动,为婴幼儿的健康成长创造更加良好的环境。

(二) 0～3 岁婴幼儿家庭教养指导与咨询的任务

《家庭教育促进法》第十四条指出:"父母或者其他监护人应当树立家庭是第一个课堂、家长是第一任老师的责任意识,承担对未成年人实施家庭教育的主体责任,用正确思想、方法和行为教育未成年人养成良好思想、品行和习惯。"但调查发现:很多家长认为家庭教育就是请家教、上辅导班。因此,家庭教育指导需要落到实处,要让家长贯彻科学理念,依据科学规律,采用科学方法,对婴幼儿德智体美劳全面进行培育。0～3 岁婴幼儿家庭教育指导要侧重于家长育儿理念的树立、育儿知识的掌握及和谐家庭氛围的营造[①]。

1. 树立正确育儿理念

育儿理念是家庭教育的先导,引领家长的育儿行为,是家庭教育的思想依据。受全球经济发展的影响,出生于 20 世纪八九十年代的 0～3 岁婴幼儿父母已不再被传统育儿理念束缚,他们更愿意接受国内外先进的、科学的理念。0～3 岁婴幼儿家庭教育指导首要是指导家长更新育儿理念,包括尊重儿童、承认儿童是独立的完整的个体;从小培养婴幼儿的生活自理能力,让其 3 岁前学会自己吃饭、穿衣、如厕等;通过婴幼儿独立性的培养,帮助其建立自信心。教育家长要摒弃传统观念中那些会对婴幼儿身心造成伤害的陈旧观念,如家长照护次子女时,不能忽视长子女在弟(妹)降生后的心理变化,家长不应持有"你是哥哥(姐姐),应该让着弟弟(妹妹)"这样的育儿观念,避免长此以往对长子女心灵造成创伤,影响其健康成长。

科学的育儿理念不等同于全新的育儿理念,传统的育儿经验中也凝结着人类的智慧。盲目追求新颖的育儿理念和方法不仅不能促进婴幼儿健康地发展,还可能会对婴幼儿的身心造成伤害,甚至付出生命的代价。

---

2. 传授科学育儿知识

2019 年 5 月,国务院办公厅印发《国务院办公厅关于促进 3 岁以下婴幼儿照护服务发展的指导意见》(以下简称《意见》)指出:"发展婴幼儿照护服务的重点是为家庭提供科学养育指导,并对确有照护困难的家庭或婴幼儿提供必要的服务。"

新手家长对照护和养育婴儿常常感到惶恐和茫然,主要有三方面原因:一是育儿知识匮乏,二是从非正规渠道获得的育儿知识不科学,三是不了解获得科学育儿知识的途径。负有家庭教育指导责任的托育机构、早教机构或其他与养育婴幼儿相关的单位或个人,应该为家长提供科学的、有针对性的知识,指导家长进一步了解婴幼儿发育特点,使其掌握在不同场合保护婴幼儿生命及健康的知识与技能。家庭教育指导主要从以下几方面普及育儿知识。

(1)婴幼儿生长发育特点知识的科普

按照月龄为家长讲解 0～3 岁婴幼儿的身体发育特点,如新生儿、0～1 岁婴儿、1～3 岁幼儿在身长、体重、头围、胸围、呼吸、消化、神经、感觉器官等身体方面的发育特点,并告诉教养人判断发育异常与否的指标。

(2)婴幼儿心理发展特点知识的科普

为家长提供 1 岁前每个月、1～3 岁每 3 个月的月龄特点,可按照大运动、精细动作、语言、认知和社交性发展五大能力来介绍,并且给出如何发展每阶段各项能力的指导措施。

(3)婴幼儿护理知识的科普

帮助家长明确婴幼儿各阶段的照料要点,学会如何预防一些常见病和传染病,并学会科学照料生病的婴幼儿的方法。

(4)营养与喂养知识的科普

帮助家长不同阶段婴幼儿最适合的食物种类与特点,使其科学、合理地为孩子提供营养的膳食。

(5)教育理论知识的科普

为家长提供科学的教育理论知识,如蒙台梭利的敏感期理论、维戈茨基的最近发展区理论、爱尔丝的感觉统合理论、皮亚杰的认知发展理论等,从而使其遵循教育规律实施家庭教育。

(6)安全知识的科普

可科普的安全知识包括:家庭中如何避免安全隐患,如插座、饮水机、桌布、柜子等;出行中如何过马路,如何使用安全座椅、婴儿推车等;食品安全即如何选择安全、健康的食物和零食,如何避免高油高糖高盐食物摄入;生活用品安全,如衣服、玩具、洗涤剂、尿布、纸尿裤、鞋子选择等。

指导者可以通过资料发放、文字讲解、视频观看、动作示范、实操指导等方式传递这些科学知识,让家长在育儿过程中知其然,也知其所以然,不再盲目、焦虑,从而最大限度地确保婴幼儿安全和健康发展。

3. 构建良性家庭氛围

海灵格说:孩子是家庭的守护神。孩子假装生病,其实是在传递一种期望:我渴望家庭幸福。经济快速发展、人们物质欲望激增,容易造成家庭一味追求财富、忽略亲子关系、轻视家庭氛围等问题。家庭氛围对一个人产生的影响非常大,现代家庭需要和谐氛围营造的指导。

家庭教育指导需要让家长重新认识良性家庭氛围的作用。夫妻关系是维系一个家庭的核心关系,相亲相爱、互相理解和包容的夫妻关系是对婴幼儿最好的家庭教育,孩子从小在爱的滋养下成长,可以学会爱自己和爱他人。爱孩子是父母的本能,但亲子关系不能凌驾于夫妻关系之上。孝顺是中国的传统美德,母慈子孝是和谐家庭追求的目标,也是对孩子良好的教育熏陶,但孝顺不等于一切都顺从老人。有调查显示,我国离婚率呈逐年走高的趋势,在离婚的这些夫妻中,有 20% 是由于老人的介入。指导者需要让老人学会放手,明确自己的身份和自己的家庭位置,适当退出子女的生活,维系和谐的家庭氛围。孩子生活在充满爱的家庭氛围中能够学会爱的能力,学会与他人和谐相处,可以轻松愉悦地生活,提高生活幸福指数[1]。

---

① 吴晓丹.0～3 岁婴幼儿家庭教育与指导[M].北京:北京师范大学出版社,2023:42～43.

三、0～3岁婴幼儿家庭教养指导与咨询资源的利用

1. 专业育儿书籍与绘本

① 育儿书籍:提供科学的育儿知识和方法,帮助家长了解婴幼儿的生理、心理发展特点,指导家长进行亲密育儿,建立安全的依恋关系,并培养孩子的自主性和独立性。

② 绘本:色彩鲜艳、情节简单、富有教育意义的绘本,能够激发婴幼儿的好奇心和探索欲,促进其认知发展和情感培养。

2. 专业育儿讲座与课程

① 育儿讲座:通常由育儿专家或儿童心理学家主讲,为家长提供科学的育儿理念和方法,解答育儿过程中的困惑和问题。

② 育儿课程:包括亲子课程、早教课程等,通过亲子互动、游戏等方式,促进婴幼儿的全面发展,同时提升家长的育儿技能。

3. 网络资源与平台

① 育儿网站:提供丰富的育儿知识、育儿经验分享、育儿专家咨询等服务,帮助家长获取最新的育儿信息和专业指导。

② 育儿App:如育儿宝典、宝宝树等,提供个性化的育儿建议、健康管理、育儿记录等功能,方便家长随时了解孩子的成长状况。

4. 专业育儿机构与咨询服务

① 育儿机构:提供早教课程、亲子活动、育儿指导等服务,帮助家长和孩子在互动中共同成长。

② 咨询服务:提供专业的育儿咨询服务,帮助家长解决育儿过程中的疑难问题,提供个性化的育儿建议。

5. 家庭环境与资源

① 创造温馨、安全、整洁的生活环境:提供丰富的感官刺激和探索机会,让孩子在和谐的家庭环境中健康成长。

② 家庭成员之间的互动:营造充满爱、尊重和支持的家庭氛围,对孩子的情感和社会性发展至关重要。

6. 社区与公共资源

① 社区活动:参与社区组织的亲子活动、早教课程等,可以让孩子接触更多的同龄伙伴,促进其社交技能的发展。

② 公共资源:如图书馆、博物馆、儿童乐园等,为孩子提供丰富的学习和娱乐资源,促进其全面发展。

育儿宝典

小花的语言发展与家庭指导教养

① 基本情况:小花在2周岁那年和刚上幼儿园的一年都经历了隔离在家的日子,但家长抓住机会培养她的阅读习惯。

② 教养过程:家长在日常生活中注重引导小花阅读传统启蒙读本,如《诗词》《三字经》等,当小花在各种环境中接触到新鲜的诗句、成语、寓言故事时,及时给她讲解含义。此外,家长还利用小花对美食制作的兴趣,鼓励她动手创造,在她5岁生日时,支持她自己制作生日蛋糕。

③ 教养成果:小花对学习新知识充满兴趣,能够背诵诗句,并且在制作蛋糕的过程中展现出耐心和创造力。

甜心的社会性发展家庭教养指导案例

① 基本情况:甜心刚入园时胆小内向,不敢和老师、同学们说话,做操时全程站着一动不动。

② 教养过程:妈妈参加育儿讲座,了解到女儿是敏感性孩子,于是尊重孩子的个性,做孩子的倾听者,每天接她放学路上都会和她亲切地打招呼、聊天,注重眼神交流。妈妈还会花时间观察孩子的日常活动,和孩子一起参与绘画、手工、科学小实验或户外探险等活动。同时,积极参加学校的亲子活动,与老师密切配合。

③ 教养成果:甜心慢慢打开自己,从胆小内向害羞,不敢在班级里表演,到能跟着老师一起做操、互动,乐意和小朋友分享,在习惯养成、同伴交往和能力方面都有很大进步。

任务思考

1. 举例说明 0～3 岁婴幼儿家庭教养指导的意义。
2. 简述 0～3 岁婴幼儿家庭教养指导的作用。
3. 简述 0～3 岁婴幼儿家庭教养指导的任务。
4. 如何利用 0～3 岁婴幼儿家庭教养指导资源,请举例说明。

任务三　掌握 0～3 岁婴幼儿的家庭教养指导与咨询的方法

案例导入

> 小明 1 岁半，家长总是担心他摔倒、受伤，几乎不让他自己走路，出门就抱着，在家也限制他的活动范围，导致小明胆小，不敢尝试新事物，运动能力发展缓慢；8 个月的小美，饿了或困了就会哭闹，但家长有时忙于自己的事情，没有及时回应，导致小美经常情绪不稳定，缺乏安全感；2 岁的小花在玩积木时，家长总是在旁边指手画脚，告诉她应该怎么搭，不应该怎么搭，导致小花对玩积木逐渐失去兴趣；3 岁的小刚，家长对他要求很高，一旦犯错就会严厉批评，导致小刚变得胆小、自卑，不敢尝试新的事物；2 岁半的小敏，家长对她百依百顺，什么事情都帮她做，导致小敏自理能力很差，依赖性强，还很任性……

　　这些案例向我们呈现了家长不恰当的教养方式导致婴幼儿成长过程中出现一系列的问题。因此，掌握科学合理的 0～3 岁婴幼儿家庭教养指导方法至关重要。本任务将阐述家庭教养指导与咨询的方法，为后续家长能够准确指导婴幼儿的发展提供依据。

一、0～3 岁婴幼儿家庭教养指导与咨询的原则

（一）婴幼儿家庭教养指导的原则

　　婴幼儿家庭教养指导的原则是确保婴幼儿健康成长和良好发展的关键。这些原则涵盖了多个方面，旨在提供一个全面、科学、合理的家庭教养环境。

　　（1）尊重个体差异原则

　　每个婴幼儿都是独特的个体，他们的成长速度、兴趣爱好和性格特征各不相同。家长应尊重和理解婴幼儿的个体差异，避免过度比较和期望，根据孩子的具体情况进行有针对性的教养。

　　（2）爱与关怀原则

　　婴幼儿需要家长的关爱和陪伴，这是他们情感发展和安全感建立的基础。家长应通过亲密的身体接触、温暖的语言表达和积极的情感回应，让孩子感受到被爱和重视。

　　（3）生活与游戏相结合原则

　　婴幼儿的生活即游戏，游戏即生活。家长应将教育与生活紧密结合，通过游戏的方式寓教于乐。利用生活中的日常情境和材料，设计适合婴幼儿的游戏活动，促进他们的认知、情感、社交和身体发展。

　　（4）安全性原则

　　婴幼儿对危险缺乏认知和判断，家长应确保家庭环境的安全，避免意外伤害的发生。定期检查家中的安全隐患，如电源插座、尖锐边角、有毒物品等，并采取相应的防护措施。

　　（5）适度性原则

　　家长在教养婴幼儿时应把握好尺度，既要给予适度的关爱和照顾，也要培养他们的独立性和自主性。避免过度溺爱或过度严厉，根据婴幼儿的年龄和发展阶段进行适当的引导和教育。

　　（6）一致性原则

　　家庭成员之间应保持教育观念的统一，包括父母之间以及父母与老人之间的观念统一。一致性的教育有助于婴幼儿形成稳定的行为习惯和品德规范，避免产生困惑和矛盾。

　　（7）积极引导与鼓励原则

　　家长应积极引导婴幼儿探索世界，鼓励他们尝试新事物，培养他们的好奇心和求知欲。对婴幼儿的进步和成就给予及时的表扬和鼓励，增强他们的自信心和成就感。

（8）全面发展原则

家庭教养应注重婴幼儿的全面发展，包括认知、情感、社交、身体等多个方面。通过多样化的活动和游戏，促进婴幼儿在各个领域的发展，为他们的未来奠定坚实的基础。

婴幼儿家庭教养指导的原则涵盖了尊重个体差异、爱与关怀、生活与游戏相结合、安全性、适度性、一致性、积极引导与鼓励以及全面发展等多个方面。这些原则相互关联、相互促进，共同构成了婴幼儿家庭教养的科学体系。

（二）婴幼儿家庭教养咨询的原则

婴幼儿家庭教养咨询的原则旨在为家长提供科学、专业、全面的指导，以确保婴幼儿在家庭环境中得到良好的教育和成长。

（1）尊重与理解原则

尊重婴幼儿的个体差异和发展阶段，理解他们的需求和兴趣。尊重家长的育儿观念和方式，同时提供专业建议，帮助家长建立科学的育儿观。

（2）专业性与科学性原则

基于婴幼儿心理学、教育学等专业知识，为家长提供科学、合理的育儿建议。遵循婴幼儿身心发展的规律，避免盲目跟风或采用不科学的育儿方法。

（3）个性化与针对性原则

根据每个婴幼儿的独特性和家庭的具体情况，提供个性化的咨询建议。针对家长在育儿过程中遇到的具体问题，提供有针对性的解决方案。

（4）全面性与系统性原则

关注婴幼儿的全面发展，包括认知、情感、社交、身体等多个方面。提供系统性的育儿指导，帮助家长建立全面的育儿计划。

（5）积极鼓励与支持原则

鼓励家长积极参与婴幼儿的教养过程，给予他们充分的支持和信任。帮助家长建立积极的育儿心态，面对育儿挑战时保持耐心和信心。

（6）保密与安全原则

尊重和保护家长及婴幼儿的隐私权，确保咨询过程中的信息保密。关注咨询环境的安全性，避免对婴幼儿造成任何形式的伤害。

（7）持续学习与反思原则

鼓励家长和咨询人员持续学习新的育儿知识和方法，不断提升育儿能力。定期反思育儿过程中的得失，总结经验教训，及时调整育儿策略。

（8）家园合作与沟通原则

与幼儿园、学校等教育机构保持良好的沟通与合作，共同关注婴幼儿的发展情况。促进家庭教育与学校教育的有机结合，为婴幼儿提供一致的教育环境。

二、0～3 岁婴幼儿家庭教养指导与咨询的方法

（一）婴幼儿家庭教养指导的方法

政府机构、妇幼保健院、社区、早教机构、托育机构、家长学校等单位在对 0～3 岁婴幼儿家长进行指导时，由于每个单位的职能不同，指导师素质的差别，也由于家长的年龄、文化水平、需求不同，家庭结构多样，家庭背景差异，可以接受指导的时间不同，应根据具体情况采用适宜的方法，使指导更有针对性、实效性。

1. 专题讲座

早教机构、社区服务中心等机构根据家长的需求，定期或不定期地举办主题性的育儿课程讲座，学习科学的育儿知识和方法，规模可大可小。讲座可以短时间内向大量的家长传递育儿理念、知识，解决育儿

困惑,具有受众面广的特点。讲座一般由早期教育专家、医生、儿童保健专家、营养师等主讲,每次讲座会围绕一个主题开展,主题由讲师自己确定,或在指导师与家长互动过程中生成主题。讲座前,主办机构需要邀约讲师,确定讲座内容,随后进行讲座的宣传,场地、人员、时间的安排等;讲座中,由于家长的差异性,讲师应使用比较通俗易懂的语言讲解并加入游戏互动,便于家长吸收并运用;讲解结束后,讲师可以与家长互动,家长也可以提出疑问,讲师进一步解答,起到针对性指导的作用;讲座后,主办机构还可以向家长进一步收集意见及育儿困惑,反思讲座形式与效果,以便更有针对性地指导教养人[1]。

2. 沙龙活动

沙龙是有经验的指导师引导家长就普遍关注的或有争议的问题开展讨论、分享、交流的活动。托育机构、家长学校、早期教育指导中心等机构与0～3岁婴幼儿家长接触机会较多,便于收集家长育儿的困惑和共性问题,从而确定沙龙主题。比如,什么时候给婴幼儿断奶,婴幼儿不愿意分享怎么办,婴幼儿总喜欢打人如何纠正等。然后,张贴海报或微信群通知,邀约感兴趣的和有需求的家长参加。沙龙开始时,指导师先说明活动的主题,并罗列出一些观点,组织家长讨论;最后,指导师总结大家的可行性经验,同时给出科学的建议和指导。沙龙活动中,家长的主体地位明显,参与度高,问题的分析与解决也比较彻底。

3. 情境模拟

情境模拟是指导师在指导之前,先让家长描述亲子之间或婴幼儿之间互动的场景,然后模拟此情境,发现问题,探索解决问题的方法。由于没有掌握婴幼儿行为背后的心理特点,家长可能会根据婴幼儿生活中的一个行为就给婴幼儿贴上标签;有的家长不明确亲子互动中婴幼儿的表现是否正常,但是在咨询时又描述不清楚。前述两种情况都需要家长描述并模拟亲子互动的每个细节,情境再现,以便指导师从中发现问题,并有针对性地提出指导建议,解决家长的困惑。该方法直观形象,既方便指导师发现问题,提出具体指导措施,又有利于家长学以致用。

4. 角色扮演

角色扮演是指导师让家长互相扮演亲子互动或婴幼儿互动中的角色,体验角色的心理感受,从而解决冲突的方法。为了帮助家长解决亲子互动和婴幼儿间互动的冲突,有心理咨询经验的指导师可以先让家长描述一个需要解决的问题情境,然后再让他们扮演不同的角色。在体验式互动的过程中,指导师让家长真实体会角色的心理感受,表演结束后分享感受、想法、决定,进而提出解决方法。接下来由家长用新的处理方法再一次进行角色扮演,再次分享感受、想法、决定,做到真正了解并能够运用解决办法。这种方式可以让家长有真切的体验感、参与感,明确并会运用解决方法。这对指导师的素质有非常高的要求。

5. 家长开放日

家长开放日是早教中心、婴幼儿托育机构、幼儿园托班在固定的时间,邀请家长一起参观或参与婴幼儿在园生活、师幼互动的活动。通过参观,家长可以了解婴幼儿在园所丰富多彩的生活与活动,观摩教师与婴幼儿互动的方法,学习科学的教育理念;家长还可以体验愉悦的亲子互动,增进亲子关系。这一方法能够加强家庭和园所的互动与交流,增进家长对婴幼儿的了解,达到家园教育一致的目的[1]。

6. 约谈

约谈是家庭教育指导师与家长相约,商谈婴幼儿教育过程中的特定问题,以便解决家长育儿困惑的方法。约谈要建立在指导师了解家长育儿问题的基础上,指导师通过观察亲子互动、电话沟通、微信互动、家园联系册或婴幼儿成长手册,了解家长的育儿困惑或需求,与家长面对面交流,解决问题。指导师可以直接给出解决方案,也可以提供一些参考资料,如相关公众号、App、微博、视频或音频资料等。这个方法解决问题针对性强、效果好。

7. 搭建网络平台,构建网络课程

在"互联网＋"的背景下,可以通过搭建相应的网络平台指导家庭教育。早教机构、家长学校、社区等均有为家庭教育服务的微信群、公众号、微博、App等,可以定期推送有关婴幼儿的身心发展知识、育儿理念、营养膳食、保健护理、亲子游戏;也可以组织定期或不定期的专家微信课堂,提高家长的育儿水平。微

---

① 吴晓丹.0～3岁婴幼儿家庭教育与指导[M].北京:北京师范大学出版社,2023:52～56.

课堂开始前,指导师要提前收集家长的困惑,以便与讲师互动,有针对性地解决问题。家长也可以在网络平台互动,进行育儿经验交流。通过网络平台的互动与学习,不受时空限制,年轻父母非常容易接受。早教机构根据家长的需求,综合婴幼儿卫生学、婴幼儿心理学、婴幼儿教育学、婴幼儿游戏等专业知识开发系统的网络课程,深入浅出地向家长传授科学的育儿知识、护理技能、亲子互动游戏等。课程可以是专题的,也可以是综合的。这种方法能够使家长利用碎片时间相对系统地学习育儿知识与技能,具有较强的灵活性。

8. 家访

家访是家庭教育指导师在对婴幼儿发育状况、亲子互动状况充分了解并发现问题的基础上,深入家庭中对家长和婴幼儿进行指导的方法。指导师可以给婴幼儿建立成长档案,随时监控婴幼儿发育状况及教养人的育儿困惑;也可以通过观察、面对面互动、电话或网络交流了解家长的需求,预约入户家访。在家庭环境中进一步观察、询问,找到该婴幼儿家庭教育中存在的问题,并且与家长深入沟通,提出改进建议,给出系统解决方案,通过示范或演示的方式让家长掌握方法。家访可以深入地发现并解决问题,能够结合家庭的实际情况给出解决方案,针对性强。

9. 开展亲子互动与游戏

选择适合婴幼儿的图书,家长与婴幼儿一起阅读、讲故事。通过阅读培养婴幼儿的语言表达能力和想象力。设计适合婴幼儿的游戏活动,如亲子操、亲子音乐游戏等。通过游戏增进亲子关系,促进婴幼儿的身心发展。经常与婴幼儿进行面对面的交流,用温暖的语言和表情回应他们。鼓励婴幼儿表达自己的需求和感受,培养他们的沟通能力。

(二) 婴幼儿家庭教养咨询的方法

婴幼儿家庭教养咨询是一个综合性的过程,旨在帮助家长理解婴幼儿的成长需求,并提供有效的教养策略。

1. 了解婴幼儿的发展特点

首先,咨询师需要了解不同年龄段婴幼儿的生理和心理发展特点。了解他们的身体发育、认知发展、情感发展和社交技能的发展。了解这些特点,咨询师可以更好地理解婴幼儿的行为,并为家长提供更具针对性的教养建议。

2. 评估家庭环境

评估婴幼儿所处的家庭环境是咨询过程中的重要一步,包括观察家庭氛围、家庭成员之间的互动关系,以及家长对婴幼儿的教养态度和方法。通过评估家庭环境,咨询师可以发现潜在的问题,如家庭氛围紧张、亲子关系疏远等,并为家长提供改善建议。

3. 提供个性化教养策略

针对每个婴幼儿和家庭的具体情况,咨询师需要提供个性化的教养策略。

① 建立安全依恋关系:对于 0～1 岁的婴儿,咨询师应指导家长如何亲密育儿,建立安全的依恋关系。

② 培养自主性和独立性:对于 1～3 岁的幼儿,咨询师应侧重于其自主性和独立性的培养,鼓励他们在日常生活中尝试新事物,逐渐学会自我照顾。

③ 提供感官刺激和探索机会:咨询师应建议家长为婴幼儿提供丰富的感官刺激和探索机会,以促进他们的认知发展。

③ 培养社交技能:鼓励婴幼儿与其他儿童互动,参与集体活动,以发展他们的社交技能。

4. 指导家长应对育儿挑战

在育儿过程中,家长可能会遇到各种挑战和问题,如婴幼儿的哭闹、不合作或攻击性行为等。咨询师应指导家长如何理解和应对这些问题,提供有效的管理策略和正面的行为指导。同时,鼓励家长保持耐心和冷静,避免过度惩罚或忽视婴幼儿的需求。

5. 关注家长的身心健康

家长的身心健康直接影响着婴幼儿的成长。咨询师应关注家长的身心健康状况,提供必要的心理支持和建议。这包括建议家长保持良好的睡眠、饮食和运动习惯,以及寻求家人、朋友或专业支持网络的支持。通过平衡自我照顾和育儿责任,家长可以更好地应对育儿的挑战。

6. 鼓励家长持续学习和成长

婴幼儿的成长是一个动态的过程,家长需要不断学习新的知识和技能以适应孩子的成长变化。咨询师应鼓励家长参与育儿讲座、工作坊或阅读相关书籍以获取最新的育儿信息。同时,建议家长建立自己的育儿支持网络,与其他家长分享经验共同成长。

三、0～3 岁婴幼儿家庭教养指导与咨询的途径

1. 家长委员会

0～3 岁婴幼儿家长委员会是由早教中心、托育机构或社区活动中心的婴幼儿家长代表组成,代表全体家长参与机构民主管理,支持和监督机构做好教育工作的群众性自治组织,是各机构与婴幼儿家长沟通的桥梁和纽带。家长代表可以收集并反馈给机构教养人育儿的焦点问题,如 1 岁半幼儿的排便习惯如何养成,2 岁幼儿出现"叛逆"如何应对等,也可以提出机构管理与服务的不足与改进建议等。家长可以通过意见箱或不定期集中会议的形式反馈,这是家长与机构沟通并解决问题的有效桥梁,可以有效提高机构的教育水平。

2. 家长学校

家长学校是以 0～3 岁婴幼儿家长为主要对象,为提高家长素质和家庭教育水平而组织的成人教育机构,是妇联、早教机构、妇幼保健院、教育部门、社区开展家长工作、提高家长教育水平的有效途径。《家庭教育促进法》第十条指出:"国家鼓励和支持企业事业单位、社会组织及个人依法开展公益性家庭教育服务活动。"第二十五条指出:"省级以上人民政府应当组织有关部门统筹建设家庭教育信息化共享服务平台,开设公益性网上家长学校和网络课程,开通服务热线,提供线上家庭教育指导服务。"有的家长学校依托上述单位,有的家长学校是独立私营性质;有实体的家长学校,也有网络的家长学校。家长学校可以通过家庭教育指导资料下发、海报张贴等途径强化家长对家庭教育重要性的认识,提升自身素质。家长学校也可以邀请一些育儿专家开展专题讲座,更新家长育儿观念,解决育儿困惑,提高育儿水平。在网络平台上,也可以科普育儿的知识、方法等[1]。

3. 早期教育机构

早期教育机构,简称早教机构,是 20 世纪 60 年代在欧美、日本等地兴起,90 年代在我国起步并迅速发展起来的针对 0～3 岁婴幼儿及其家长的教育机构。目前,我国的早教机构主要包括早教中心、亲子园、托育机构、幼儿园托班,以及作为一种社区服务功能的公益性早期教育指导机构。早教机构的两项基本职责是教育、养护婴幼儿和指导家长科学育儿。

《家庭教育促进法》第四十四条指出:"婴幼儿照护服务机构、早期教育服务机构应当为未成年人的父母或者其他监护人提供科学养育指导等家庭教育指导服务。"

国家卫生健康委的调查显示,城市 35.8% 的 3 岁以下婴幼儿家长存在托育需求,无祖辈参与照看的家庭托育需求达 43.1%。为了满足教养人既要上班又要有高品质照护与育儿的需求,托育机构和幼儿园托班应运而生。国务院办公厅颁布的《国务院办公厅关于促进 3 岁以下婴幼儿照护服务发展的指导意见》中指出,要"大力推动婴幼儿照护服务","遵循婴幼儿成长特点和规律,促进婴幼儿在身体发育、动作、语言、认知、情感与社会性等方面全面发展。"

私营早教中心一般按月龄实施各领域的亲子教育活动,从而实现对婴幼儿的教育和对家长的指导。每节课根据月龄段设计活动,活动包括团体指导和个别指导。团体指导涉及每项活动的设计原则、游戏注意事项、活动目标以及家庭延伸和家长指导策略;教师根据活动中预设的婴幼儿发展目标与观察到的婴幼儿的发展水平,以及亲子互动中的常见问题,与家长当面或微信、电话沟通,实现及时的、有针对性的一对一交流与指导。在婴幼儿受到教育的同时,家长也收获育儿指导,提高育儿水平,增进亲子感情。公益性的早期教育指导机构侧重对家长的指导。通常会收集各月龄婴幼儿发展遇到的共性问题进行父母沙龙、

---

① 吴晓丹. 0～3 岁婴幼儿家庭教育与指导[M]. 北京:北京师范大学出版社,2023:50～52.

微信群父母课堂等活动,线上线下结合起来,帮助家长及时解决育儿困惑。早教机构也会定期举行大型的专家育儿讲座,短时间内向众多家长传递大量的科学教育理念和方法,达到普及早期教育知识、更新家长教育观念的目的。

4. 大众传媒

大众传播媒介是进行信息的复制、传递的机械和组织,具有传播速度快、受众面广、影响大的特点。传统传媒有印刷类、广播、影视等。目前,互联网是非常重要的传播媒介。在"互联网＋"的背景下,大众传媒在婴幼儿家庭教育指导方面的途径越来越多元,如报纸、杂志、书籍、海报、微信、App、微博、音频、电视、电影等;育儿信息的载体也呈现出多样化,有文字、图片、视频、音频等;指导教养人的内容更加丰富,涉及育儿的方方面面,如孕期的保健及胎教、婴幼儿身心发育特点、营养喂养、护理保健、成长问题及对策、亲子游戏及指导、隔代教育等。面对如此丰富的形式和海量的信息,家长们经常无从选择,到底谁说的才是科学的,对自己育儿是有帮助的,自己慢慢尝试这些理论和方法又难免耗时走弯路。相关教育部门、早教机构或家长学校的专业指导师应该甄别后给教养人们推荐一些专业的、通俗易懂的书籍和受年轻父母喜爱的公众号或 App。

育儿宝典

王女士是一位新手妈妈,她的孩子小明刚满 1 岁。王女士在育儿过程中遇到了许多困惑和挑战,她不知道如何科学地喂养小明,如何培养他的生活习惯,以及如何与他进行有效的互动。因此,她寻求了专业的家庭教养指导与咨询师的帮助。

在初次咨询中,通过与王女士的深入交流,识别出以下主要问题:

① 喂养问题:王女士不确定如何为小明提供均衡的饮食,以及如何根据他的成长需求调整辅食的种类和量。

② 生活习惯培养:王女士不知道如何帮助小明建立良好的作息时间和卫生习惯。

③ 亲子互动:王女士感到与小明之间的互动有限,不知道如何促进他的认知和语言发展。

针对王女士的问题,提供了以下原则与方法。

① 一是生活与游戏相结合原则。建议王女士在日常生活中融入游戏元素,如通过亲子阅读、玩具互动等方式,增加与小明的互动时间,促进他的认知和语言发展。

② 二是尊重个体差异原则。提醒王女士每个婴幼儿都是独特的个体,要尊重小明的成长节奏和个性特点,不要盲目比较或期望过高。

③ 三是安全性原则。强调家庭环境的安全性,建议王女士对家中进行安全检查,消除潜在的危险因素,如尖锐边角、易碎物品等。

④ 四是适度性原则。在喂养和生活习惯培养方面,指导王女士要适度满足小明的需求,既不过度溺爱也不忽视他的合理要求。

⑤ 五是一致性原则。建议王女士与家庭成员保持一致的教育观念,共同制定和执行小明的作息时间和行为规范。

同时,还提供了以下具体方法。

① 一是制定个性化的饮食计划:根据小明的年龄和成长需求,制定均衡的饮食计划,包括辅食的种类、量和喂食时间。

② 二是建立规律的作息时间:帮助小明建立良好的作息规律,包括睡眠、饮食、游戏和休息等,以培养他的生活自理能力。

③ 三是增加亲子互动时间:鼓励王女士每天抽出一定时间与小明进行亲子互动,如阅读、游戏、户外活动等,以促进他的认知和语言发展。

④ 四是提供丰富的环境刺激:为小明创造一个充满色彩、声音和触感的环境,提供丰富的感官刺激和探索机会,以促进他的感官和动作发展。

实施效果 经过一段时间的家庭教养指导与咨询,王女士和小明取得了显著进步。小明开始接受并喜欢新的辅食,饮食更加均衡多样。逐渐养成了良好的作息时间和卫生习惯,如定时睡觉、自己吃饭等。亲子关系得到改善:王女士与小明之间的互动更加频繁和愉快,亲子关系更加紧密。小明在认知、语言、感官和动作等方面都取得了明显的进步。

案例总结 本案例展示了家庭教养指导与咨询在0~3岁婴幼儿家庭教育中的重要作用。应用科学的原则与方法,家长可以获得专业的育儿知识和技巧,解决育儿过程中的困惑和挑战,促进婴幼儿的全面发展。同时,家庭教养指导与咨询也有助于提升家长的育儿能力和自信心,建立良好的亲子关系。

任务思考

1. 简述0~3岁婴幼儿家庭教养指导的原则。
2. 简述0~3岁婴幼儿家庭教养指导的方法。
3. 简述0~3岁婴幼儿家庭教养指导的途径。

实训实践

实训实践任务书

任务名称 0~3岁婴幼儿家庭教育模拟指导会

任务内容 见实习期间,4~5人组成一个小组,开展0~3岁婴幼儿家庭教育模拟指导会,根据婴幼儿常见的家庭教养问题分角色模拟,包括婴幼儿、家长、家庭教养指导者、教师、记录者等。通过角色扮演,各自分工,了解相应角色任务,并详细记录模拟会全过程,并尝试运用所学婴幼儿家庭教养指导相关知识进行分析。

任务要求

① 提前了解和掌握相关角色特点与任务。

② 真实客观记录婴幼儿家庭教养全过程,内容简要,信息丰富。

③ 针对婴幼儿在家庭教养过程中的表现、家长行为进行分析,分析恰当,有一定理论依据。

任务目标 依据所学能基本准确地进行婴幼儿家庭教养指导。

任务准备 0~3岁婴幼儿家庭教育指导会议记录表(见表1)、0~3岁婴幼儿家庭教养指导观察记录表(见表2)、笔、手机、玩具、记录本等。

表1 0~3岁婴幼儿家庭教育指导模拟会议记录表

模拟会时间	
模拟会地点	
模拟会内容	

（续表）

模拟会建议	

表2　0～3岁婴幼儿家庭教养观察记录表（模拟指导会）

观察时间	年　　月　　日　　午
角色分配	
观察主题	
观察记录内容	
分析	

赛证 链接

一、单选题

1. 保湿滋润用品特别适用于生后（　　　）周以内的早产儿或患干性、皲裂皮肤的新生儿及特应性皮炎新生儿。（1＋X母婴护理）

　　A. 1～3　　　　　　　　B. 2～4　　　　　　　　C. 1～5　　　　　　　　D. 2～5

2. 婴儿发展生理方面发生大小变化的有（　　　）。（高级育婴师）

　　A. 言语词汇、记忆力、认知能力不断提高

　　B. 身高、体重、器官的增长

　　C. 推理和社会交往能力不断提高

　　D. 思维、胸围不断提高

3. 婴儿发展心理发生变化的方面有（　　　）。（高级育婴师）

　　A. 身高体重，器官的增长

　　B. 言语、记忆力、认知、推理和社会交往能力不断提高

　　C. 头围、臀围、胸围发生变化

　　D. 思维、大脑、胸围发生变化

二、设计题

制订"家庭意外伤害急救措施"培训指导计划。（高级育婴师）

（1）本题分值：15分

（2）考核形式：笔试

（3）具体考核要求：由于家庭中宝宝的意外伤害频频发生，家长的应急处理知识不足，需要组织一期"家庭意外伤害急救措施"培训班，请制订一份培训计划。

项目二

指导0～1岁婴儿家庭教养与家长咨询

项目 导读

0～1岁婴儿期是人生发展中最关键的基础阶段,家庭教养在婴儿生长发育过程中起着决定性的引领作用,也是婴儿生理、认知、情感和社会性发展的核心驱动力。这一阶段的教养方式不仅影响婴儿当下的成长状态,更会对其长期身心健康、学习能力甚至人格形成产生深远影响。

本项目希望帮助家长形成"教养医"相结合的育儿理念,掌握科学的教养方法,提高科学育儿的能力。

学习 目标

1. **认知目标**：熟知0～1岁婴儿不同阶段的喂养、穿衣出行及生活常规方法。
2. **能力目标**：指导家长对0～1岁婴儿常见疾病、传染病和意外事故进行科学防治,并有效开展动作、语言、情绪情感与艺术方面的亲子游戏。
3. **素质目标**：形成"教养医"相结合的科学育儿理念。

知识 导图

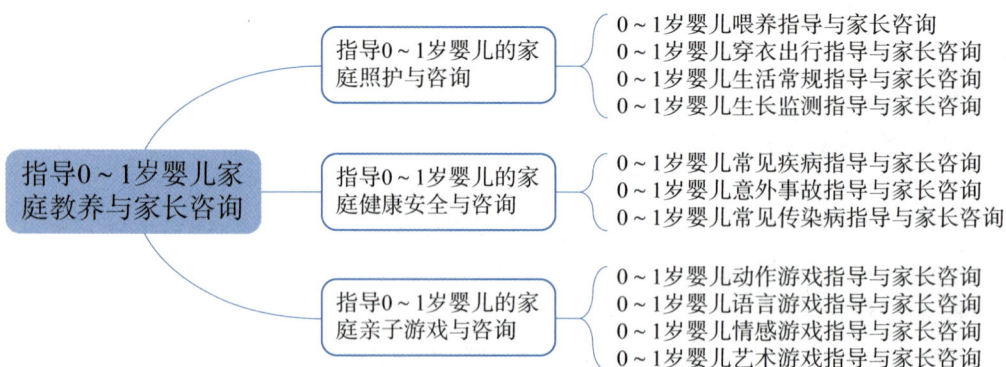

任务一 指导 0~1 岁婴儿的家庭照护与咨询

案例导入

> 李女士自然分娩产下一7斤重女婴诺诺,夫妻是双职工。李女士产后6个月复工,由爷爷奶奶照顾6个月龄的诺诺。爷爷奶奶坚持在食谱中添加米汤、蛋黄,诺诺出现便秘和拒奶现象,体重不增长。李女士带着诺诺来到儿童保健院检查,医生给出了喂养方案:暂停米汤,改为强化铁米粉,按"3天一种"原则逐步引入南瓜泥、牛肉泥。按照调整后的喂养方法,2周后诺诺排便恢复正常,体重增长180 g。

在案例中,因为祖辈没有掌握科学的喂养知识和方法,按照"老一辈"的习惯照顾婴儿,造成了婴儿的不适和发育缓慢。家长需要根据0~1岁婴儿的身心发展特点,掌握相关的喂养、穿衣出行及生活常规方面的科学方法,助力孩子健康成长。

一、0~1 岁婴儿喂养指导与家长咨询

0~1岁是生长发育极其旺盛的阶段,对营养的需求相对较高,科学的喂养和家庭教养对宝宝的健康成长至关重要。0~6个月龄主要进行母乳喂养,如乳母患病、母乳不足等需要配方奶粉喂养。从6个月起就要循序渐进地添加辅助食品。

(一) 0~6 个月婴儿喂养指导与家长咨询

1. 更新教养观念,坚持母乳喂养

世界卫生组织和联合国儿童基金会于2002年联合制定了《婴幼儿喂养全球策略》,要求足月出生的健康婴儿在出生后最初6个月内纯母乳喂养,6个月后及时添加辅食,并在此基础上继续母乳喂养至2岁或以上。

(1)熟知母乳喂养的好处

现代社会中,尽管母乳喂养的科学性已被广泛认可,但仍存在许多错误认知,影响乳母坚持母乳喂养。例如,认为母乳喂养,会让身材发胖;职场妈妈无法坚持母乳喂养,复工后就需要断奶;奶水太清,没有营养等。家长在母乳喂养中要熟知母乳喂养的好处与成功母乳喂养的方法。

① 对婴儿的好处。母乳中含有婴儿所需要的各种营养物质,且比例合适,满足婴儿营养需求;母乳增进婴儿抗病能力,不易引起过敏;初乳(产后5天以内的乳汁)中含有丰富的抗体,使新生儿有了抵抗病毒细菌侵蚀的"保护伞",能使婴儿获得免疫因子,增加自身的抗感染能力。母乳喂养给予婴儿更多的母爱,哺乳过程是一种良好的母子沟通过程,婴儿与母亲肌肤相贴、目光交流,能频繁地与母亲密切接触,从而增进母子感情,满足双方心理需求,产生母婴间的依恋,有利于促进婴儿心理健康和社会适应性的发育。

② 对母亲的好处。吸吮乳汁时,可促进子宫收缩,有利于子宫复原,减少产后出血;可降低母亲乳腺癌、卵巢癌、子宫癌的发病风险;哺乳能消耗母体多余的脂肪,有利于产后体型的健美。

(2)掌握正确的喂养方法

① 做好产前准备。帮助乳母做好哺乳的心理准备,积极宣传母乳喂养的优点和方法,帮助乳母消除紧张、焦虑等负面情绪;保证孕期营养,多吃富含蛋白质、维生素等的食物;做好乳头保健,在妊娠后期每日用清水擦洗乳头,乳头内陷者用两手拇指从不同角度按压乳头两侧并向周围牵拉,每日数次。

② 尽早开奶和按需喂哺。尽早开奶,母婴同室。根据母婴情况尽早开始喂哺母乳,两侧乳房交替喂哺。按需喂哺,婴儿饿了,随时可以喂奶,不拘泥于几个小时喂一次,可随时喂哺。

③ 合理营养和精神愉快。合理营养,乳母的饮食应多样化,粮、豆、菜、果、奶、鱼、肉等的摄入要均衡,多饮汤水;精神愉快,乳母产后疲惫,内分泌突然发生变化,或因受家里"重男轻女"等思想影响,往往情绪

低落,心理上受压抑,家人的体贴、照顾、理解是使乳母情绪饱满和尽快恢复体力的保证。

④ 选择适合自己的母乳喂养姿势。母乳喂养有交叉环抱式、橄榄球式、摇篮式、侧卧式4种方式,如图 2-1-1~图 2-1-4 所示。帮助乳母选择适合自己的喂养姿势,有助于成功喂哺。

图 2-1-1　交叉环抱式

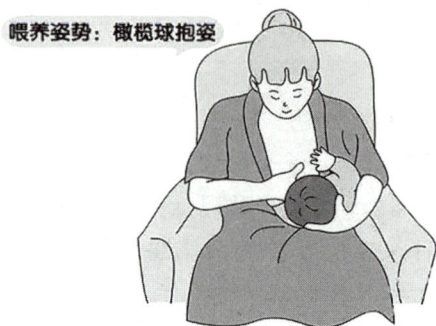

图 2-1-2　橄榄球式

图 2-1-3　摇篮式

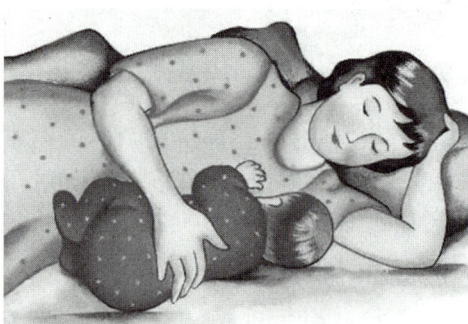

图 2-1-4　侧卧式

2. 摒弃传统观念,进行人工喂养

母乳喂养对于乳母和婴儿有很多好处,但是因很多原因乳母不能进行母乳喂养,如乳母患活动性肺结核、急性传染病、重症心脏病、肾脏病、糖尿病、癌症,或身体过于虚弱,患慢性病须长期用药物治疗。这些情况下就不能坚持母乳喂养。要摒弃传统观念,不要对乳母施加压力,而是采用配方奶粉等喂哺婴儿,满足婴儿的营养需要,使婴儿正常地生长发育。但如果采用的食品营养价值差,配制不当,食具消毒不彻底,容易引起营养不良和消化功能紊乱,家长要掌握科学人工喂养方法。

（1）正确选择乳品

乳品选择上首选配方奶粉,配方奶粉是经过进一步加工的牛乳（或羊乳）,使其营养成分接近母乳,更适合小儿生长发育的需要。

（2）选择适合的喂养用具

采用人工喂养时,家长需要准备奶瓶、奶嘴、奶瓶刷、奶嘴刷及恒温水壶等用具。奶瓶以大口直立式玻璃制品为宜,便于清洗消毒。1~2 个月龄婴儿用 100~120 mL 小奶瓶,2 个月以后用 200~240 mL 大奶瓶,多备几个便于每日集中消毒,奶瓶不清洗消毒则不能重复使用。奶嘴以液体硅胶奶嘴为宜,奶嘴的软硬度与奶嘴孔的大小应适宜,孔的大小以奶瓶倒置时液体呈滴状连续滴出为宜。奶瓶刷、奶嘴刷,便于清洁奶瓶和奶嘴。恒温水壶能够将水温始终保持在适宜温度,使用更方便。

（3）科学冲调奶粉

家长在冲调奶粉时,可按照以下步骤科学操作。一是做好准备工作,检查奶粉包装,保证奶粉在保质期内,且清洁无污染。阅读奶粉调配说明书,根据婴儿的月龄及产品包装上的喂哺表,计算应调配的液体量。护理人员洗手,奶瓶、奶嘴、奶瓶盖等器具进行彻底洗净和消毒。二是冲调奶粉,将饮用水煮沸 5 分钟,待凉至 37~40℃后,根据所要冲调的量倒入消毒好的奶瓶中备用。根据婴儿月龄和产品包装上的喂哺表,用专用量勺取适当奶粉,多出量勺上沿的奶粉要刮平,然后将正确量的奶粉加入盛有温水的奶瓶中。用专用搅拌棒搅拌或者轻轻摇动奶瓶,使奶粉溶解均匀。

（4）学习奶瓶喂养方法

家长在手背或手腕内侧滴几滴奶,测试奶的温度,温度合适则喂哺;给婴儿佩戴围嘴,手中拿小毛巾,随时擦掉溢出来的奶;喂哺时,抱着婴儿,使其成半直立位,用奶瓶触碰婴儿嘴唇,使其含住奶头;喂哺时应呈斜位持奶瓶,使奶嘴及奶瓶的前半部分充满乳汁,防止婴儿在吸时吸入空气;喂完后,需帮助婴儿打嗝排气。

（二）6～12个月婴儿喂养指导与家长咨询

家长在6～12个月婴儿的喂养上还需要继续坚持母乳喂养或配方奶粉喂养,并根据婴儿的生长发育需求,科学添加辅助食品。

1. 科学添加辅食,分阶段喂养指导

（1）掌握6～12个月婴儿消化系统特点

家长需要掌握6～12个月婴儿消化系统特点,明确添加辅食的顺序。婴儿消化系统的发育是由不成熟到成熟的过程,与之相适应的食物也需要由低密度→中密度→高密度的过程,即液体食物→泥糊状食物→固体食物的过程。因此,在食物品种和烹饪手法的选择上就要适应婴儿消化系统的发育特点。

（2）明确辅食添加的目的和时间

母乳或配方奶缺乏铁、锌,添加辅食可以补充营养不足,同时也能培养婴儿咀嚼、吞咽、手眼协调等进食技能,培养不挑食、不偏食、自主进食等健康饮食习惯。小儿胃肠道发育不成熟,过早添加辅食易引起过敏反应。世界卫生组织(WHO)建议婴儿6个月后再添加辅食。但每个孩子发育具有差异,孩子如完全具备添加辅食的条件就可以添加,最早不小于4个月龄,最晚不超过8个月。

（3）遵循添加辅食的原则和要求

家长在给6～12个月龄婴儿添加辅食时需要遵循从一种到多种的原则,每一种新的食物,要在食用前一种食物3～5天没有出现异常之后方可添加;遵循从少量到多量的原则,第一天给10 mL左右,第二天增加到20 mL左右,第三天增加到30 mL左右;遵循从稀到稠的原则,例如婴儿从刚开始吃米汤到稀粥到稠粥再到软饭的过程就是从稀到稠;遵循从细到粗的原则,例如从果汁到果泥到果肉末再到碎果肉的添加过程就符合从细到粗的原则;遵循少盐而不甜、忌油的原则,婴幼儿肾功能发育尚不完善,辅食加盐,会增加肾负担,同时也容易形成"口味重"的饮食习惯。

（4）解决辅食添加过程中常出现的问题

在6～12个月龄婴儿辅食添加过程中,家长常会遇到婴儿拒食、吐食、便秘、食物过敏和营养不均衡等问题,见表2-1-1。面对这些问题,家长要积极寻找问题产生的原因,提出解决方案,促进婴儿健康成长。

表2-1-1　6～12个月婴儿辅食添加过程中的常见问题及解决方法

常见问题	可能原因	解决方法
拒食、吐食	过早引入辅食(挺舌反射未消失);食物性状不合适(太粗/太稠);出牙期牙龈不适;强迫喂养导致抵触	延迟1～2周再尝试,确保婴幼儿能独坐,对食物感兴趣;调整食物质地:6～8个月用细腻泥糊,9个月后过渡到软颗粒;提供冰镇牙胶缓解出牙疼痛;尊重宝宝意愿,停止强迫喂食
便秘	初期辅食纤维不足(如只吃米粉);水分摄入不足;高淀粉食物过量(土豆、香蕉)	添加高纤维辅食西梅泥、豌豆泥、燕麦粥;两餐间喂少量水(30～60 mL/天);腹部按摩,顺时针轻揉3～5分钟;避免未成熟的香蕉(含鞣酸加重便秘)
食物过敏	高风险食物:鸡蛋(尤其是蛋白)、牛奶、花生、海鲜;过敏表现:速发型(30分钟内):皮疹、呕吐、呼吸困难;迟发型(48小时内):腹泻、血便	立即停用可疑食物;记录食物日志(含进食时间、症状);就医进行过敏原检测;3～6个月后再尝试(需医生指导)
营养不均衡	过度依赖米糊或白粥;回避肉类(担心不消化);过早添加调味品	每餐包含三大类:主食(米粉或碎面)、优质蛋白(肉泥、豆腐)、蔬菜和水果;确保红肉每周≥4次(补铁);1岁前不添加盐和糖

2. 精心制作辅食，调动婴儿食欲

（1）确保食物种类齐全

家长在给6～12个月婴儿制作辅食时，需掌握不同食物种类的营养价值，精心制作辅食。

根据不同食物所含营养素不同，将其分为粮食、蔬菜和水果类、动物性食物及豆类、奶类及其制品、食用油、糖和调味品五大类。

① 粮食类。粮食分为细粮和粗粮。细粮主要是面粉和大米；粗粮主要是燕麦片、荞麦面、玉米面、小米等，含纤维素较多。粮食为婴儿生长提供碳水化合物和少量植物蛋白质、膳食纤维及B族维生素。

② 蔬菜和水果类。主要包括根茎类、鲜果类、叶菜类，为婴儿生长提供胡萝卜素、膳食纤维及各种维生素。

③ 动物性食物及豆类。包括鱼、肉、禽、蛋、豆类及豆制品。为婴儿生长提供优质蛋白质、脂肪、铁、锌、维生素。

④ 奶类及奶制品。容易被人体吸收，为婴儿生长提供优质蛋白质和丰富的钙及维生素。1岁以内婴儿要以母乳或配方奶粉为主。

⑤ 食用油、糖及调味品。食用油和糖单纯提供热能，摄入过多，容易引起肥胖，饮食搭配时需要控制量。食盐、酱油等调味品1岁以内不添加，3岁以内少添加。

（2）确保食品烹饪工具齐全

家长需要根据不同年龄阶段婴儿的需求，采用不同方法烹饪食品。所需的基本工具有辅食料理机、食物研磨器、菜刀、菜板、辅食收纳盒、搅拌勺等。制作辅食时根据需要选择，提高辅食制作成功率。

（3）不同年龄阶段婴儿食品的烹饪

6～12个月是婴儿从纯液体饮食过渡到固体食物的关键阶段。咀嚼能力的发育与口腔运动功能的成熟密切相关。应根据他们的生理咀嚼期的特点添加辅食。不同咀嚼期的特点、食物的添加和具体辅食制作见表2-1-2。

表2-1-2 6～12个月婴儿生理咀嚼期的特点及食物添加

生理咀嚼期	特点	适合添加的食物	食物制作例举
吞咽期（5～6个月龄）	婴儿舌头会前后活动，口腔四周肌肉未发育完全，能把软滑的食物送到口腔深处大口吞下	此阶段婴儿适合添加浓汁、泥糊状食物，如米粉、南瓜泥、胡萝卜泥、苹果泥等	胡萝卜泥 原料：胡萝卜1/3根，水适量。 做法：胡萝卜洗净、切小块，放入锅内蒸熟；将蒸熟的胡萝卜凉一下，放入辅食机加适量温开水搅拌成泥状即可
轻嚼期（7～9个月龄）	婴儿舌头会前后上下活动，能吞咽颗粒状的食物，会用舌头把食物顶到上颚压碎再吞咽下去	此阶段婴儿适合添加的食物可以由泥糊状渐渐向小颗粒状态过渡，适当添加一些富含蛋白质的鱼、肉、蛋等碎末状的食物	双米蛋黄粥 原料：小米15g，大米15g，胡萝卜15g，南瓜15g，鸡蛋1个。 做法：大米、小米提前浸泡一个小时，然后倒入锅内，加入足够的水熬煮，直至软烂；南瓜和胡萝卜切小丁，蒸煮软烂；鸡蛋煮熟，取1/2蛋黄，加入适量水碾压细腻，并搅拌均匀；将软烂的南瓜丁、胡萝卜和蛋黄糊倒入粥中，并边煮边搅拌，最后关火
牙床咀嚼期（10～12个月龄）	婴儿舌头会前后左右上下搅动，可以把较大块状的食物用牙龈咬碎后吞咽下去	此阶段婴儿适合添加的食物可以由稠粥转为软饭，由烂面条转为馄饨、馒头片，由菜末转为碎菜等	三文鱼菜花饭 原料：熟米饭50g，三文鱼30g，花菜20g，胡萝卜20g，青菜2g。 做法：胡萝卜和三文鱼切成小颗粒，用柠檬片将三文鱼腌制一会儿；用煮沸的水将青菜和菜花焯几十秒，并切碎；起锅转小火，加入一点食用油，先加入三文鱼翻炒几下，再加入蔬菜和米饭，快速翻炒均匀；加入适量的水，转成大火煮开，煮开的同时需用勺子搅拌；关火

二、0～1岁婴儿穿衣出行指导与家长咨询

(一) 选择尿不湿的指导

为0～1岁婴儿选择合适的尿不湿,需要根据月龄、体重、皮肤敏感度和活动特点进行科学匹配,见表2-1-3和表2-1-4。

表2-1-3 不同月龄尿不湿选择的要点

月龄	关键需求	推荐配置	注意要点
0～3个月	脐部保护、防漏便	凹槽设计尿不湿(避免摩擦脐带)、后腰弹性防漏兜	避开含漂白剂、荧光剂产品
4～6个月	防侧漏、贴合、方便翻滚	360°环形腰围、3D立体护围	避免过厚影响髋关节发育
7～12个月	高吸量、适合学步	芯体加压技术(瞬吸800 mL以上)、蝉翼超薄款	警惕吸水后成团断层

表2-1-4 0～1岁婴儿尿不湿尺寸科学对照表

体重段/kg	对应型号	特殊体型调整建议
≤5	NB码	早产儿选Preemie专用款
4～8	S码	腿粗宝宝选宽裆设计
7～12	M码	好动宝宝选腰部加高款
≥10	L码	胖宝宝选XXL腰围伸缩款

(二) 穿衣的指导

0～1岁婴儿的皮肤薄嫩,易受损伤,调节体温功能差,并且渗透作用强。在给婴儿选择尿布、衣物时需要注意这些特点。

1. 衣物面料选择

① 材质方面:最好选择纯棉的面料,特别是贴身衣物。因为宝宝体温调节功能还不完善,皮肤体表面积大,容易出汗,纯棉衣服不仅保温,而且容易散热。也可以选择竹棉材料,这种材料柔软、透气又舒适。

② 颜色与印花:婴儿的视觉神经还在发育中,过于鲜艳和明亮的颜色,特别是添加荧光剂的颜色可能会刺激婴儿的眼睛。所以,应选择柔和雅致的颜色。如果衣服有印花装饰,要注意有无掉落的粉末或颗粒。刺绣或手工缝制的装饰品上不能有闪光片或颗粒状的珠子。

2. 衣物设计要求

根据0～1岁婴儿不同阶段的身心发展特点,选择适合的衣物设计。

① 0～3个月的婴儿:选择无领、斜襟连体服比较适合。这个阶段宝宝以头颈部运动为主,领口部分不宜过窄,以免限制宝宝活动。

② 3～4个月前的婴儿:衣物领口不宜过窄,因为宝宝以头颈部运动为主。

③ 4个月左右的婴儿:宝宝会把小手放在胸前玩,衣物袖口上不能有蕾丝或其他装饰品,避免宝宝玩耍时受到伤害。

④ 5个月以后的婴儿:活动量变大,要选择适合宝宝运动的衣服。选择分体式衣服,最好穿系带裤子或背带裤,不要选择有松紧带的裤腰,因为宝宝采用腹式呼吸,松紧带过紧会影响宝宝呼吸;裤子也不要拉得太高,以免扎紧胸部造成胸廓畸形;系带的裤子,不要系得太紧,要给宝宝呼吸留有余地。另外,大多数家庭有暖气设备,在室内一般穿厚连体秋衣、厚棉线衣即可,不建议穿毛衣(容易过敏),连体衣优于分体式,能保护宝宝肚子不受凉。

3. 衣物款式选择

(1) 0～3个月婴儿

和尚服:系扣方式为无扣,斜对襟交叉系带,容易穿脱和更换纸尿裤,并且宽松和舒适感强,如图2-

1-5所示。

(2) 0～12个月婴儿

① 包屁衣：无开襟，裆部按扣，0～1岁的宝宝都可以穿。连体设计不会在抱起、睡觉或活动时露出肚肚，避免着凉；下身多为按扣，开合简单，方便新手妈妈换纸尿裤。

② 连体衣：冬天出生的宝宝可以选择连体衣，下摆设计方便换尿不湿，不需要穿脱衣服，如图2-1-6所示。一件52 cm和一件66 cm的连体衣可解决前6个月穿衣困扰。

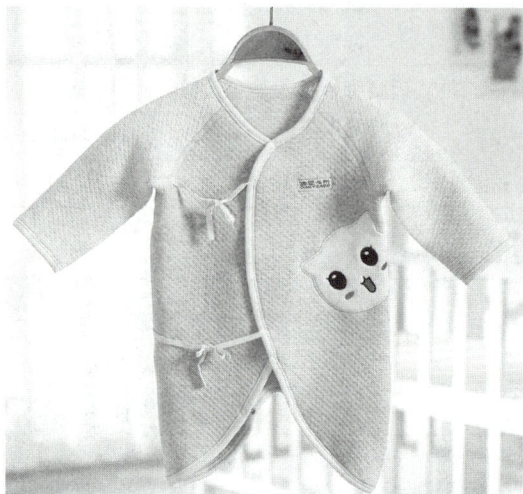

图2-1-5 和尚服

图2-1-6 连体衣

（三）出行的指导

户外活动有利于婴儿亲近自然，适时地利用阳光、空气和水三大自然因素进行体格锻炼，增强体质。随着婴儿年龄的增长，户外活动的时间、频次、形式等都有所增加，出行就成为婴儿每日的活动。需掌握婴儿出行时的衣着、用具等的选择，并学会照顾其出行，保证出行的安全。

1. 出行的衣着

婴幼儿的皮肤细嫩，易损伤，出行衣着应简单、宽松、质地柔软，以纯棉或棉质衣料为主，吸汗性和透气性良好，容易穿脱，不影响四肢活动。鞋子款式以高过脚面的高帮鞋为主，根据脚的肥瘦、宽窄来选择合适的鞋子，注意鞋底的软硬、厚薄，是否防滑、轻便等。出行时注意婴儿的保暖，为其穿上合适的衣服，而不是包裹得严严实实，过度的保温会引起体温升高，严重时会造成"包裹热"。

2. 出行的工具

根据0～1岁婴幼儿年龄特点、天气情况等因素，主要有婴儿背带出行、婴儿车出行和汽车安全座椅出行3种形式。

(1) 婴儿背带出行

背带是符合人体工学的婴儿用品，有很宽的肩带和腰带，可以分担孩子的重量，方便家长照顾婴幼儿出行，并根据年龄特点选择适合的背、抱姿势。

① 横抱式：适合0～4个月婴儿。抱起、放下动作要轻柔。

② 纵抱式：适合4～12个月婴儿，可以和宝宝亲密互动。

③ 前抱式：适合6～12个月婴儿，方便宝宝认识世界。

④ 背式：适合6～30个月婴幼儿，家长可以感受到外出时的轻松便捷，完全解放双手。

家长在使用背带时，需注意以下几点：使用前先检查各插扣是否完好扣紧；使用背带过程中不要做过大动作；连续使用不超过2小时；喂奶后30分钟使用。

(2) 婴儿车出行

婴儿车是一种为婴儿户外活动提供便利而设计的工具车，家长在使用婴儿车带宝宝出行时，需做好以下几点：出门前检查婴儿车的安全性，确定各项功能正常；车架上的玩具要固定好，车把手不要悬挂过多物品；婴儿坐在婴儿车内，面部不需遮盖，便于适宜的阳光照射和呼吸到新鲜空气；当婴儿在车内独立站起时，注意停车，以免摔伤；如停止行走，需使用刹车功能；不要让婴儿单独留在车内。

（3）汽车安全座椅出行

选择私家车出行时，不能简单地将婴儿安排在普通成人座椅上，应使用儿童安全座椅。使用安全座椅时应注意：不能将安全座椅安装在副驾驶座上；根据婴儿的体重选择合适的汽车安全座椅；婴儿上车后立即使用安全座椅，扣好安全带；车辆启动后，锁好婴儿触手可及的门窗；任何情况下都不能把婴儿独自留在密闭的车厢内，以免发生危险。

3. 出行前需准备的用具和物品

（1）交通工具

根据情况选择合适的交通工具，如婴儿背带、婴儿车或汽车安全座椅。

（2）必备物品

① 衣物：至少准备两套衣服，尿湿或出汗后及时更换。准备一顶适应季节的帽子，帽子既能挡风又能遮阳。为能够独立行走的宝宝穿一双吸汗的棉袜和一双柔软合脚的鞋子。围兜、手绢和小毯子也是需要准备的。

② 纸尿裤：出门的时候为宝宝换上新的纸尿裤，并多备几片。

③ 婴儿湿巾和纸巾：为宝宝换尿片或清洁手脚用。

④ 护肤品：冬天外出准备润肤油，夏天外出准备防晒霜。

⑤ 宝宝喜爱的玩具：宝宝在陌生环境下有喜爱的玩具能获得一定的安全感。

⑥ 其他物品：如伞、相机、防蚊液等。

（3）饮食

如吃奶粉的宝宝，则需准备足够的奶粉、装有开水的保温壶及凉开水，便于冲泡奶粉。断奶以后的宝宝，则需准备辅食、饮水杯等。

应了解不同的出行方式特点及必备物品，再根据宝宝的年龄特点、天气情况等选择合适的出行方式，确保出行的安全和愉悦。

三、0～1 岁婴儿生活常规指导与家长咨询

0～1 岁婴儿生活常规是指在家庭日常生活中遵循的一系列规范性和规律性的行为模式，包括从个人卫生到社会交往等多个方面，从而帮助婴儿建立稳定、有序的生活方式，促进生长发育。

（一）睡眠方面

睡眠是大脑皮层的抑制过程，是婴儿恢复精神和体力的必要条件。年龄越小，需要的睡眠时间越多，但存在个体差异性，详见表 2-1-5。

表 2-1-5　不同月龄阶段婴儿的睡眠时间

年龄	次数	白天持续时间/h	夜间持续时间/h	合计/h
初生儿	每日 16～20 个睡眠周期，每个周期 0.5～1 h			20
2～6 个月	3～4	1.5～2	8～10	14～18
7～12 个月	2～3	2～2.5	10	13～15
1～3 岁	1～2	1.5～2	10	12～13

创造良好的睡眠环境是保证 0～1 岁婴儿高质量睡眠的前提。家长尽量让婴儿在自己所熟悉的环境中睡觉，为其布置温馨、舒适、安静的睡眠环境，做好以下睡眠准备工作：

① 经常开门、开窗通风，保持室内空气新鲜。

② 室温控制在 20～23℃为宜。

③ 卧室的灯光暗一些,窗帘的颜色不宜过深,减少噪声干扰。

④ 为婴幼儿选择软硬度适中床。

⑤ 睡前不做剧烈运动,避免引起婴幼儿过度兴奋。

⑥ 睡前进行脸、口腔、手、臀部的清洗,引导较大婴儿排尿。

⑦ 被褥干净、舒适,与季节相符。

⑧ 换上宽松的、柔软的睡衣。

家长也可以根据以下标准判断婴儿睡眠是否充足:

① 醒来精神状态良好,无哭闹现象。

② 精力充沛,活泼好动和食欲正常。

③ 身高、体重等能按照正常发展速度增长。

(二) 卫生护理

0～1岁婴儿的皮肤柔嫩,表面角质层薄,局部防御机能差,易受损伤,如护理不当也会引起败血症。因此,家长要掌握正确的护理方法,确保婴儿的皮肤、头、颈、腋窝、会阴部及其他褶皱处,以及眼、耳、鼻等器官的清洁。

1. 脐带的护理

在新生儿脐带残端未脱落前,每日使用75%酒精或医用碘伏棉签,从脐根向周围螺旋消毒,每天2次,并保持干燥,尿布勿覆盖脐部。如新生儿脐带发红、流脓、出血或2周未脱落需就医。

2. 乳痂的护理

使用熟植物油闷24小时后,再用棉签轻轻擦拭。

3. 口腔清洁

不要用纱布擦洗婴儿的口腔黏膜,奶量充足时婴儿口腔是清洁的。

4. 婴儿臀部、会阴处的护理

在大小便后,需按照从前往后的顺序用流动温水冲洗,用干净柔软的毛巾吸干。

5. 眼、耳、腋窝和外阴的清洁

每天用棉制纱布和温水为0～1岁的婴儿清洗眼睛、外耳道、腋窝和外阴部,注意盆和毛巾等用具需专用。

6. 洗头和洗澡

(1) 做好准备工作

洗澡一般安排在上午的10点到下午4点之间;洗澡时室温保持在28℃左右,水温保持在38～40℃,并备好洗澡用品,如浴盆、小毛巾、浴巾、沐浴露、洗发水、润肤油及换洗衣物等。

(2) 掌握洗澡的步骤

① 洗脸与洗头:清洗之前,左肘部和腰部夹住婴儿的屁股,左手掌和左臂托住婴儿头;右手将小毛巾沾湿,由内眼角向外眼角轻擦双眼,然后依次是嘴、鼻、面部及耳后的清洗;将洗发露抹在婴儿头部,轻轻按摩,用清水冲洗干净。

② 洗身体:左手托住婴儿头、肩部,右手托住婴儿臀部并引导婴儿的脚首先进入水中,然后逐渐降低身体的其他部位,进入浴盆。婴儿洗澡时的顺序为:颈部→前胸→腹部→上肢→背部→下肢→外阴和臀部,注意褶皱处的清洗。

③ 洗澡结束后的护理:用浴巾迅速包裹好婴儿,从上身到下身用轻拍的方式吸干水分,擦拭润肤油,最后为婴儿穿上干净的衣服。

(3) 注意事项

夏天需要每天洗澡,冬天每周2～3次,并注意保暖;每次洗澡时间不宜超过10分钟;在婴儿生病、注射疫苗和哺乳后30分钟以内等情况不要洗澡;新生儿的脐带未脱落前,不要让洗澡水浸湿脐部。

（三）户外活动

户外活动对 0～1 岁婴儿的生长发育具有不可替代的促进作用,关系到身体发育、感官刺激、认知发展、情绪调节等多个方面。应根据不同月龄婴儿的发展需要进行适宜的户外活动。

① 3～4 个月婴儿:每天一次的散步时间应该固定,20 分钟的时长是必要的,但是最长不要超过 1 个小时。

② 5～6 个月婴儿:婴儿的好奇心变得旺盛起来,因为外面的世界充满了刺激,所以每天要保证固定的时间外出散步,外出时间在 30 分钟到 1 个小时比较好。

③ 7～8 个月婴儿:这个阶段的婴儿感知到上午出去玩和午睡都形成规律,适度的劳累会对晚上的睡眠起到很好的作用。

④ 9～12 个月婴儿:这个阶段家长可以带婴儿享受一些时间更长的外出散步时间了,但还是要把时间控制在 2 小时以内。

四、0～1 岁婴儿生长发育监测指导与家长咨询

0～1 岁婴儿生长发育是指个体从有生命开始,受遗传、环境、学习等因素影响,进行有顺序的、持续的、阶段性的、渐进的、有方向的、由分化到完整的,生理、心理变化的过程。按照 0～1 岁婴儿体检要求带孩子体检,包括 42 天体检、3 个月体检、6 个月体检、9 个月体检和 12 个月体检;对照形态指标、生理功能指标以及心理指标,对 0～1 岁婴儿生长发育进行监测。

1. 常用的生长发育指标

（1）形态指标

形态指标是指身体及其各部分在形态上可测出的各种量度(如长、宽、围度以及重量等)。形态指标可以较稳定地反映体格发育和营养状况,测试方便,准确性高。家长应在保健医生指导下了解不同形态指标的作用,在家庭中做好 0～1 岁婴儿的生长发育监测。

① 头围:反映脑和颅骨的大小与发育情况,是评价 0～1 岁婴儿生长发育的重要指标。

② 胸围:表示婴儿胸廓的容积以及胸部骨骼、胸肌、背肌和脂肪层的发育情况,以及身体形态和呼吸器官的发育情况。新生儿的头围大于胸围,1 岁时胸围赶上头围。

③ 身长:常用于综合反映 0～1 岁婴儿生长发育速度和水平的指标。取婴儿仰卧位,脱去帽、鞋袜,穿单衣仰卧于量床底板中线上,测量数值。身长用于准确评价婴儿生长发育水平、发育特征和生长速度。

④ 体重:体重是身体各部分、各种组织重量的综合,在一定程度上说明 0～1 岁婴儿骨骼、肌肉、体脂肪和内脏总量增长的综合情况,是最易变化和活跃的指标。新生儿平均体重为 3.3 kg,前 6 个月的婴儿,体重平均每月增长 0.6 kg,后 6 个月平均每月增长 0.5 kg,1 岁以后体重增长速度减慢,全年平均增长 2～3 kg。

（2）生理功能指标

0～1 岁婴儿的生理功能指标指身体各系统、各器官在生理功能上可测出的各种量度,以及生长发育和机能水平。人体的生理指标种类较多,但常用脉搏、血压和肺活量等生理指标监测婴儿的生长发育情况。

① 脉搏:脉搏也称为心率,是心脏节律性收缩和舒张,由大动脉内的压力变化而引起四肢血管壁扩张和收缩的一种搏动现象。

② 血压:血压是指心脏收缩时血液流经动脉管腔对管壁产生的侧压力,是心室射血和外周阻力共同作用的结果。

③ 肺活量:肺活量是指一个人全力吸气后所呼出的最大气体量,是一种常用的反映呼吸机能的指标。男性为 3 500～4 000 mL,女性为 2 500～3 500 mL。

（3）心理指标

0～1 岁婴儿的心理发展包括感知觉、言语、记忆、思维、想象、动机、兴趣、情感、性格、行为及社会适应力等。测试通过一些经过专门设计的测试量表或问卷调查获得。这些量表、问卷通常采用国内外公认的

格式,并尽量采用本国标准化的常模,由专业人员掌握,以保证结果的可靠性和有效性。

2. 生长发育监测图

生长发育监测图是世界卫生组织推荐给家长的一种简便易行,用来观察0~1岁婴儿体格发育是否正常的保健用图。体重是反映0~1岁婴儿近期生长发育状况最为灵敏的指标,体重是否有规律地增长,能够反映出婴儿身体健康和营养状况。体重增长速度减慢,说明喂养不当,体重增长速度过快,说明喂养过量。采用体重作为指标,设计生长发育检测图,及时了解婴儿的生长发育变化,早发现异常,早干预。将体重设为纵坐标,月龄设为横坐标,按照月龄定期给婴儿测量体重,并标在图上,把点连成线,就是生长发育曲线,如图2-1-7所示。

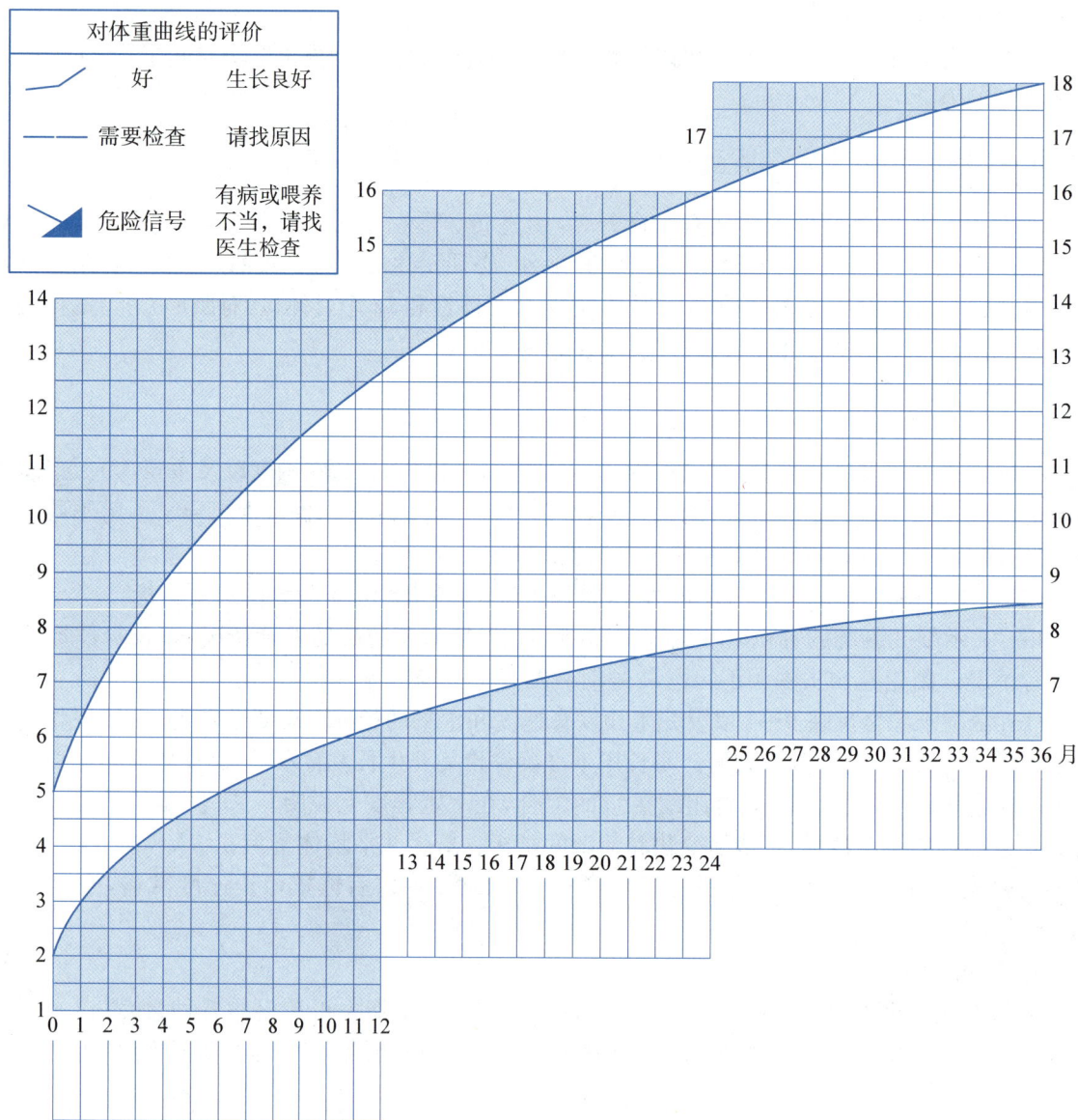

2-1-7 生长发育监测图

3. 世界卫生组织推荐的综合评价法

综合评价法是世界卫生组织推荐的,用来衡量0~1岁婴儿生长发育的科学的标准,包括年龄别身高、年龄别体重和身高别体重。年龄别身高和年龄别体重是指相对于某一年龄来说应有的身高和体重,例如6个月女婴儿,标准体重是66.8 cm。但要注意仅年龄别体重和年龄别身高,并不能反映儿童的体型是否匀称,因为匀称也是健康的标准。因此,再加上身高别体重(是指相对于某一身高来说应有的体重),判断才更全面。

育儿宝典

0～1 岁婴儿户外活动安排

在 0～1 岁婴儿发展过程中，家长不能忽视户外活动的重要性，可以通过科学设计的户外活动，全面促进 0～1 岁婴儿的运动、感官、认知、语言和社交情感发展。以下为家长提供分月龄户外活动实践指南。

1. 月龄：0～3 个月

① 发育重点：感官初体验、颈部控制。

② 户外活动：阳光抚触。

③ 时间安排：早晨、傍晚阳光柔和时，每次 5～10 分钟。

④ 活动方式：抱婴儿在树荫下感受光影变化，观察晃动的光斑，听风吹风铃、鸟鸣声，家长同步轻声哼唱。

⑤ 注意事项：避免强风直吹面部；外出时段≤30 分钟。

2. 月龄：4～6 个月

① 发育重点：视觉追踪、上肢支撑。

② 户外活动：草地健身房。

③ 时间安排：上午或下午阳光柔和时，每次 5～10 分钟。

④ 活动方式：铺野餐垫让婴儿俯卧，用摇铃引导抬头转头；滚动彩色球刺激爬行欲望；家长做手影（小鸟、小狗），吸引婴儿注视。

⑤ 注意事项：选择无蚊虫的平整草坪；备一条纱布巾随时擦口水。

3. 月龄：7～9 个月

① 发育重点：坐姿平衡、因果关系认知。

② 户外活动：自然寻宝。

③ 时间安排：上午或下午阳光柔和时，每次 10～15 分钟。

④ 活动方式：在垫子上放松果、大贝壳等安全物品，鼓励抓取传递；吹肥皂泡引导婴儿爬行追踪；指认实物，如"这是黄色落叶，摸一摸，脆脆的"。

⑤ 注意事项：选择无蚊虫的平整草坪；备一条纱布巾随时擦口水。

4. 月龄：10～12 个月

① 发育重点：下肢力量、工具使用。

② 户外活动：障碍探险。

③ 时间安排：上午或下午阳光柔和时，每次 15～20 分钟。

④ 活动方式：用纸箱或靠垫搭矮通道，扶走穿越；树叶拓印（无毒颜料＋白纸）或沙地脚掌画；学步期选择塑胶跑道、木栈道等防摔地面学步。

⑤ 注意事项：避免细沙、小石子入口。

任务思考

1. 简述指导家长选择母乳喂养的原因。

2. 简述如何指导家长解决辅食添加过程中出现的问题。

3. 指导家长根据婴儿肠胃和咀嚼特点，制作一份辅食，标明适用的月龄和具体做法。

4. 如何为 0～1 岁婴儿选择衣物？

5. 如何为 0～1 岁婴儿建立良好的生活常规？

任务二　指导0～1岁婴儿的家庭健康安全与咨询

案例导入

　　3个月零4天的萱萱半夜突然哭闹不停,萱萱妈妈一摸感觉其身上发热,经耳温枪测量为38.4℃。萱萱父母立刻给孩子温水擦拭,进行物理降温,并及时给孩子喂哺母乳,补充水分。经过一系列护理,萱萱安静下来,并慢慢地入睡了。第二天一早,夫妻俩带着萱萱来到儿童医院检查,确定是普通感冒,两人放心了。

　　0～1岁婴儿正处于生长发育期,对外界环境的适应能力和抵抗能力较弱,生活自理能力弱,容易生病。家长需要了解0～1岁婴儿常见疾病的病因、症状及预防措施,做到"早发现、早干预、早治疗"。

一、0～1岁婴儿常见疾病指导与家长咨询

（一）新生儿疾病的指导

新生儿期(从出生至28天)是生命最脆弱的阶段,其特殊的生理特点也容易引发疾病。需要了解这个时期疾病发生的原因、症状及相关的防治措施,保证新生儿度过"疾病关"。

1. 脐炎

新生儿断脐后,脐部残端受到细菌污染。家长如发现新生儿脐部红肿,分泌带有臭味的脓性分泌物,并有发热、不吃奶等全身症状,要及时就医。平时要做好脐部护理。

2. 鹅口疮

由霉菌引起新生儿口腔感染。可观察到白色膜状物附着在口腔黏膜、舌面上,不易脱落,可用消毒棉棍蘸制霉菌素鱼肝油涂口腔。平时在护理过程中不能擦新生儿的口腔,擦拭口腔容易致口腔感染;不能用布擦鹅口疮,易擦伤口腔黏膜,可能会引起严重的疾病。

3. 新生儿硬肿症

多发生在冬季,主要因为新生儿保暖不够所致,早产儿有较高的发病率。家长观察到新生儿体温不升(低于36℃),吃奶困难,哭声微弱,皮肤发凉,皮肤变硬,由大腿外侧延及臀部、躯干、上肢及面颊等异常情况,尽快就近就医,途中注意保暖。如孩子降生在冬天,要注意给新生儿保暖,早给新生儿喂奶,提供足够的热量。

4. 新生儿脱水热

多发生在夏季,多由新儿保暖过度引起。观察到新生儿低热或高热,出现尿量减少、皮肤干燥、皮肤弹性差、囟门凹陷等,及时给新生儿补充水分。在夏季,可以采用风扇、空调等降温工具进行室内防暑降温;若母乳不足,可在两次喂奶之间补给一些水分,以防发生新生儿脱水热。

5. 新生儿肺炎

因胎儿在母亲子宫内吸入羊水,或出生后感染,可观察到新生儿呼吸浅快,阵阵憋气,口吐白色泡沫,面色苍白或发绀,常出现呛奶或发热或者体温不升等异常现象,须及时就诊。平时需要保持新生儿居室空气清新、温湿度适宜,如家长患呼吸道感染,要与新生儿隔离。

（二）湿疹的指导

湿疹多发生在2～3个月大的婴儿,常会因为牛奶、羊奶、鱼、虾、蛋等食物,或灰尘、羊毛、化纤等引起。多在面部出现细小的疹子,后续会有液体渗出,干燥后形成黄色痂皮,皮肤刺痒。家庭照护过程中要提醒乳母少吃辛辣、海鲜等刺激性的食物,多吃富含维生素丰富的食物。家长不要用碱性肥皂给婴儿洗脸,衣物要漂洗干净并选用棉质、透气的衣物,不要给婴儿穿化纤、羊毛制品。

（三）痱子的指导

夏季天气炎热，婴儿出汗多，使表皮浸渍，加上皮肤上堆积的污垢，堵塞汗腺口。婴儿的头皮、前额、颈部、胸部、腋窝、大腿根等处出现红斑，然后出现针尖大小的疹子或水疱，会感到刺痒。在夏季注意室内通风，通过空调、风扇等方式降温；婴儿的衣服要宽大、柔软、吸水性强；做好皮肤的清洁，先用温水洗干净，再扑上痱子粉或擦痱子药水。

二、0～1 岁婴儿意外事故指导与家长咨询

随着翻身、坐、爬行、站立等动作的出现，0～1 岁婴儿对于周围世界越来越好奇，十分好动，缺乏自我保护意识，加之周围环境不是绝对安全或家长的疏忽，易造成意外事故。家长需要掌握一些意外事故的急救知识，在 0～1 岁婴儿发生意外时能够采取有效的措施。

（一）掌握急救的原则

1. 抢救生命

首先要注意的是受伤婴儿的呼吸、心跳是否正常。如果受伤婴儿心跳、呼吸不规律或快要停止或刚刚停止，就需要采取人工呼吸和胸外心脏按压急救术，争分夺秒抢救生命。

2. 预防残疾

采用科学的急救技术，例如严禁腰椎、颈椎骨折病儿走动，转运时一定用木板作担架运送。如果让病儿走动，或用绳索等软担架运送，或抱背着转送，都可能因脊椎的活动而损伤脊髓神经，造成截瘫。

3. 减少痛苦

在现场抢救中，要尽量减少病儿痛苦，以改善病情。因为意外伤害往往是严重的，如各种烧烫伤、骨折时疼痛剧烈，甚至出现休克，加重病情。因此在处理和搬运时，动作要轻柔，位置要适当，语言要温和。

（二）0～1 岁婴儿意外事故指导与家长咨询

1. 窒息的指导

窒息是新生儿期常见的意外伤害。新生儿的头大而沉，颈部不能支撑起头部，新生儿的口鼻被松软东西（被子、衣物、妈妈的乳房）堵住时会发生窒息。例如，乳母夜间躺着喂奶睡着了，松软的乳房堵住了新生儿的口鼻；冬天为了给新生儿保暖，用松软被子捂住了脸，家长没有发现。一定要细心照顾新生儿，有预防窒息的安全意识①。

2. 坠落或摔倒的指导

6～12 个月的婴儿能够坐、爬行、站立和行走，对于周围世界充满好奇，总想要去探索，但是动作能力不强，也缺乏自我保护意识，很容易从床上坠落，从餐椅上翻倒在地，或者在行走过程中和学步车一起摔倒等。

需要观察婴儿跌落的部位和跌落后的表现，尤其是要注意头部。需要等待 10 秒再抱起孩子。处理方法有如下几种：几分钟后头部磕到的地方会起包，这是头骨外部血管受伤引起的皮下出血，会自然痊愈；从较高处坠落，头部受重伤后，耳、鼻出血或流出微黄色的液体，说明有严重的颅底骨折，需要及时就医；婴儿最初可有数分钟的意识丧失，清醒后，不能回忆受伤经过，并会感到头痛、头晕，并有呕吐，可能是脑震荡。所以，头部受外伤后，即便已清醒，仍需要密切观察。

3. 眼睛受伤的指导

眼睛受伤包括眼睛进异物和尖锐物体刺伤眼睛。

（1）眼睛进异物

沙子、谷皮、小飞虫等进入眼睛的正确处理方法：嘱小儿不要用力挤眼、眯眼、揉眼，如果能够清晰地看到异物在眼角、下眼睑或眼白处，可以一个大人抱着孩子，一个大人用干净的湿棉签或棉球清理；如果异物

---

① 万钫.学前卫生学［M］.北京:北京师范大学出版社,2011:100.

是在黑眼球上面或附近,就不要碰触,需就医。

（2）尖锐物体刺伤眼睛

婴儿意外被尖锐物体刺伤眼睛的正确处理方法:保持冷静,让婴儿保持半卧姿势,同时拨打急救电话。如果尖锐异物仍在眼睛里,不能试图将其清除,需要用纱布或者干净的毛巾盖住眼睛,在前往医院的途中减少颠簸。

4. 鼻子受伤的指导

鼻子受伤包括鼻出血、鼻腔异物和鼻子受到外力打击 3 种情况。

（1）鼻出血

婴儿鼻子的血管丰富,环境干燥、外伤等原因容易导致出血。鼻出血时,不能将头往后仰,后仰会导致血液呛入气管而发生呛咳,血液积存过多会造成呼吸阻塞,引起窒息。正确处理方法:安抚婴儿让其尽快平静,并让婴儿头略向前低,用手指捏住鼻翼 10 分钟,让婴儿张口呼吸;如果较长时间的按压无法止血,要立即就医。如果婴儿流鼻血时很容易止住,但是频繁流血,也要及时就医查明原因。

（2）鼻腔异物

婴儿在玩耍中出于好奇会将小珠子、豆粒、小果核等塞进鼻孔,造成鼻腔异物堵塞,表现为鼻子不通气、鼻腔中有异味、流鼻血或者分泌物过多,婴儿因此会哭闹。正确处理方法:如果异物很容易看到或者有一部分留在鼻腔外,可以尝试用手取出,千万不要用镊子或其他工具试图将异物夹出,以免戳伤鼻子或把异物越捅越深,一旦落入气管,有生命危险。0～1 岁婴儿还不会擤鼻子使异物出来,应该立即就医。

（3）鼻子受伤

婴儿因外力打击,如家长胳膊肘突然打到,或摔倒造成鼻子受伤出血,正确处理方法:让婴儿保持身体稍微前倾,减少因吞咽血液而导致的窒息风险,然后按压鼻翼止血,并尽快带孩子前往医院,检查骨头是否受伤。

5. 耳朵受伤的指导

耳朵受伤包括异物进入耳朵和耳部出血、红肿、流脓等。

（1）耳朵进入异物

需要根据不同的异物采取合适的处理方法:如果是小虫入耳,可用手电筒对着外耳道口,用灯光引诱小虫爬出;如果是小螺丝等金属物品,可以用磁铁将其吸出来;如果是小豆粒等植物性异物,遇湿膨胀,堵塞外耳道,在婴儿感到听力减退或疼痛时才被发现,则要立即就医[①]。

（2）耳部出血、红肿、流脓

一旦发现婴儿耳部出血、红肿或者流脓等情况,就要立即带孩子就医,查明原因。

6. 烫伤的指导

洗澡时被热水烫伤,吃饭时乱抓被热汤、热饭烫伤,出于好奇在厨房被热锅等烫伤,其正确处理方法是:判断烫伤的程度,局部皮肤发红、疼痛是一度烫伤;真皮烧伤,有水泡,明显水肿,剧痛,是二度烫伤;全层皮肤坏死,甚至波及皮下组织肌肉和骨骼是三度烫伤。根据烫伤程度处理。一度烧烫伤首先要用流水冲洗伤处,冷却处理 20～30 分钟,然后涂以甘油、凡士林、万花油等;二度烫伤有水泡,不能涂油或挑破水泡,盖上干净纱布或毛巾,马上送医;三度烫伤面积较大,应尽快把湿的衣服脱掉,不要涂药,尽量少碰,用干净被单将伤者包裹起来,立即送医院治疗。烫伤处理中绝不能用牙膏、松香之类的东西,因为其可增加医生的清理难度,让婴儿更痛苦,还会因为伤处渗出液积累,而出现滋生细菌、感染等情形[②]。

7. 动物咬伤的指导

（1）猫、狗咬伤

婴儿被猫、狗咬伤,会有感染狂犬病毒的风险。正确处理方法:家长应及时用 20％肥皂水或 0.1％新洁尔灭给婴儿清洁伤口至少 15 分钟,不包扎伤口,尽快接种狂犬病疫苗。

---

① 崔玉涛. 崔玉涛育儿百科[M].北京:中信出版集团股份有限公司,2019:546.
② 万钫. 学前卫生学[M].北京:北京师范大学出版社,2011:134.

（2）昆虫咬伤

日常生活中，婴儿会被蚊子、蜜蜂、黄蜂、蚂蚁等昆虫咬伤，大多数症状比较轻微，但是有些婴儿对毒液严重过敏，会出现大面积皮疹，并伴有发热等症状，有些蚊子会携带病毒或细菌，如流行性乙型脑炎、登革热等。正确处理方法：皮肤发红、发痒、红肿等轻微症状的婴儿可以涂抹炉甘石洗剂、止痒药膏等；严重过敏或者感染要及时就医。

三、0～1 岁婴儿常见传染病指导与家长咨询

0～1 岁婴儿皮肤和黏膜薄嫩，保护作用差，自身抗体主要来自母体，制造抗体的能力很差，属于易感者。家长需要了解传染病的传播流程，熟知婴儿常见传染病的症状，采取有效的防治措施，减轻传染病对婴儿的伤害。

（一）传染病的基本特征

传染病都是由病原体所引起的，能在人与人之间、人与动物之间或者动物与动物之间传播的一种疾病。传染病的流行需要传染源、传播途径和易感人群 3 个基本环节，这 3 个环节是互相联系和相互影响的，缺一不可的。

1. 有病原体

各种传染病都有其特异的病原体。病原体是一种致病的微生物，在人体内经过一定时期生长繁殖，可分泌毒素，进而使人生病，包括微生物（病毒、细菌、真菌、衣原体、立克次体等）和寄生虫（包括原虫、蠕虫等）两大类。一种病原体只能引起一种传染病，如麻疹的病原体是麻疹病毒，水痘的病原体是水痘病毒，结核病的病原体是结核杆菌。大多数传染病的病原体都是病毒。病毒比细菌小，寄生在活的细胞内，对抗生素不敏感。

2. 有传染性

病原体可以通过人或者动物经由一定的传播途径，直接或者间接地传染给他人，称为传染病的传染性。传播的途径主要有接触传播、食物传播、母婴传播、飞沫传播、蚊虫传播等。所有传染病都具有传染性，有传染性的时期称为传染期。

3. 有免疫性

免疫性就是指人体在患过某种传染病后，能产生在一定时期内不再感染这种传染病的能力。传染病都是有一定的免疫性的，但是不同的传染病的免疫程度不同。如感染麻疹，一旦麻疹治愈，可获得终身免疫；感染流感后，免疫的时间很短，可多次感染。

4. 病程的发展有一定的规律性

每一种传染病从发生、发展到恢复，大致要经历潜伏期（自病原体侵入人体，到出现症状的这段时间）、前驱期（潜伏期末至发病期前，出现某些临床表现的短暂的时间，一般为 1～2 天）、症状明显期（逐渐表现出某种传染病所特有的症状）、恢复期（主要症状逐渐消失，病原体完全或基本消灭）。

（二）预防传染病的主要措施

针对传染源、传播途径和易感人群三个基本环节，采取综合性措施。

1. 早发现、早隔离、早治疗

病儿是主要的传染源，家长越早发现和管理传染源，越能防止传染病在家庭中流行。病儿得到及时隔离，可以减少传播传染病的机会，病人也可早日康复。需要了解不同季节多发的传染病，如呼吸道传染病多发生在冬春季，肠道传染病多发生在夏秋季；也要掌握多发传染病的症状，做到早发现、早隔离、早治疗病儿。

2. 切断传染途径

如果在家中治疗，要隔离病儿，并对病儿的各种排泄物进行彻底消毒；开窗通风，并按医生要求对病儿进行彻底治疗。平时注意婴儿饮食卫生、作息、动作锻炼等卫生习惯的养成，并定期采用化学消毒法大扫除，做好经常性的卫生消毒工作。

3. 保护易感儿

保护 0~1 岁婴儿的有效措施就是要有计划地进行各种预防接种,应主动到卫生防疫部门,按计划为婴儿进行预防接种。日常照顾中严格执行生活制度,使婴儿生活有规律,保证营养和户外活动时间。

(三) 0~1 岁婴儿常见传染病指导与家长咨询

1. 新生儿破伤风的指导

破伤风是因破伤风杆菌自脐部侵入新生儿体内所致的严重疾病。破伤风杆菌存在于土壤等外部环境中。给新生儿断脐用的工具没有经过严格消毒,或者用未消毒的纱布等包裹脐部,使新生儿受到感染。新生儿哭声低微,不吃奶,面部肌肉会出现抽搐,呈现苦笑面容,肢体阵阵抽搐,呈角弓反张等异常表现时需要及时就医。为了有效预防新生儿破伤风,孕妇应到正规医院生产,保证接生时严格执行消毒操作;若因急产等原因,断脐时没有按照严格的消毒程序操作,应在 24 小时内到医院重新处理脐部①。

2. 麻疹的指导

麻疹是一种由麻疹病毒引起的急性出疹性传染病,病儿是唯一传染源,带病毒的飞沫通过喷嚏、咳嗽、说话等直接传播入呼吸道,也可由受污染日用品、玩具、衣服等间接传播。家长需要熟悉麻疹的病程,对婴儿进行细心照护:初期会出现发烧、咳嗽、流鼻涕等类似感冒的症状;发烧 2~3 天后,腔内、下唇出现周围红晕中心发白的小斑点(科氏斑);发烧 3~4 天后出现鲜红色皮疹,顺序是先耳后至颈部、面部、躯干、四肢,最后手心、脚心,疹子之间可见正常皮肤;出疹子持续 3~4 天,出齐后开始消退,体温恢复正常。

在这个过程中,需要做好护理措施:病儿需要隔离至出疹后 5 天,如有并发症,延长至 10 天;病儿居室应保持空气新鲜,室温较恒定,空气较湿润;注意病儿的眼部、鼻腔、口腔卫生;饮食上注意提供营养而容易消化的食物。

3. 水痘的指导

水痘是由病毒引起的呼吸道传染病,病毒存在于病儿的鼻咽分泌物及水痘的浆液中,主要通过飞沫传染传播。但是,皮肤疱疹破溃后,可经衣物,用具等间接传染。需要熟悉麻疹的病程,细心照护婴儿:初期会出现 1~2 天低烧;以后出现皮疹,先是头面部而后逐渐延及躯干、四肢,最初是红色小点,一天变为水泡,水泡会干缩、结痂、脱落,一般无疤痕;出疹期间,皮肤刺痒。

在这个过程中,需要做好护理措施:要将病儿隔离,病情较重或有并发症的婴儿则需要住院隔离,直至皮疹全部干燥结痂为止;保持室内空气清新;多给婴儿补充水分,提供容易消化的食物;剪短病儿指甲,避免抓破皮肤引起感染,并用炉甘石洗剂等止痒;勤洗内衣和床单。

4. 流行性乙型脑炎的指导

流行性乙型脑炎(乙脑)是由乙脑病毒引起的急性中枢神经系统传染病,通过蚊虫传播,流行于夏秋季。家长需要熟悉麻疹的病程,对婴儿进行细心照护:病初起病急,病儿会出现发热、头痛、喷射性呕吐、嗜睡;2~3 天后,病儿体温可达 40℃以上,抽风,昏迷;少数病儿可留下后遗症,如不能说话、肢体瘫痪、智力减退,家长需要留意观察。

按照要求带婴儿接种乙脑疫苗,搞好家庭环境卫生,并在夏秋季节利用蚊帐、避蚊香等防蚊、驱蚊。

5. 细菌性痢疾的指导

细菌性痢疾是由细菌引起的肠道传染病,病菌存在于病人的粪便中,经口传染。家长需要熟悉痢疾的病程,对婴儿进行细心照护:发病急,会出现高热、腹痛、腹泻;一日可腹泻几十次,有明显的排不净大便的感觉,大便内有黏液,出现脓血便;少数病儿会有中毒性痢疾,出现高热、抽风、昏迷。

在这个过程中,家长也需要做好护理措施:要坚持给病儿治疗,急性痢疾治疗不彻底会转成慢性痢疾,再治疗就困难了;饮食以流质或半流质为主,忌食多渣、油腻或有刺激性的食物;每次排便后,用流动温水给病儿洗屁股,可涂 5% 的鞣酸软膏;病儿饭前、便后用肥皂洗干净手;食具、便盆专用,单独洗涤消毒。

---

① 万钫. 学前卫生学[M]. 北京:北京师范大学出版社,2011:104.

育儿宝典

延迟接种疫苗是否有害？

疫苗接种是一个模拟疾病的过程。通过接种疫苗，在体内产生针对某种疾病的特异性抗体，一旦遇到病原体，体内的抗体可以迅速起作用，清除病原体或者减轻症状。所以接种疫苗可以提高婴儿的免疫力，保护他们免受疾病侵害。但是在实际接种过程中，因为孩子感冒等原因会延迟接种，延迟接种疫苗是否有害呢？

医生所说的预防接种间隔时间，通常指的是最短间隔或者推荐间隔。比如百白破，可以间隔 1～3 个月，推荐间隔时间是 1 个月；乙肝第三针，可以在打完第一针后 6～12 个月内接种，推荐间隔时间是 6 个月。若从未接种过的疫苗，延迟接种会使孩子无法更早地得到针对性的保护；对同一种疫苗的第二针、第三针来说，延迟接种可能不如按时接种的保护水平高、保护效果好、保护时间长。第一针接种后，孩子体内的抗体会在下一次推荐接种时间时达到峰值，如果这时接种第二针，接种效果是在峰值的基础上再持续提升到另一个高峰。如果延迟接种下一针，孩子体内的抗体水平已经由峰值开始下降，等于在体内抗体下降的基础上提升，必然没有从顶峰的基础上爬升到另一个顶峰的效果好[1]。

所以，家长应尽量按照推荐间隔给孩子接种疫苗，如果由于生病等原因延迟接种，也不用过于担心，疫苗仍能起保护作用，但应及时补种。

任务思考

1. 简述 0～1 岁婴儿常见疾病的识别与防治。
2. 简述 0～1 岁婴儿常见的传染病的症状及防治。
3. 家长如何处理 0～1 岁婴儿的鼻出血？
4. 家长如何处理 0～1 岁婴儿的摔落？

---

① 崔玉涛. 崔玉涛科学育儿百科[M]. 北京：中信出版集团，2019：497.

任务三　指导 0～1 岁婴儿的家庭亲子游戏与咨询

案例导入

　　9 个月的多多不仅爬行自如,而且会扶着沙发、床边站起来一会儿;听到自己喜欢的音乐会手舞足蹈,喜欢咿咿、呀呀地和家里人聊天;喜欢看布书和大开本图画书;经常笑。多多这些发展表现,离不开爸爸妈妈在动作、语言、情绪情感和艺术启蒙方面的科学引导。

　　家庭是 0～1 岁婴儿生长发育的主要场所,家长是主要的养育者。家长需要根据婴儿身心发展特点,科学地开展动作、语言、情绪情感和情感启蒙等亲子游戏,让婴儿在快乐中得到全面发展。

一、0～1 岁婴儿动作游戏指导与家长咨询

（一）熟知 0～1 岁婴儿动作发展水平

　　0～1 岁是婴儿动作发展的关键时期,家长应熟知不同月龄的婴儿的大动作和精细动作发展水平,便于在家庭中开展适宜的动作游戏,见表 2-3-1。

表 2-3-1　0～1 岁婴儿动作发展水平

月龄	发展水平	
	大动作发展	精细动作发展
0～1 个月	1. 俯卧时会试着抬头,仰卧时向两侧摆头; 2. 觅食、吮吸、吞咽等无条件反射较完善	1. 具有先天的握持反射; 2. 四肢能笨拙地活动,上肢活动多于下肢
2～3 个月	1. 抱起时头能竖直向四周张望,头能随着看到的物品或听到的声音转动 180°; 2. 俯卧时抬头 45°; 3. 逐渐能从仰卧位变为侧卧位	1. 手指能放开,能伸手摸东西; 2. 上肢能够伸展,两手能在胸前接触、互握
4～6 个月	1. 逐渐能从仰卧翻身到俯卧; 2. 独坐时身体稍微前倾,并能用手撑住; 3. 扶腋下能站直,双腿跳跃	1. 能换手接物,稍显笨拙; 2. 能双手拿起眼前玩具,喜欢把东西放入口中; 3. 会撕纸; 4. 会玩手、扒脚
7～9 个月	1. 独坐自如,自己坐起躺下; 2. 扶双腕能站,站立时腰、髋、膝关节能伸直; 3. 开始会爬	1. 用拇指、食指配合取物; 2. 能拨弄桌上的小东西,摇有声响的小件物品; 3. 能换手接物,双手拿两物对敲
10～12 个月	1. 会用四肢爬行,且腹部不贴地面; 2. 自己能扶栏杆站立,坐下及蹲下取物; 3. 独自能站稳片刻,扶物会走,能独走几步	1. 会从大罐子中取物、放物; 2. 喜欢扔东西; 3. 会将大圆圈套在木棍上

（二）进行 0～1 岁婴儿动作游戏指导与家长咨询

　　根据 0～1 岁婴儿动作发展特点,在遵循动作发展特点的基础上,循序渐进地开展适合的游戏。可以解放婴幼儿手脚,借助生活环境,创设活动空间,提供操作玩具等,开展亲子动作游戏,促进婴儿动作的发展。

1. 大动作游戏指导与家长咨询

（1）游戏名称:抬头训练

游戏目的　抬头训练游戏可以锻炼 1～3 个月婴儿颈和背部肌肉,增加肺活量,扩大婴儿视野。

游戏方法

① 竖抱抬头。如图 2-3-1 所示,家长在每次喂奶后竖抱婴儿,使婴儿头部靠在家长肩上,轻轻拍嗝,然后不要扶住头部,让头部自然立直片刻,每日 2～3 次,以促进颈部肌肉张力的发展。也可以让婴儿头靠在家长肩膀上,向婴儿指出头顶上方的物品,训练婴儿抬头看。

② 俯腹抬头。婴儿空腹时,放在家长胸腹前,让婴儿自然地俯卧在家长的腹部;双手放在婴儿脊部按摩,呼喊宝宝名字,逗引婴儿抬头。

③ 俯卧抬头。如图 2-3-2 所示,让婴儿俯卧在平坦有一定硬度的床上,拿色彩鲜艳、有声响的玩具在婴儿前逗引。婴儿能俯卧抬起头,慢慢地发展到抬头与床面呈 45°角,最后能稳定地抬起 90°。

图 2-3-1 竖抱抬头　　　　　图 2-3-2 俯卧抬头

游戏指导　在 1～3 个月婴儿进行抬头训练时,要掌握好时间与规律,最好在婴儿清醒而空腹情况下训练。应有家长在旁边看护,避免婴儿口鼻被枕头或被子堵塞。注意每次训练时间不宜太长,控制在 1～3 分钟内,避免婴儿过于疲劳。

(2)游戏名称:翻身训练

游戏目的　训练 3～4 个月婴儿脊柱的肌肉和腰背部肌肉的力量,训练大动作的灵活性,视听觉以及头、颈、躯体、四肢肌肉活动的协调,为婴儿以后的身体动作打下良好的基础。

游戏方法

① 侧翻练习。婴儿仰躺,下半身无法跟上上半身的翻身节奏。家长可以帮助婴儿移动双腿,把右腿放在左腿上面,辅助婴儿对侧侧翻,使婴儿的肩和腰自然扭过去,让两脚呈交叉的姿势,帮助婴儿顺利完成侧翻身动作。

② 左翻右翻。如图 2-3-3 所示,将婴儿放在被单上,并有两名家长分别抓住被单的两个角,轮流拉高或放低,让婴儿在被单里滚来滚去,体验翻身的要领。

③ 翻身打滚。将婴儿喜欢的玩具放在爬行垫的一端,将婴儿放在另一端,逗引、引导其从仰卧转到俯卧,再从俯卧转到仰卧,连续翻身去够玩具。

游戏指导　在与 3～4 个月婴儿游戏时,要多采用诱导式,可通过拉手、抬腿、扶背、玩具逗引等辅助训练帮助儿童翻身。帮助其翻身的动作一定要轻柔,注意控制训练时间在 3～5 分钟内。

(3)游戏名称:坐的训练

游戏目的　婴儿从卧位发展到坐位是动作发育的一大进步,坐位能使 5～7 个月的婴儿开阔视野,更好接收外界信息。

图 2-3-3 左翻右翻

游戏方法

① 拉臂坐起。双手握住平躺在床上的婴儿的肩和上臂,缓慢拉坐起来,扶着婴儿的腰背部让其坐一会儿,然后扶住婴儿头颈部慢慢放到床上。刚开始要扶住婴儿的肩、上臂,逐渐过渡到拉手臂、拉腕、拉手坐起。注意要让婴儿自己用力,家长仅用很小的力,以后逐渐减力;或让婴儿仅握住家长的手指拉坐起来,使婴儿的头能伸直,不向前倾。

② 靠坐支撑。当婴儿拉坐时头不后置,就可以让学习靠坐。在婴儿身体的3面,即左面、右面和后面都放东西支撑,帮助婴儿保持身体的平衡。开始先试坐1～2分钟,一旦婴儿出现头向前倾斜,就要立刻停止。

③ 独坐平衡。在婴儿会靠坐的基础上练习独坐。可先给予婴儿一定的支撑,以后逐渐撤去支撑;待婴儿坐得较稳后,完全离开支撑。可让婴儿独坐在床上,一手扶住,一手用玩具吸引转头、转身、寻找玩具,训练独坐平衡。

游戏指导　此游戏适合5～7个月婴儿,坐的动作对婴儿脊柱和肌肉有一定的要求,因此家长不能盲目让婴儿练习坐,也不宜过早让婴儿学会坐。训练时间应选择在婴儿精神好并且空腹时,每次1～2分钟;注意练习坐时最好采用双腿交叉向前盘坐,不要让婴儿两腿成 W 状或两腿压在屁股下坐立。

(4) 游戏名称:爬行训练

游戏目的　爬行能促进婴儿大脑的发育,主动接触和认识事物,丰富空间知觉和视觉空间智能,促进认识能力的发育。

游戏方法

① 匍匐爬行。婴儿俯卧在爬行垫上,用张开的手支撑着,将头和胸抬起,整个胸部离开床面;小腿屈膝向上抬起悬空,以腹部为中心做原地旋转运动,来移动身体位置,这就是匍匐爬行。这时家长拿玩具在一旁逗引儿童匍匐爬行。

② 抵足爬行。如图2-3-4所示,让婴儿俯卧在爬行垫上,在距离他1米左右放一些发响或者颜色鲜艳的玩具,逗引他双手往前拿玩具。这时家长用双手帮助婴儿的腿弯成蛙形,用双手掌抵住婴儿的脚心、配合婴儿双手的动作慢慢向前推,帮助宝宝用力向前爬拿到玩具。

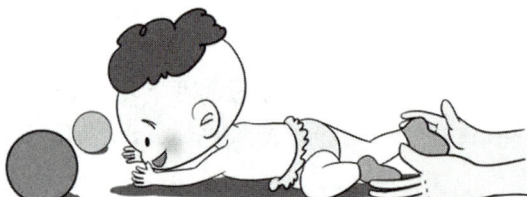

图 2-3-4　抵足爬行

③ 手膝爬行。当婴儿能用双手和双膝支撑起身体进行手膝爬行时,家长在婴儿前面放置一些会往前爬的电动玩具,逗引他爬过去拿玩具。这时家长需给孩子创设爬行的空间,通过与他互动,引导他向各个方向爬行。

④ 爬过山洞。如图2-3-5所示,家长拱起身来,当作山洞,唱儿歌:小汽车滴滴,小宝宝坐小车,钻山洞,钻过来,钻过去。

游戏指导　此游戏适合6～9个月婴儿,要创设宽敞平坦的场所,铺上干净的爬行垫。训练时间应选择在婴儿精神好并且空腹时,每次3～5分钟;用玩具逗引爬行,可以采用定向爬、转向爬、爬过山洞、爬过障碍物等多种形式,调动婴儿爬行的兴趣。

图 2-3-5　爬过山洞

(5) 游戏名称:站立训练

游戏目的　促进婴儿身体协调性、肌肉力量的发展,提高平衡感,为学习走路做好准备。

游戏方法

① 扶物站起。如图 2-3-6 所示,双手扶着婴儿腋下,练习站立;慢慢地可让其扶着床边、沙发等站立;家长可用玩具吸引婴儿的注意力,延长其站立时间。

② 独站平衡。用玩具或者柔和的指令,引导坐着的婴儿慢慢地站起来,并张开双手保持身体平衡。当家长感觉到其独站不行时,再扶住。经过一段时间的训练,独站时间更长,更稳。

游戏指导　此游戏适合 7～11 个月的婴儿,不能过早让婴儿站立。过早训练会给腿的发育带来负面的影响。训练时间应选择在婴儿精神好的时候,每次 3～5 分钟;家长也要时刻关注婴儿站的动作,注意在身边保护,以防摔倒。

(6) 游戏名称:行走训练

图 2-3-6　扶物站立

游戏目的　帮助婴儿建立平衡感,增强腿部力量,提高全身动作协调性,训练其独立、稳定地行走。行走也能使婴儿主动接触事物、扩大视野,促进各种感官的发展。

游戏方法

① 移步行走。家长与婴儿面对面站立,扶着婴儿的腋下,让其双脚踩在家长的脚背上,带着婴儿向前迈步;面对面练习后,可以让婴儿背对着家长,扶住婴儿腋下,一起向前行走,练习迈步。

② 扶物行走。让婴儿扶着床、沙发、墙壁等,像螃蟹一样慢慢左右移动步伐,横走,移步。需要用玩具逗引,并做好保护。

③ 推小车走。协助宝宝借助婴儿学步车练习走路,忘记走路的恐惧。

④ 独走练习。当婴儿放开家长的手也能走 2～3 步时,便可以让其在游戏垫或草地上,利用玩具逗引,练习独自行走。刚开始时家长和婴儿距离短一些,慢慢延长距离。在婴儿会走后,常带他到户外练习行走。

游戏指导

此游戏适合 10～12 个月婴儿,要循序渐进,不能操之过急。婴儿刚开始学习独自行走时,家长在一旁的保护和鼓励必不可少。

2. 精细动作游戏指导与家长咨询

(1) 游戏名称:手指抚触

游戏目的　促进婴儿双手从握拳状变为双手张开状,刺激手部肌肉。

游戏方法

① 抚触手指。在轻柔音乐的伴随下,用拇指指腹,从宝宝掌面向手指方向推进,并抚触每根手指,动作要轻。

② 握握小手。抚摸婴儿的掌心,他会抓握家长的手指。这时便可以通过手指转动、抽拉等动作刺激小手。

游戏指导　此游戏适合 0～3 个月内婴儿,可以用物体轻轻触碰小手的第一、二指关节,让其感觉不同的物体。

(2) 游戏名称:握持训练

游戏目的　练习婴儿手指手掌抓握,锻炼用左、右手握物的能力,提高手部感受能力,促进神经系统发育。

游戏方法

① 握棒练习。给婴儿提供炫彩手抓棒、哗铃棒等可抓握玩具,引导用拇指与其他四指相对的方法来握住,2～3 秒不松手,家长用语言鼓励。

② 抓握练习。把不同质地的玩具(如卡通 BB 棒、摇铃、拨浪鼓、条状小积木、软胶手抓球等)放在婴儿的手中,让其抓握。每日可进行数次,每次持续 30 秒。

③ 神奇小手。在婴儿手上拴一条彩带或戴发响的手镯,吸引其看自己的手、玩自己的手和吸吮自己的手。

游戏指导　此游戏适合 1~4 个月的婴儿。游戏时,如果婴儿还不会抓握,可以轻轻地抚摸其手背,帮助婴儿打开小手,再把玩具塞到手里;用大手半握住宝宝的小手,帮助其学习坚持握紧的动作。

(3) 游戏名称:伸手够物

游戏目的　能延伸婴儿的视觉活动范围和感觉距离,发展婴儿的注意力,为手眼协调能力发展打好基础。

游戏方法

① 抓眼前的物品。在仰卧位的婴儿上方 30~40 cm 高的地方悬吊色彩鲜艳、有悦耳声音的小动物、小灯笼等玩具,拉其手去够取、抓握,主动触摸,每日数次,每次 3~5 分钟。

② 伸手够物。家长与婴儿呈抱坐姿势,选择小海洋球、乒乓球、彩色积木等,放在其眼前,由左及右、由远及近地晃动。引导婴儿追视玩具,并逗引其伸手抓握。

③ 主动抓握。两名家长,一个抱着婴儿,另一个先在离婴儿 1 米处用玩具逗引,观察其是否注意。再渐渐缩短距离靠近玩具,让其伸手即可触到玩具。如果婴儿不会主动伸手朝玩具接近,可引导其抓握、触摸、摆弄玩具。

游戏指导　此游戏适合 4~5 个月的婴儿。每天应当让婴儿的手有物可抓握。如果婴儿抓不准,可以帮他把玩具移到准确的方位,逗引宝宝左、右手分别练习。

(4) 游戏名称:左右手协调练习

游戏目的　增强婴儿手指的协调能力,增强左、右手协调性,提高手眼协调能力。

游戏方法

① 玩具换手。让婴儿两手各抓一个玩具(一个一个地给),然后再递给他玩具,用语言示意其空手来拿,训练扔掉手中的原有玩具,接过新玩具并抓在手心。

② 斗斗飞。将婴儿抱在怀里,坐着,家长两手分别拿着婴儿双手,用食指和拇指抓住婴儿的食指,让其两个食指尖对拢,点几下然后分开。两食指尖对点时说"斗、斗、斗、……"(每念一次,食指尖对点一下),分开时说:"飞——"

③ 拇指、其他指撕纸。把婴儿抱在怀里,晃动彩色纸条,吸引抓住。让其自由地拉,然后协助婴儿一起用拇指、其他指配合做撕、捏的动作。

游戏指导　此游戏适合 5~6 个月婴儿。在引导婴儿练习抓握动作过程中,左、右手要有同样的练习机会,用语言引导完成动作并及时鼓励婴儿。

(5) 抓握、对敲训练游戏

游戏目的　婴儿学习敲、摇、拉的动作,培养手的灵活性。

游戏方法

① 敲击小鼓。在桌上放一个木琴或小鼓、一根棒槌,示范手拿棒槌敲打,再让婴儿手拿棒槌敲打。

② 对击敲响。家长和婴儿各准备一副可以对击敲响的玩具(一根细棒槌、一个茶叶罐),大人示范敲响和对击敲响动作,引导婴儿面对面坐好,语言示意进行两人对敲。

游戏指导

此游戏适合 6~7 个月龄婴儿,随着婴儿的抓、握技巧逐渐提升,会拉扯物体的不同部位,精确性越来越好。家长对这些动作发展给予帮助。

(6) 游戏名称:拇指和食指配合游戏

游戏目的　发展婴儿拇指和食指捏取能力,加强手指动作的灵活性,以及视觉、触觉活动的协调,提高手眼协调能力。

游戏方法

① 听指令抓握取物。家长与婴儿同向坐在桌子旁,拿出各种大小适中的物品(小馒头、圆饼干、花生),家长向婴儿提出指令:"宝宝,把小馒头拿给妈妈。"

② 端杯喝水。家长与婴儿同向坐在桌子旁,给婴儿准备一个装有少许温开水的水杯。先扶着婴儿的手拿起杯子,把杯子递到其嘴边,让其喝水。然后,轻轻拿开手,让其自己端着杯子喝水,不要害怕泼洒而不给其锻炼的机会。

③ 捡小馒头。在餐盘里放一些小馒头,与婴儿同向坐在桌子旁。先示范用拇指、食指和中指去抓,并提出要求:"宝宝,捡起小馒头放到嘴巴里。"

游戏指导 此游戏适合7～9个月婴儿。随着婴儿双手敏感期的到来,转而开始用手向人做欢迎、再见等手势。家长要理解孩子的想法,陪伴其成功尝试,创造条件练习,让婴儿得到满足和锻炼。

(7)拇指、食指和中指的协调抓握练习

游戏目的 发展婴儿拇指、食指和中指动作的精细性,锻炼手眼协调能力。

游戏方法

① 拿拿放放。向婴儿示意:"宝宝将手中小筐里的糖果倒在桌面上"。然后,再鼓励其将糖果一颗一颗地往筐里放,左右手都要练习。

② 推不倒翁。家长与婴儿在床上相向坐着,给其不倒翁并让其不停地推,高兴就示范拍手或拉着其两只小手拍一拍。

③ 开、盖盒子。准备一些不同颜色的礼物盒子,在盒子里放一些小玩具,让其重复"打开、盖上、拿出来、放进去"的动作。

④ 手推滚筒。将圆柱形的饮料瓶放在地上,让婴儿用两只手推动向前滚动。熟练后,再用一只手推动饮料瓶,并滚到指定地点。家长给予指导与鼓励。

游戏指导 此游戏适合8～12个月大的婴儿,这个阶段的婴儿喜欢不停地把手中的东西扔掉,再要求家长捡到他手上,再扔掉,不停地反复这个动作。家长要认可和鼓励婴儿,促进其精细动作的发展。

(8)游戏名称:双手的初步协作游戏

游戏目的 发展婴儿双手的协调性,增强手腕转动的能力,促进婴儿手部精细动作的发展,提高手眼协调能力,在这个过程中促进大脑的发育。

游戏方法

① 剥糖果纸。在游戏垫上准备一些用糖果纸包的奶片,相向坐好练习。大人先示范引导:"宝宝,像妈妈一样用两只手打开糖果纸,把奶片拿出来放在盘子里"。这个游戏是训练婴儿手指的捏、放功能。

② 搭积木。在游戏垫上准备一些颜色鲜艳的积木,示范一个一个地往上搭"高楼",并用语言引导婴儿模仿,可达2～5层高。积木搭好后让婴儿推倒,感受快乐。

③ 自由涂画。家长给婴幼儿提供油画棒、白纸,引导婴儿用全掌,握油画棒,在白纸上乱涂乱画,训练婴儿手、手腕的诸多关节,以及小肌肉群协调动作。家长不必过于控制,让婴儿体验自由涂画的乐趣。

④ 开、合书本。在游戏垫上放几本布书或硬皮书,边讲边示范拇、食指捏书下角翻页,并鼓励婴儿学习翻书:"宝宝,像爸爸一样把书翻过来。"注意观察婴儿双手手指的动作,逐步引导其学会独立打开、合上书本。

游戏指导 此游戏适合10～12个月大的婴儿。这一阶段的婴儿不厌其烦地把一件东西反复地打开再合上,家长要抓住这个机会,鼓励其大胆地去探索。

二、0～1岁婴儿语言游戏指导与家长咨询

(一) 熟知0～1岁婴儿语言发展水平

0～1岁是婴儿语言发展的奠基阶段,虽然此时婴儿尚未说出完整词语,但其语言感知、理解及发音能力的发展对未来沟通、认知和社会情感能力具有深远影响。家长应熟知不同月龄的婴儿语言发展水平,便于在家庭中开展适宜的语言游戏,见表2-3-2。

表 2-3-2　0~1 岁婴儿语言发展水平

月龄	发 展 水 平
0~1 个月	1. 能发出细小的喉音； 2. 对说话声尤其是高音敏感
2~3 个月	1. 开始能辨别不同人的说话声音的语调； 2. 哭声逐渐减少，并开始分化； 3. 对成人的逗引有反应，会发出"咕咕"声和类似 a、o、e 音
4~6 个月	1. 有明显的发音愿望，可以和成人进行相互模仿的发音游戏； 2. 牙牙学语，开始发辅音 d、n、m、b； 3. 无意中会发出"爸"或"妈"的音； 4. 能和成人一起"啊啊""呜呜"地聊天； 5. 会听成人的语言信号
7~9 个月	1. 听懂成人对自己的召唤； 2. 开始发"Ma-Ma""Ba-Ba"等音节，能重复发出某些元音和辅音； 3. 试着模仿成人声音，发音越来越像真正的语言； 4. 会用自己的语音来表达不同的情绪； 5. 懂得一些常用词语的意思，会用简单的动作表示
10~12 个月	1. 听懂与自己有关的日常生活指示语言； 2. 能说出几个词，会模仿叫"爸爸""妈妈"等； 3. 会用动作表示意愿； 4. 会自创一些词语来指称事物

(二) 0~1 岁婴儿语言游戏指导与家长咨询

了解了 0~1 岁婴儿语言发展的特点与规律，在日常护理中就可以根据月龄语言特点，有目的、有计划地开展一些亲子语言游戏，促进婴儿的语言与交往的发展。

(1) 游戏名称：说悄悄话

游戏目的　在日常照顾中，引导婴儿听家长说话，促进对家长语音的感知，建立亲子关系。

游戏玩法

① 喂宝宝吃奶。妈妈抱着宝宝喂奶，边和宝宝说悄悄话："妈妈喂宝宝吃奶，吃奶长得快……"

② 给宝宝抚触。在宝宝情绪状态好的时候，播放轻柔音乐，抚摸宝宝的面部、头部、腹部、背部、四肢、手和脚，边抚摸边说："宝宝，妈妈摸摸你的小脸，胖嘟嘟，真可爱……"

③ 帮宝宝换尿布。边给宝宝换尿布边说悄悄话："宝宝，拉臭臭了，妈妈帮你换干净尿布，小屁股才会舒服。"

④ 问候宝宝。宝宝睡醒后，用柔和、亲切的语音和语调对宝宝讲悄悄话："妈妈的小宝贝，睡醒了，一起来玩吧……"

游戏指导　此游戏适合 0~3 个月大的婴儿。在宝宝吃饱、睡足、情绪愉快的状态下游戏，每天至少 2~3 次，可根据宝宝的实际情况灵活进行。

(2) 游戏名称：看家长的脸

游戏目的　引导婴儿一边注视爸爸妈妈的脸，一边倾听爸妈的声音，促进其对语音的感知，体验亲子感情。

游戏玩法

① 学看人脸。在婴儿情绪愉快的状态下，爸爸、妈妈轮流来到婴儿面前，引导其看着爸妈的眼睛，并亲切而温和地说："宝宝乖，看着妈妈(爸爸)啊，妈妈(爸爸)爱你！"说到"妈妈"或"爸爸"时，有意放慢语速，张大口型，吸引宝宝注意。

② 观察五官。妈妈抱着婴儿，与婴儿面对面，轻轻拉起宝宝的手摸向妈妈的眼睛、鼻子、嘴巴、耳朵等部位，并温柔地介绍："宝宝，这是妈妈的眼睛、鼻子、嘴巴、耳朵。"妈妈再用手轻轻摸着婴儿的眼睛、鼻子、

嘴巴、耳朵等对应的部位,并温柔地介绍:"宝宝,这是你的眼睛、鼻子、嘴巴、耳朵。"

游戏指导　此游戏适合 0～3 个月婴儿。在宝宝吃饱、睡足、情绪愉快的状态下进行游戏,每天至少 2～3 次,可根据宝宝的实际情况灵活进行。

(3) 游戏名称:小花猫

游戏目的　感知成人的语音,尝试理解语义,增进与家长的感情,密切亲子关系。

游戏玩法

① 认识小花猫。妈妈温柔地抱着宝宝,出示毛绒小花狗,一边用轻柔的声音告诉宝宝:"这是可爱的狗宝宝,它有一个圆圆的脑袋、一对尖尖的耳朵、一双大大的眼睛、一身花花的绒毛。"引导婴儿感知妈妈的语音,培养宝宝和妈妈的感情。

② 欣赏歌谣。爸爸抱着婴儿,边摆弄小花猫边有节奏地反复朗诵歌谣:"小花猫,喵喵喵,小小耳朵翘,尾巴摇一摇,爱睡懒觉爱吃鱼。"练习感知爸爸的语音,增进父子感情。

③ 玩小花猫游戏。先告诉幼儿:"小花猫跑喽!"然后迅速地将花猫藏在自己的身后:"小花猫在这呢!"迅速地将小花猫放在婴儿的左侧并朝着婴儿左侧说:"小花猫在这呢!"迅速地将小花猫放在婴儿的右侧并朝着婴儿右侧说:"小花猫在这呢!",引导其感知家长的语音,尝试理解语义,增进感情。

游戏指导　此游戏适合 4～6 个月婴儿。在宝宝吃饱、睡足、情绪愉快的状态下进行游戏。可以经常和婴儿一起玩这些游戏,每次灵活更换实物玩具和家长,让宝宝感知来自不同人的语音。

(4) 游戏名称:咕咕嗒[1]

游戏目的　引导婴儿感知语音,体验亲子游戏的乐趣,模仿发出"咕咕"的声音。

游戏玩法

① 轻唤婴儿:"宝宝好! 宝宝乖!"数遍,吸引婴儿的注意。

② 告诉婴儿:"妈妈要教你学一首儿歌,儿歌名称叫'咕咕嗒'。"

③ 妈妈边有节奏念儿歌,边轻柔地做以下动作:

"咕咕嗒! 咕咕嗒!"有节奏地用手轻轻挠婴儿的肚皮,逗引其微笑;

"鸡妈妈,要生蛋。"握住婴儿的两只小手轻轻摆动似母鸡翅膀抖动;

"咕咕嗒! 咕咕嗒!"动作同前,节奏放慢,嘴形夸张,引起婴儿的注意;

"生了一个,大鸡蛋。"握住婴儿的两只小手轻轻相碰似抱大鸡蛋状。

"咕嗒,咕嗒,叫得欢!"握住婴儿的两只小手轻轻拍手 3 下。

"咕咕嗒!"握住婴儿的两只小手往两边轻轻打开。

④ 告诉婴儿:"儿歌念完了,宝宝真棒!"轻轻在婴儿脸上亲亲以示鼓励。

游戏指导　此游戏适合 4～6 个月婴儿。在宝宝吃饱、睡足、情绪愉快的状态下进行游戏。要按儿歌节奏,边朗读边做动作,念到"咕咕嗒"时,速度稍慢,强调每一字的发音。

(5) 游戏名称:懂礼貌

游戏目的　引导婴儿学习与家人以外的成人或同伴交往,尝试用简单的表情、肢体、声音等表达。

游戏玩法

① 与成人交往。带婴儿外出时碰到熟悉的人,引导其用"笑一笑"打招呼,离开时懂得和熟悉的人"挥挥手";碰到高兴的事会"拍拍手"表示开心或欢迎;遇到不想做的事会用"摇摇头"表达。

② 与同伴交往。通过"走出去"或"请进来"的方式,为婴儿创造与同伴一起玩的机会。需要观察婴儿是否喜欢在一旁看其他的孩子玩;观察婴儿是否喜欢和月龄相近的孩子做伴,如一起在垫上或坐、或爬、或滚皮球;观察婴儿是否喜欢听从比他大的孩子的指令,做出相应的动作、表情,发出兴奋的声音。

游戏指导　此游戏适合 7～9 个月婴儿,需要结合日常生活情景,进行随机教育。在游戏过程中,先边讲解边示范,然后引导和鼓励宝宝模仿练习,让宝宝在学会说话之前先学会运用身体动作与人沟通。

(6) 游戏名称:指令游戏

---

[1]　本书编写组.0～3 岁婴幼儿早期教育家长指导手册[M].福州:福建人民出版社,2010:40.

游戏目的 引导婴儿感受语音,理解语义,体验亲子游戏的快乐,初步建立语音与实体之间的联系。

游戏玩法

① 指认家人。把家长的照片拿出来和婴儿一起观赏,让婴儿找一找"宝宝在哪里?""妈妈在哪里?""爸爸在哪里?"。如果孩子找不到,指着照片告诉他;如果孩子找到了,要及时鼓励:"宝宝能认出爸爸妈妈,太棒了。"

② 听音取物。把婴儿喜欢的玩具摆放在面前,先逐一引导指认,再逐一发出拿取的指令,例如:"宝宝,小狗汪汪在哪里?""把它拿过来。""宝宝,小猫喵喵在哪里?""把它拿过来。"

③ 听音做动作。在日常生活中可以经常对婴儿发出指令,如:"宝宝,爬过来找妈妈。""宝宝,躺下去,妈妈帮你换尿布。""宝宝,坐起来。""妈妈抱,出门玩"等,让孩子尽快掌握语音和动作之间的关系。

游戏指导 此游戏适合9~12个月婴儿,可以根据每个月份、每个宝宝的实际情况,选择感兴趣的、熟悉的、能理解的配对对象,采用适宜的语言指令,循序渐进地开展游戏。

(7) 游戏名称:一起来看书

游戏目的 引导婴儿读书、听书、看书、翻书,给予良好的语言刺激,促其萌发对图书的喜爱之情。

游戏玩法

① 听家长读书。抱着婴儿坐在床、沙发上等,一页一页翻书,引导宝宝边看边听,例如,"宝宝,这是小狗,小狗汪汪叫;这是小猫,小猫喵喵叫"。

② 婴儿翻书看书。让婴儿自己坐下,面前放一个低桌,方便宝宝自己翻书、看书。当婴儿翻到感兴趣的地方,家长立即给予必要的解读。

游戏指导 此游戏适合9~12个月婴儿。给婴儿提供适合的布书、硬纸书等,每天抽出固定时间,进行亲子共读。

三、0~1岁婴儿情绪情感游戏指导与家长咨询

(一) 0~1岁婴儿情绪情感发展特点

情绪和情感是婴幼儿对于客观事物是否符合自己的需要而产生的态度体验及相应的行为反应[①]。初生的婴儿就有情绪反应,如新生儿哭、安静、四肢舞动等都是原始的情绪反应,这种情绪反应与其生理需要是否得到满足有直接关系。例如,婴儿吃饱睡足,就会感到愉快;受到饥饿、寒冷等刺激就会感到不愉快。在成熟和家庭环境作用下,情绪开始不断分化。家长应熟知不同月龄的婴儿情绪情感发展水平,见表2-3-3,便于在家庭中开展适宜的游戏。

表2-3-3 0~1岁婴儿情绪情感发展水平

月龄	发 展 水 平
0~1个月	1. 喜欢被爱抚、拥抱; 2. 看到人的面部表情、听到人的声音有反应,哭吵时母亲的呼唤声有安抚作用; 3. 喜欢看人脸,尤其是母亲的笑脸
2~3个月	1. 能忍受短暂的喂奶间断; 2. 见到经常接触的人会微笑、发声或挥手蹬脚,表现出快乐的神情; 3. 对成人的逗引表现出动嘴巴、伸舌头、微笑或摆动身体等情绪反应; 4. 表现出对母亲的偏爱
4~6个月	1. 开始辨认生人、熟人,对生人会注视或躲避等,对熟人反应愉悦; 2. 开始怕羞; 3. 对亲切的语言表示愉快,对严厉的语言表现出不安或哭泣等反应; 4. 会对着镜中的影像微笑、发音或伸手拍; 5. 独处或别人拿走小玩具时会表示反对

---

① 张文军.学前儿童发展心理学[M].2版.长春:东北师范大学出版社,2017:158.

(续表)

月龄	发 展 水 平
	6. 对熟悉的人或物有观察意识； 7. 对教养者有明显依恋； 8. 会用哭声、面部表情和姿势与人沟通
7～9个月	1. 对成人表示肯定或否定的面部表情有不同的反应； 2. 对教养者表示出依恋和喜爱,对陌生人会有害怕、拒绝等情绪反应； 3. 喜欢玩躲猫猫一类的交际游戏； 4. 喜欢镜子中自己的影像； 5. 会挥手再见、招手欢迎,玩拍手游戏； 6. 听到表扬会高兴地重复刚才的动作
10～12个月	1. 能理解成人的肯定或否定态度； 2. 喜爱家庭成员和熟悉的人,会伸出手臂要求抱； 3. 对陌生人表现出忧虑、退缩、拒绝等行为； 4. 喜欢各种交际游戏,喜欢重复玩； 5. 会注视、伸手去触摸同伴； 6. 会用动作等方式向成人索取感兴趣的东西,初步具有保护自己物品的意识； 7. 言行得到认可会高兴地重复表现； 8. 爱尝试,喜欢自己探索； 9. 喜欢情感交流活动,还能采取不同的方式； 10. 会表达愤怒、害怕、焦急等不同情绪

(二) 0～1岁婴儿情绪情感游戏指导与家长咨询

需要遵循0～1岁婴儿情绪情感发展的特点,科学地开展亲子情绪情感游戏。

(1) 游戏名称:爱宝宝

游戏目的　刺激婴儿视觉、听觉、触觉等感官,增加亲子互动,帮助婴儿更好地认识和感知周围的世界,促进情绪情感分化与发展。

游戏玩法　家长在宝宝睡醒后、吃奶后等日常生活环节,多抱抱婴儿,用温柔的声音告诉宝宝:"我爱你。"

游戏指导　此游戏适合0～6个月的婴儿。在照顾好婴儿的生活起居后,也要通过拥抱、语言等方式表达对婴儿的喜爱之情。

(2) 游戏名称:婴儿抚触

游戏目的　能够增进亲子情感,这种亲密的互动不仅有利于婴儿的生长发育,还能提高免疫力,促进食欲,减少宝宝的哭闹。

游戏玩法　家长在婴儿吃奶后,精神良好状态下,按照头→胸部→腹部→上肢→下肢→背部→臀部顺序抚触婴儿。

游戏指导　此游戏适合0～3个月的婴儿。刚开始要轻轻抚触,逐渐增加压力,让婴儿慢慢适应;不要强迫婴儿保持固定姿势,如婴儿哭闹,先安抚,然后才可继续。

(3) 游戏名称:一起哈哈笑

游戏目的　婴儿感知愉快的情绪,增进亲子关系,促进情绪情感发展。

游戏玩法　在婴儿情绪良好的状态下,通过玩躲猫猫、做鬼脸等方式逗婴儿哈哈笑。

游戏指导　此游戏适合1～12个月的婴儿。在生活中与婴儿加强互动,懂得对其"咿咿呀呀"进行回应。可以灵活运用逗引游戏。

四、0～1岁婴儿艺术游戏指导与家长咨询

(一) 0～1岁婴儿艺术发展特点

0～1岁婴儿艺术发展表现在音乐和美术两个方面,家长应该了解婴儿艺术发展特点,采用合适的方法进行艺术启蒙,发展智力,陶冶情操,促进想象力和创造力的发展。

1. 0~1岁婴儿音乐发展特点①

音乐发展表现在音色感知、节奏感知、音乐力度感知等方面。

（1）0~1岁婴儿音色感知发展

3个月的胎儿已经具备了听觉，并且对声音的音色具有初步的感知能力。出生后2~3天的新生儿能对不同音色建立起条件反射。1~3个月的婴儿能将人的嗓音和其他声音区分开来，还能区分音色有显著差异的声音。4~6个月的婴儿对各种各样的声音感兴趣，并试图用身体动作和微笑对自己喜欢的声音做出反应。7~9个月婴儿几乎能和成人一样听音乐，不仅能区分出音色具有细微差别的两个声音，而且能不断地试图模仿各种声音。10~12个月的婴儿不仅喜欢模仿成人语言和发音，还喜欢生活中的各种音色的声音。虽然能区分具有细微音色差异的声音，但不能准确模仿。

（2）0~1岁婴儿节奏感知发展

新生儿在出生几个小时内就能对不同音调的声音产生不同的反应，最熟悉的节奏就是妈妈的心跳。1~3个月的婴儿会发出"咿咿""啊啊"的语音，这就是最初的无规律的语言节奏。4~6个月的婴儿会倾听风铃声、小鼓声等声响，并能主动寻找声源。7~9个月婴儿会连续发出"ma-ma-ma""ba-ba-ba"等音节，并会玩弄敲击玩具，但处于无意识节奏状态。10~12个月婴儿经常模仿成人语言节奏，会有节奏地模仿动物叫声，如"喵喵喵""汪汪汪""叽叽叽"。

（3）0~1岁婴儿音乐力度感知发展

0~1岁婴儿对音乐力度的感知发展是一个渐进的过程，主要与其听觉系统、大脑发育及认知能力的成熟密切相关，不同月龄的婴儿有不同的发展表现。0~3个月的婴儿已能区分声音的强弱变化，表现为对突然的强音如拍手、重击声等会产生惊跳反射，或出现眨眼、肢体抖动等生理反应，更倾向于安静、中等力度的声音，如母亲轻柔的哼唱。3~6个月的婴儿会主动关注力度变化，开始对音乐中的动态变化如渐强、渐弱等音乐力度表现出兴趣，会通过转头、凝视声源或暂停动作来回应；能感知音乐中节奏与力度的结合，例如，对强弱交替的鼓点会用蹬腿、挥臂等明显的肢体运动表现；音乐中的强音能引发婴儿笑、尖叫等兴奋的情绪反应，轻柔音调则能安抚情绪。6~12个月的婴儿会尝试通过发声或敲打物体模仿听到的音乐力度变化，例如，用力拍打玩具鼓，并对鲜明、强弱对比强烈的音乐表现出偏好。

2. 0~1岁婴儿美术发展特点

美术发展表现在色彩感知、涂鸦行为、手工材料感知等方面。

（1）0~1岁婴儿色彩感知发展

0~3个月的婴儿是视觉发育的黑白期，眼里只有黑白两色。4~6个月的婴儿能固定视物，看距离自己约75厘米的物体，开始对彩色挂图、彩色卡片等感兴趣。6个月左右的婴儿对亮晶晶的东西（扣子、鼻梁上的眼镜等）感兴趣。7~9个月的婴儿能分清爸爸妈妈、熟人和生人的脸，喜欢色彩鲜艳、形象可爱的玩具。10~12个月的婴儿喜欢看大开本图画书，遇到喜欢的图案会用动作表示，嘴巴里也会发出各种声响。

（2）0~1岁婴儿涂鸦行为发展

0~1岁婴儿的涂鸦行为发展是受到精细动作发展影响的。当9~12个月的婴儿能够抓握笔、小棒、BB棒等"工具"在纸上咚咚敲响或者在纸上按压，说明婴儿出现了涂鸦。

（3）0~1岁婴儿手工材料感知发展

0~1岁婴儿手工材料感知主要是对纸材料。3个月以后的婴儿会有意识地抚摸一切摸得到的东西，可以提供纸巾、皱纹纸。7个月以后婴儿坐得很稳了，解放了双手，看到什么就抓起来玩耍，也喜欢撕纸。

（二）0~1岁婴儿艺术游戏指导与家长咨询

遵循0~1岁婴儿音乐和美术两个方面发展的特点，科学地开展亲子艺术游戏。

（1）游戏名称：妈妈唱，宝宝听

游戏目的　在日常照顾中，妈妈唱歌曲，引导宝宝倾听，提高宝宝对音色、节奏等的感知。

---

① 徐华莉.0~3岁儿童艺术启蒙与指导［M］.上海：复旦大学出版社，2021：29.

摇荡鼓

$$1 = {}^{\flat}B \quad \frac{2}{4}$$

3 5 5 | 3 55 | 44 32 | 1 2 |
咚 嗒 嗒咚 嗒 嗒 咚咚 嗒嗒 咚 嗒，

3 5 5 | 3 55 | 44 32 | 1 0 ||
咚 嗒 嗒咚 嗒 嗒 咚咚 嗒嗒 咚 嗒。

游戏玩法

① 家长唱歌：在宝宝精力较好时，横抱婴儿，模仿鼓声，速度由慢到快地唱这首歌。该玩法适宜 0～6 个月大的婴儿。

② 边唱边摇鼓：在婴儿吃奶后临睡前，精力较为充沛的时候，选用颜色鲜艳的拨浪鼓，横抱婴儿或放在摇篮里，一边唱歌一边摇拨浪鼓；在摇拨浪鼓的同时，鼓励宝宝用眼睛跟踪。该玩法适宜 0～6 个月婴儿。

③ 妈妈唱，宝宝摇：在婴儿精力较为充沛时，将颜色鲜艳、大小适宜的拨浪鼓放在其手中，一边唱一边握着宝宝的手一起摇。待熟悉后，鼓励宝宝自己玩弄拨浪鼓，使拨浪鼓发出声音。该玩法适用于 6～12 个月的婴儿。

游戏指导　婴儿在游戏中可能会不配合，不要心急，每日进行 2～3 次。拨浪鼓也可以换成其他的乐器或其他能发出声音的物体。

（2）游戏名称：观看黑白卡片

游戏目的　能够促进婴儿视觉发育，刺激大脑神经的发展，增强婴儿的兴趣和注意力。

游戏玩法　将黑白卡片放在婴儿视觉范围内，并用语言引导："宝宝，看看卡片上是什么？"

游戏指导　此游戏适合 0～3 个月的婴儿。需要准备黑白卡片，每天进行 1～3 次不等，每次 2 分钟左右。刚开始婴儿可能没有什么反应，家长要用语言慢慢引导。

（3）游戏名称：手印画

游戏目的　让婴儿感受到色彩的魅力，体验到自由创造的快乐，激发对绘画的兴趣。

游戏玩法　家长事先准备好大纸张、颜料、颜色盘，并用语言引导婴儿选择自己喜欢的颜色，涂抹在手上（手指、手掌都可以），将颜料轻轻印在或者重重拍打在纸上，可反复玩耍。

游戏指导　此游戏适合 7～12 个月婴儿，家长在游戏过程中充分尊重婴儿自己的选择（颜色、形式）。一开始以婴儿容易感知的颜色为主，例如红色，干扰颜色数量不能过多。

育儿宝典

婴儿抚触是在科学的指导下对婴儿皮肤进行有序的、有手法、有技巧的抚摸，让大量温和良好的刺激通过皮肤感受器传到中枢神经系统而产生生理效应的操作方法。

给婴儿做抚触时要做好准备工作，掌握科学的抚触手法。

1. 婴儿抚触的准备工作

① 一是环境准备：室温保持在 28～30℃，湿度在 50%～60%，冬天需有暖气或加电暖器。

② 二是抚触者准备：剪短指甲，并取下戒指、手镯等有可能伤到婴儿肌肤的饰物；用温水净手，并涂上润肤油或橄榄油；为婴儿选择无刺激的润肤油或橄榄油；准备好更换的尿布和衣物。

③ 三是婴儿准备：选择婴儿较安静、不累、不饿清醒状态下进行，喂奶前 30～60 分钟或喂奶后 90 分钟。

抚触时间安排在沐浴后、午睡、就寝前，先从 5 分钟开始，适应后每次 15 分钟，每天 2～3 次。

2. 婴儿抚触的手法

抚触顺序按照头→胸部→腹部→上肢→下肢→背部→臀部进行。

① 头面部：两拇指指腹从眉间向两侧推；两拇指从下颌部中央向两侧向上滑行，让上下唇形

呈微笑状；两手掌面从前额发际向上、后滑动，止于两耳后的乳突处，并轻轻按压一下。

②胸部：两手分别从胸部的外下方（两侧肋下缘）向对侧上方交叉推进，至两侧肩部，在胸部画一个大的交叉，避开宝宝的乳头。

③腹部：按顺时针方向按摩，依次从宝宝的右下腹至上腹，向左下腹移动，呈顺时针方向画半圆，避开宝宝的脐部。

④四肢：两手交替抓住婴儿的一侧上肢，从上臂至手腕轻轻滑行；在滑行的过程中，从近端向远端分段挤捏。对侧及双下肢做法相同。

⑤手：用拇指指腹从宝宝掌面向手指方向推进，并抚触每根手指。

⑥足：用拇指指腹从宝宝足跟向足趾方向推进，并抚触每根足趾。

⑦背部和臀部：以脊椎为中分线，双手分别平行放在脊柱两侧，向相反方向重复移动双手；从背部上端开始逐步向下渐至臀部；最后由头部沿脊椎摸至骶部、臀部。

3. 婴儿抚触的注意事项

刚开始要轻轻抚触，逐渐增加压力，让婴儿慢慢适应；不要强迫婴儿保持固定姿势，如婴儿哭闹，先安抚，然后才可继续。一旦婴儿哭闹厉害应停止抚触；不要让婴儿的眼睛接触润肤油。

任务思考

1. 简述如何指导家长与7～8个月婴儿开展大动作游戏，包括游戏名称、游戏目的、游戏玩法及注意事项。

2. 简述如何指导家长与0～6个月婴儿开展情绪情感游戏，包括游戏名称、游戏目的、游戏玩法及注意事项。

3. 简述如何指导家长与0～3个月婴儿开展语言游戏，包括游戏名称、游戏目的、游戏玩法及注意事项。

4. 简述如何指导家长与9～12个月婴儿开展艺术启蒙游戏，包括游戏名称、游戏目的、游戏玩法等。

实训实践

实训实践任务书

任务名称 根据0～1岁婴儿设计动作游戏

内容要求 请你根据0～1岁婴儿动作发展特点，设计动作游戏，包括游戏名称、游戏目的、游戏时间、游戏次数、游戏方法、注意事项，填表1。

实训目标

① 知识目标：掌握0～1岁婴儿动作发展特点。

② 能力目标：设计符合婴幼儿年龄特点的游戏。

③ 情感目标：树立热爱孩子、耐心引导的心理素质。

表1 0～1岁婴儿动作游戏设计

序号	操作内容要求						考核评价
	游戏名称	游戏目的	游戏时间	游戏次数	游戏方法	注意事项	
1							
2							
3							

📚 **赛证** 链接

一、单选题(1＋X 母婴护理)

1. 产妇发热期间可暂停母乳喂养( )天。停止喂养期间,要协助产妇把乳汁吸出,以便以后能继续母乳喂养。

    A. 1~2   B. 1~3   C. 2~3   D. 2~4

2. 母乳保存的时间超过( )小时或将乳汁喂哺其他的孩子需要巴氏消毒。

    A. 8   B. 12   C. 18   D. 24

3. 将乳汁放在 62.5℃的恒温箱内消毒( )分钟,即巴氏消毒法。

    A. 30   B. 35   C. 40   D. 45

4. 艾滋病感染母亲所生婴儿提倡( )喂养。

    A. 人工   B. 母乳   C. 混合   D. 奶粉

二、判断题(1＋X 母婴护理)

1. 一般 6 个月之前的婴儿应横着抱。( )

2. 新鲜母乳在 25~37℃的条件下保存 12 小时。( )

3. 母乳解冻后可保存 24 小时。( )

4. 将乳汁放在 62.5℃的恒温箱内 30 分钟消毒,即巴氏消毒法。( )

5. 母亲为单纯乙肝携带者,新生儿出生后接种了乙肝疫苗,不可以母乳喂养。( )

6. 艾滋病感染母亲所生婴儿提倡母乳喂养。( )

7. 新鲜母乳在 25~37℃的条件下保存 12 小时。( )

8. 乳房如有淤积,应及时用吸乳器吸出乳汁,或用手指顺时针按摩,加压揉推,使乳汁流向开口。( )

9. 在患上感冒后,孕妇或乳母任何药都不能吃,防止危害宝宝。( )

三、简答题(高级育婴师)

1. 常用的家庭日光消毒方法指导

(1) 本题分值:10 分

(2) 考核形式:笔试

(3) 具体考核要求:请你指导家长掌握常用的家庭日光消毒的方法。

2. 轻度肺炎的家庭护理措施

(1) 本题分值:10 分

(2) 考核形式:笔试

(3) 具体考核要求:请你指导家长掌握轻度肺炎的家庭护理措施。

3. 婴幼儿鼻出血的简单护理

(1) 本题分值:10 分

(2) 考核形式:笔试

(3) 具体考核要求:请你指导家长掌握婴幼儿鼻出血的简单护理。

四、设计题

1. 为一个 7 个月大的正常宝宝设计大动作能力游戏,包括游戏名称、游戏目的、游戏时间、每天次数、注意事项,并设计出至少 3 种训练方法。(中级育婴师职业技能考试题目)

具体考核要求:若考生发生下列情况之一,成绩记为 0 分。

① 顺序散乱错误。

② 适合年龄的范围上下各超过 3 个月以上(包括 3 个月)。

③ 游戏中对婴儿安全存在明显危险性的动作。

2. 针对 12 个月的婴儿特点设计精细动作发展训练游戏,包括游戏名称、游戏目的、游戏时间、每天次数、游戏方法、注意事项,并设计出至少 3 种训练方法。(中级育婴师职业技能考试题目)

具体考核要求:若考生发生下列情况之一,成绩记为 0 分。

① 顺序散乱错误。

② 适合年龄的范围上下各超过 3 个月以上(包括 3 个月)。

③ 游戏中对婴儿安全存在明显危险性的动作。

项目三  指导1~2岁幼儿家庭教养与家长咨询

💡 项目导读

0~3岁是人生的起始阶段,是体格、神经和心理发育最迅速的时期,也是促进智力、语言、情感认知发展的关键期。婴幼儿的照护者要树立正确的健康观念,提供适合婴幼儿需求的科学日常照护,才能保障和促进其身心健康成长。

本项目要求学习者掌握婴幼儿成长特点和规律,促进婴幼儿在身体发育、动作、语言、认知和情感等方面的全面发展。

📖 学习目标

1. **知识目标**:认识进餐前环境创设、良好进餐习惯培养的具体要求;明确幼儿穿脱衣服的注意事项;熟悉并掌握幼儿睡眠过程中的照护要点;掌握幼儿饮水的具体要求。

2. **能力目标**:能够对幼儿喂养提出科学的营养建议,形成科学的营养观;能在幼儿穿脱衣物的过程中进行回应性照顾,培养其自理能力;能帮助幼儿养成良好的饮水习惯和睡眠习惯。

3. **素养目标**:培养认真工作、精益求精的职业精神。

⚙️ 知识导图

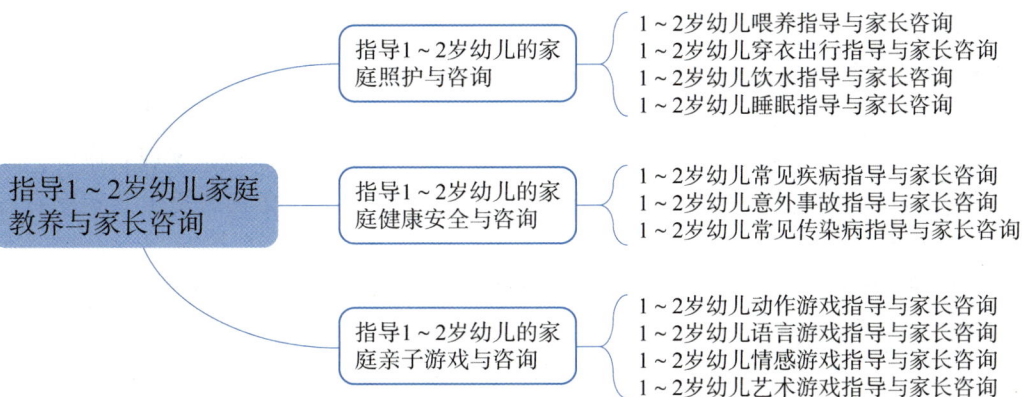

指导1~2岁幼儿家庭教养与家长咨询
- 指导1~2岁幼儿的家庭照护与咨询
  - 1~2岁幼儿喂养指导与家长咨询
  - 1~2岁幼儿穿衣出行指导与家长咨询
  - 1~2岁幼儿饮水指导与家长咨询
  - 1~2岁幼儿睡眠指导与家长咨询
- 指导1~2岁幼儿的家庭健康安全与咨询
  - 1~2岁幼儿常见疾病指导与家长咨询
  - 1~2岁幼儿意外事故指导与家长咨询
  - 1~2岁幼儿常见传染病指导与家长咨询
- 指导1~2岁幼儿的家庭亲子游戏与咨询
  - 1~2岁幼儿动作游戏指导与家长咨询
  - 1~2岁幼儿语言游戏指导与家长咨询
  - 1~2岁幼儿情感游戏指导与家长咨询
  - 1~2岁幼儿艺术游戏指导与家长咨询

任务一　指导1~2岁幼儿的家庭照护与咨询

案例导入

丽丽1岁半了,各式各样的食物刺激着她的味蕾,她的食欲越来越好。与此同时,丽丽妈妈却发现,丽丽越来越喜欢吃小零食。比如,她喜欢吃零食猪肉脯却不愿意吃牛肉羹,喜欢吃小饼干却不喜欢吃米饭。这让丽丽妈妈十分担心她的健康,但丽丽的奶奶却觉得这种担心是多余的。奶奶认为,能吃是福,只要孩子食欲好,小饼干和猪肉脯也能提供营养,孩子自然会健康长大。到底应该如何喂养孩子呢?

1岁后,幼儿在身体诸多方面能力都迅速提升。家长必须掌握科学护理方法来促进幼儿的生长发育。

一、1~2岁幼儿喂养指导与家长咨询

(一) 1~2岁幼儿喂养指导

(1) 保证每天饮奶量

根据妈妈和宝宝的意愿,继续母乳喂养,可以喂到2岁或以上,推荐奶量在每天500 mL以内;如果没有继续母乳喂养,建议每天1~2杯(250~500 mL)全脂牛奶。

(2) 选择营养丰富、易消化的食物

随着乳牙陆续萌出,幼儿的咀嚼能力和消化功能已经比婴儿成熟,所以每日膳食要保证食物种类多样化且合理搭配。同时,食物要碎、软、细、烂且清淡,不加或少加调料。

(3) 注意饮食安全

吃干净、新鲜的食物,使用专属餐具。饭前洗手,饭后漱口。

(二) 幼儿膳食配置指导

1. 平衡膳食

为了满足幼儿生长发育过程中的营养需求,促进幼儿的健康成长,日常膳食中要各种营养素种类齐全、数量充足、比例恰当、易于消化吸收。

2. 合理搭配①

① 粗细搭配:细粮口感好、易消化,而粗粮富含B族维生素、膳食纤维,耐嚼。粗细搭配吃,既能提高营养价值,还能兼顾幼儿的食欲和营养需要。

② 米面搭配:米比面食耐嚼,而面食花样多,可以用同类异样的方法来进行米面互换。

③ 荤素搭配:动物源性食物的蛋白质、脂肪含量较高,而植物源性食物的维生素和膳食纤维较为丰富,荤素搭配有利于身体健康。

④ 谷类与豆类搭配:豆类蛋白质含量比较高,为优质蛋白,谷类的蛋白质含量较低。谷类与豆类的混合食用,可以提高蛋白质生物利用率,起到蛋白质互补的作用。

⑤ 蔬菜五色搭配:一般来说,深绿色、红色、黄色等深色蔬菜所含的胡萝卜素、铁、钙等优于浅色蔬菜,而浅色蔬菜可用于调剂口味,但每日每餐的蔬菜要以深色蔬菜为主。

⑥ 干稀搭配:每餐主食最好都有干有稀,有菜有汤,吃着舒服,水分也充足。

文案

拓展阅读:孩子应该吃肉还是喝汤?

---

① 尹传松,黄丽娥,吴蓉. 婴幼儿生活照顾[M]. 长春:吉林大学出版社,2021:72~73.(略有改动)

3. 1～2岁幼儿膳食制作指导

1～2岁幼儿每日可进食6次,三餐加上下午各一次点心。每天的膳食搭配要能够供给足够的热量和各种营养。幼儿咀嚼能力较弱,肠胃消化能力较弱,食物宜碎、软、细、烂,详见表3－1－1和表3－1－2。

表3－1－1 13～18个月幼儿一周食谱示例

	周一	周二	周三	周四	周五	周六	周日
早餐	配方奶180～210 mL,红豆吐司30 g	配方奶180～210 mL,蒸地瓜30 g	配方奶180～210 mL,荞麦馒头30 g	配方奶180～210 mL,贝贝南瓜30 g	配方奶180～210 mL,芝士餐包30 g	配方奶180～210 mL,水蜜桃馒头30 g	配方奶180～210 mL,甜玉米棒30 g
早点	配方奶120～150 mL,葡萄包20 g	配方奶120～150 mL,南瓜包20 g	配方奶120～150 mL,扭扭卷20 g	配方奶120～150 mL,红豆馒头20 g	配方奶120～150 mL,杂粮馒头20 g	配方奶120～150 mL,小米蛋糕20 g	配方奶120～150 mL,菠菜芝士卷20 g
午餐	排骨焖饭,鲫鱼豆腐汤:大米30～35 g,精排25 g,胡萝卜25 g,鲫鱼25 g,豆腐20 g,枸杞1 g	麻油鸡丝面线、大肉包:面线20 g,鸡肉15 g,肉丸10 g,鸡蛋10 g,小白菜15 g,小葱1 g,大肉包30 g	海苔什锦炒饭,炒广东菜心,红菇鸡汤:大米30～35 g,猪肉22 g,海苔1 g,鸡蛋20 g,五彩豆15 g,香菇1 g,广东菜心40 g,鸡蛋20 g,红菇2 g	花甲鲜虾粉,肉夹馍:湖头米粉25 g,猪肉10 g,明虾15 g,花甲8 g,小白菜30 g,葱花1 g,大骨汤,肉夹馍30 g	香米饭,番茄龙利鱼,荷塘小炒,肉骨茶(无盐):大米30～35 g,龙利鱼45 g,番茄35 g,莲藕20 g,胡萝卜10 g,黑木耳1 g,精排30 g,海鲜菇5 g,陈皮1 g,枸杞1 g	牛肉面,小笼包:面条30～35 g,牛肉25 g,番茄20 g,菠菜15 g,小笼包20 g	红菇排骨粥,甜甜圈馒头:大米30～35 g,排骨27 g,干贝2 g,菠菜22 g,红菇1 g,胡萝卜5 g,葱花1 g,甜甜圈馒头20 g
午点	肉燕汤:肉燕25 g,花菜22 g,香葱1 g,苹果40 g	香芋椰奶杏李:香芋15 g,椰汁35 mL,杏李20 g,橙子40 g	红豆沙:红豆20 g,梨40 g	瑶柱蒸蛋:鸡蛋40 g,瑶柱1 g,葱花1 g,香蕉40 g	马蹄玉米爽:荸荠25 g,玉米20 g,枸杞1 g,杜果40 g	萝卜鱼肉羹:鱼肉30 g,白萝卜25 g,哈密瓜40 g	木瓜银耳羹:木瓜18 g,银耳2 g,红枣干1 g,火龙果40 g
晚餐	鲜蔬贝壳面:贝壳面25 g,生菜30 g,猪肉15 g	生滚鲈鱼粥:大米25 g,鲈鱼28 g,白萝卜22 g,小白菜14 g,小芹菜2 g,香菇2 g	软米饭,香卤鸡腿,清炒莴笋,海蚌豆腐汤(无盐):大米30～35 g,鸡腿45 g,莴笋50 g,胡萝卜10 g,海蚌15 g,豆腐10 g,肉丸10 g	黄金软米饭,清炒大白菜,番茄鱼片汤(无盐):大米30～35 g,小黄米1 g,大白菜20 g,番茄30 g,青鱼(去骨)25 g	闽南面线:面线25 g,猪肉20 g,鸡蛋12 g,小白菜20 g,小葱1 g	牛腩面:面条25 g,牛腩35 g,小白菜18 g,西红柿15 g	香米饭,牛肉焖胡萝卜,清炒生菜,枸杞乳鸽汤:大米30～35 g,牛肉30 g,胡萝卜20 g,生菜70 g,乳鸽30 g,红枣2 g,枸杞1 g
晚点	配方奶150～180 mL	配方奶150～180 mL	配方奶150～180 mL	配方奶150～180 mL	配方奶150～180 mL	配方奶150～180 mL	配方奶150～180 mL

表 3-1-2　19～24 个月幼儿一周食谱示例

	周一	周二	周三	周四	周五	周六	周日
早餐	配方奶 150～180 mL，全麦面包 30 g	配方奶 150～180 mL，蒸地瓜 30 g	配方奶 150～180 mL，荞麦馒头 30 g	配方奶 150～180 mL，贝贝南瓜 40 g	配方奶 150～180 mL，芝士餐包 30 g	配方奶 150～180 mL，蜂巢蛋糕 30 g	配方奶 150～180 mL，甜玉米棒 40 g
早点	巴氏鲜奶 125 mL，红糖发糕 30 g	豆浆 125 mL，乳酪蛋糕 30 g	面线糊适量，小蛋饺 30 g	花生浆 125 mL，豆沙包 30 g	芝麻糊 125 mL，甜玉米 40 g	杂粮浆 125 mL，卡通馒头 30 g	鹰嘴豆浆 125 mL，南瓜乳酪包 30 g
午餐	鲍汁捞饭，油焖白萝卜，松茸肉羹汤：大米 30～35 g，鲍鱼 40 g，猪肉 25 g，西兰花 25 g，白萝卜 45 g，松茸 3 g	葱烧大排面，炒鲜榨菜，烧卖：面条 30～35 g，精排 50 g，肉丸 25 g，香菇 2 g，上海青 25 g，鲜榨菜 45 g，烧卖 30 g	海苔米饭，三层肉焖土豆，肉末豆腐，炒广东菜心，冬瓜海蚌汤：大米 30～35 g，海苔 1 g，猪肉 40 g，土豆 30 g，豆腐 30 g，广东菜心 46 g，冬瓜 40 g，海蚌 30 g	深海鱼粥，淮山炒肉，翡翠鲜蔬包：大米 25 g，龙趸鱼 30 g，猪肉 16 g，胡萝卜 16 g，淮山 55 g，翡翠鲜蔬包 30 g	白米饭，红焖鸡块，清蒸巴沙鱼，炒芥菜，素高汤：大米 30～35 g，鸡腿肉 35 g，巴沙鱼 30 g，芥菜 40 g，胡萝卜 20 g，香菇 2 g，玉米 20 g，裙带菜 2 g	泉州炒面，菌菇鸡汤：面条 30～35 g，鱿鱼丝 6 g，猪肉 15 g，大白菜 30 g，香菇 2 g，胡萝卜 10 g，小芹菜 2 g，乌鸡 25 g，羊肚菌 2 g，蟹味菇 5 g	三文鱼粥，肉松卷：大米 25 g，三文鱼 10 g，瘦肉 25 g，干贝 2 g，胡萝卜 25 g，干香菇 2 g，小芹菜 2 g，肉松卷 30 g
午点	紫菜馄饨：馄饨 40 g，紫菜 1 g，葱花 1 g，火龙果 40 g	花生汤，杏李：花生仁 18 g，杏李 20 g，砂糖橘 40 g	二米南瓜粥：大米 15 g，小米 8 g，南瓜 6 g，梨 40 g	秋葵蒸蛋：鸡蛋 40 g，秋葵 4 g，香蕉 40 g	复合果蔬酸奶 100 mL，生椰吐司 30 g，苹果 40 g	元气雪梨粥：雪梨 10 g，大米 18 g，红枣 2 g	蝴蝶面：蝴蝶面 25 g，生菜 30 g，猪肉 15 g
晚餐	鲜蔬贝壳面：贝壳面 25 g，生菜 30 g，猪肉 15 g	生滚鲈鱼粥：大米 25 g，鲈鱼 28 g，白萝卜 22 g，小白菜 14 g，小芹菜 2 g，香菇 2 g	软米饭，香卤鸡腿，清炒莴笋，海蚌豆腐汤（无盐）：大米 30～35 g，鸡腿 45 g，莴笋 50 g，胡萝卜 10 g，海蚌 15 g，豆腐 10 g，肉丸 10 g	黄金软米饭，清炒大白菜，番茄鱼片汤（无盐）：大米 30～35 g，小黄米 1 g，大白菜 20 g，番茄 30 g，青鱼（去骨）25 g	闽南面线：面线 25 g，猪肉 20 g，鸡蛋 12 g，小白菜 20 g，小葱 1 g	牛腩面：面条 25 g，牛腩 35 g，小白菜 18 g，西红柿 15 g	香米饭，牛肉焖胡萝卜，清炒生菜，枸杞乳鸽汤：大米 30～35 g，牛肉 30 g，胡萝卜 20 g，生菜 70 g，乳鸽 30 g，红枣 2 g，枸杞 1 g
晚点	配方奶 150～180 mL	配方奶 150～180 mL	配方奶 150～180 mL	配方奶 150～180 mL	配方奶 150～180 mL	配方奶 150～180 mL	配方奶 150～180 mL

（三）进餐的准备

① 创设安静、整洁的进餐环境：把幼儿带到餐厅进餐。在幼儿就餐时，不播放电视节目或音乐，避免视觉和听觉干扰。

② 创设愉快、轻松进餐氛围：可以让幼儿先猜猜今天要吃的饭是"山的味道"还是"海的味道"；再简单介绍要吃菜肴的味道；最后品饭，可以激发幼儿的食欲。孩子进餐过程中有好的进餐行为，及时给予表扬；同时，不在进餐过程中批评孩子。

③ 适度的饥饿感：要尽量避免时时刻刻给小朋友喂食。比较合理的做法是正餐前一个半小时不给幼

儿进食其他食物,让幼儿有适度的饥饿感,有利于幼儿进餐。

④ 准备合适的餐具:选择合适的餐具,一般包括小碗、匙,以及围嘴、儿童餐椅,可以辅助幼儿进餐。

(四) 培养良好的进餐习惯

(1) 培养独立进餐

1~2 岁是幼儿自主进餐的关键期,独立进餐的信号和能力会逐渐出现。比如,对大人手上的食物感兴趣,试图伸手拿或张开嘴巴示意要品尝食物,以及能够握住食物,用手指或手掌把食物送入口中。当家长观察到这些信号后,可以逐步引导和支持他们自主进餐。

(2) 按时定位进餐,食前有准备①

进餐前,告诉幼儿要吃饭了,提醒洗好手,戴上围嘴,坐在儿童餐椅上。不要让幼儿端着饭碗到处走,边玩边吃。每顿饭时间控制在约 30 分钟,既可以保证幼儿可以细嚼慢咽,也能让幼儿专心吃饭。

(3) 饮食定量,控制零食

除了三餐两点外,要控制零食的量,培养幼儿好好吃饭的好习惯。提醒幼儿不要贪食,避免消化不良。

(4) 不偏食

膳食多样化才能保证幼儿获得全面的营养,而偏食是一种不良饮食习惯。家长可以改变幼儿不吃食物的性状,利用色、香、味、形来激发幼儿的食欲。

(5) 注意饮食卫生和进餐礼貌②

幼儿要注意饮食卫生,比如饭前洗手、饭后漱口、擦嘴,吃干净新鲜的食物,不捡掉在桌上或地上的食物,使用自己的水杯、餐具等。

自幼儿上桌开始,就要培养良好的进餐礼貌,比如咀嚼食物、喝汤时尽量不发出声音等。

二、1~2 岁幼儿穿衣出行指导与家长咨询

(一) 幼儿穿着的选择

1. 幼儿衣服的种类

不同年龄段的幼儿生长发育情况不一样,需要根据其发育情况选择合适的衣服材质、款式和尺码。

由于幼儿的皮肤薄嫩,易受损伤;调节体温的功能差,易受冷或受热;角质层薄、血管多,吸收力和渗透力高,易吸收有害物质。所以,要选择透气性好、质地柔软、吸水性强、不掉色的棉布料做内衣;外套要防风和保暖;衣服的颜色宜浅。

2. 选择合适衣物的注意要点

特别是冬天穿着,可以采用洋葱式穿衣法,也叫叠层系统穿衣法,就是像洋葱一层一层。内层柔软、透气又吸汗,如棉质薄衣裤;中层衣服保暖,比如羊毛衫、针织毛衣等;最外层防风防水,以应对天气的变化。

(二) 指导幼儿穿脱衣物的方法③

1. 指导幼儿区分衣服的前后

幼儿的衣裤上通常都有图案,或者衣领和裤腰位置有标签,可以教幼儿从这些区别上去分辨衣服的前后。

2. 指导幼儿穿衣顺序

家长教会幼儿区分衣服的前后之后,可以教他们穿衣物的顺序,即穿上衣→穿裤子→穿袜子→穿鞋。

3. 指导幼儿穿不同衣物的技巧

(1) 指导幼儿穿开衫

---

① 万钫. 学前卫生学(第 3 版)[M]. 北京:北京师范大学出版社,2012:94.

② 万钫. 学前卫生学(第 3 版)[M]. 北京:北京师范大学出版社,2012:95.

③ 龚陈,刘世云,谈婷婷. 婴幼儿回应性照料[M]. 长沙:湖南师范大学出版社,2024:15~18.(略有改动)

把幼儿放在合适的位置,平躺或坐在床上,或坐在成人腿上。指导幼儿穿开衫的具体步骤如下:

① 拇指握住衣领,四指朝外,衣里向外。

② 右手经头上从左边绕到右边,将衣服翻转。

③ 将衣服披在肩上。

④ 左手伸进左边袖子里。

⑤ 右手伸进右边袖子里。

⑥ 两侧门襟对齐,从下往上逐个扣扣子。

(2)指导幼儿穿连体衣

如图3-1-1所示,指导幼儿穿连体衣的具体步骤如下:

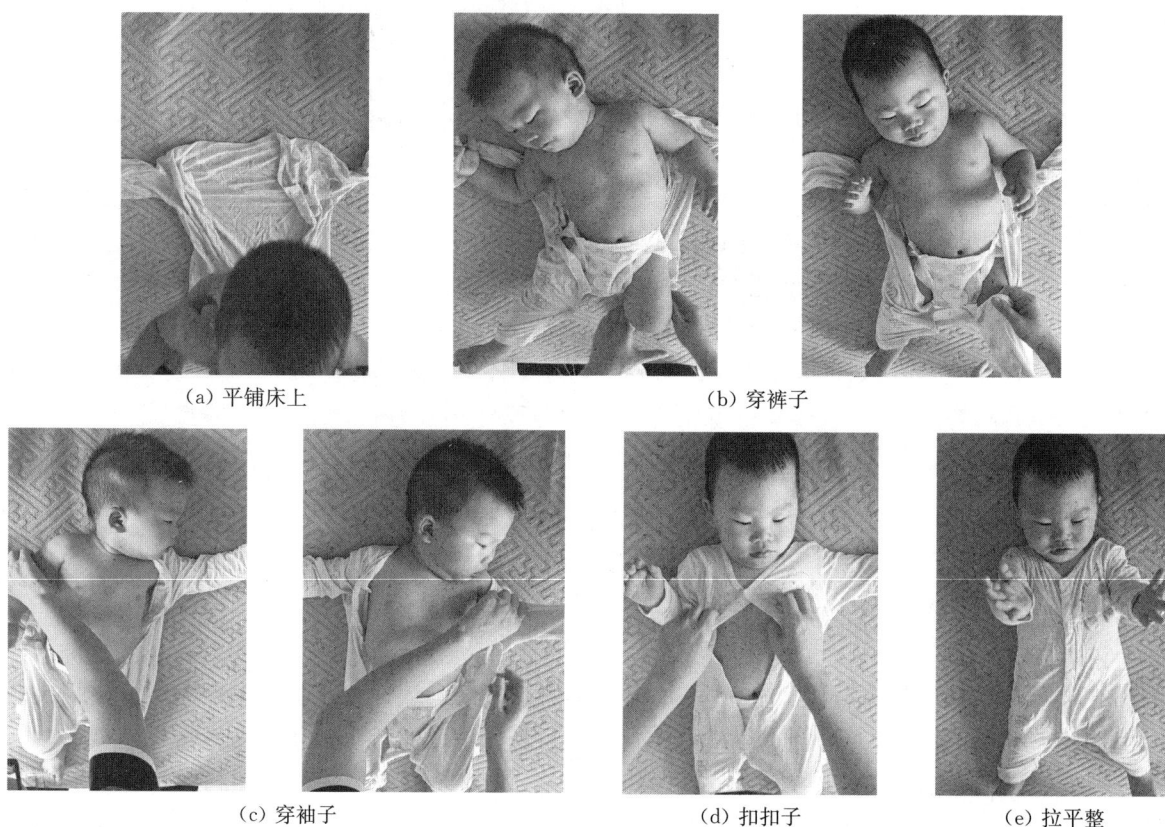

（a）平铺床上　　　　　　　　　（b）穿裤子

（c）穿袖子　　　　　　　　（d）扣扣子　　　　　　　　（e）拉平整

图3-1-1　穿连体衣

① 将连体衣解开带子或扣子,平铺在床上,让幼儿躺在上面,颈部对准衣领的位置。

② 先穿裤子,把腿伸入裤腿中。

③ 再穿袖子,把手伸进袖子里。

④ 将衣服拉平整后扣上扣子或系上绑带。

⑤ 整理,把衣服拉平整。

(3)指导幼儿穿套头衫

如图3-1-2所示,指导幼儿穿套头衫的具体步骤如下:

① 解开衣领上的扣子。

② 分清前后,卷起上衣至领口。

③ 用拇指撑开领口。

④ 将衣服套在头上。

⑤ 将衣服从头部向下移至颈部。

⑥ 撑开一侧袖口。

⑦ 将手臂斜向上穿过袖口。

（a）解扣子　　　　　　　（b）套头　　　　　　　（c）衣服移至颈部

（d）手穿袖口　　　（e）向下拉衣服　　　（f）扣扣子　　　（g）抚平衣服

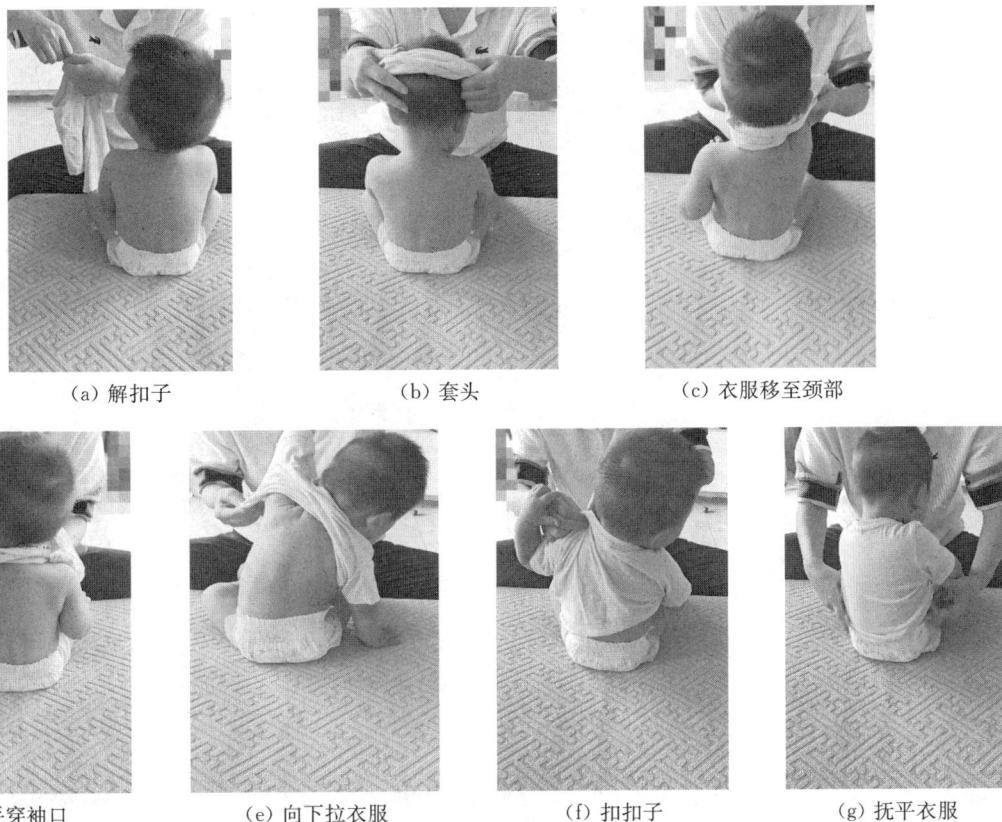

图3-1-2　穿套头衫

⑧ 撑开另一侧袖口。

⑨ 将另一手臂斜向上穿过袖口。

⑩ 向下拉衣服，扣扣子并抚平。

（4）指导幼儿穿裤子

如图3-1-3所示指导幼儿穿裤子的具体步骤如下：将裤子前面朝上放好→两手抓住裤腰→将两腿伸入裤腿内→露出两脚→提起裤子。

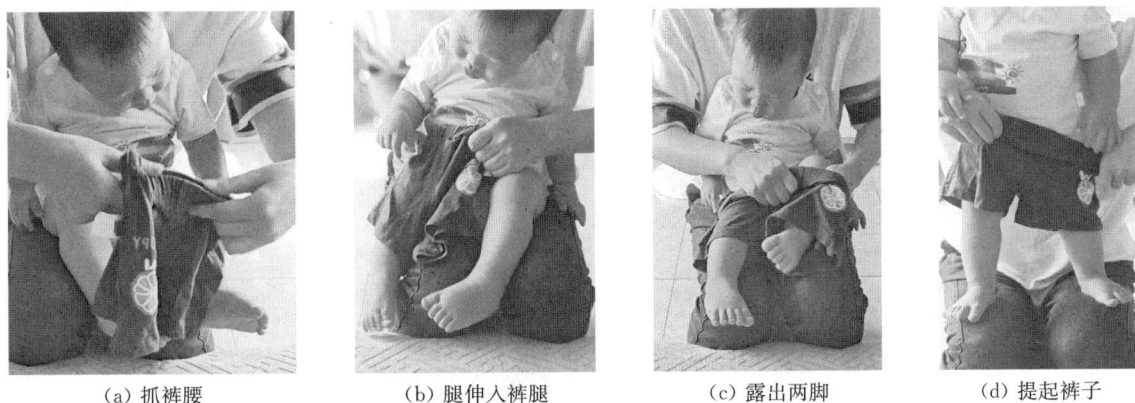

（a）抓裤腰　　　　（b）腿伸入裤腿　　　（c）露出两脚　　　（d）提起裤子

图3-1-3　穿裤子

（5）指导幼儿穿袜子

如图3-1-4所示，指导幼儿穿袜子的具体步骤如下：将袜跟朝下放好→双手抓住袜筒→捏住袜头→把脚伸入袜子内→将袜筒向上拉。

（6）指导幼儿穿鞋子

如图3-1-5所示，指导幼儿穿鞋子的具体步骤如下：

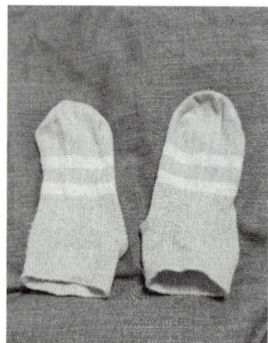
（a）放袜跟

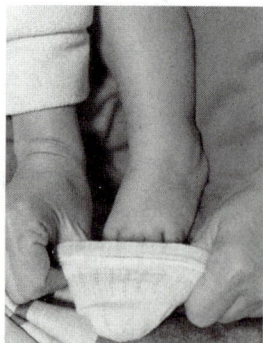
（b）抓袜筒

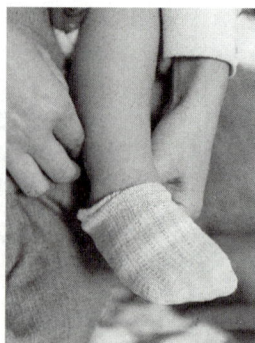
（c）脚伸入袜内

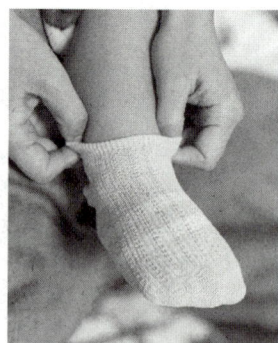
（d）拉袜筒

图 3-1-4 穿袜子

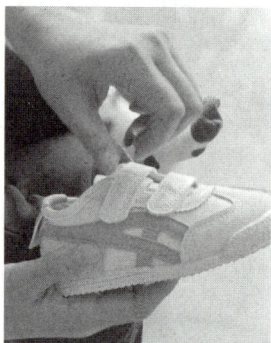
（a）放正鞋子

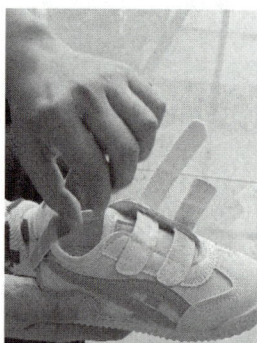
（b）解开魔术贴

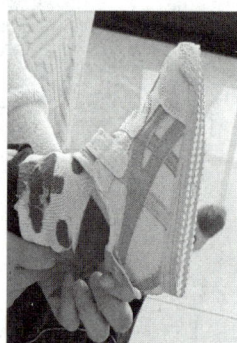
（c）提起脚后跟

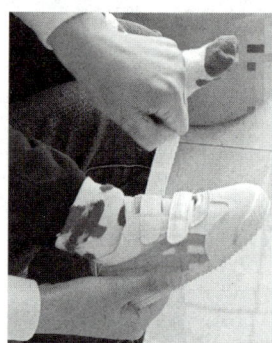
（d）系鞋带或魔术贴

图 3-1-5 穿鞋

① 将两只鞋子放正后，解开鞋带或魔术贴，将右脚伸进鞋子里。

② 提起鞋后跟。

③ 系鞋带或者魔术贴。

④ 用同样的方法穿另一只脚的鞋子。

4. 指导幼儿脱衣物的技巧

（1）指导幼儿脱鞋

如图 3-1-6 所示，指导幼儿脱鞋的具体步骤如下：

① 解开鞋带或者魔术贴。

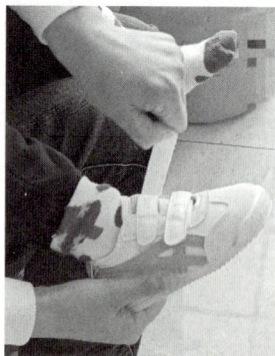
（a）解开魔术贴

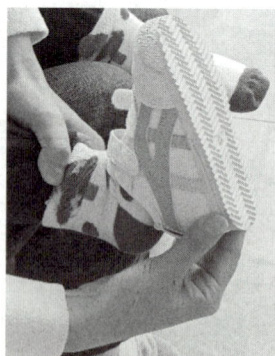
（b）脱鞋子

图 3-1-6 脱鞋

② 将手扶在鞋后跟上，用力将鞋子脱下。

（2）指导幼儿脱袜子

如图 3-1-7 所示，指导幼儿脱袜子的具体步骤如下：

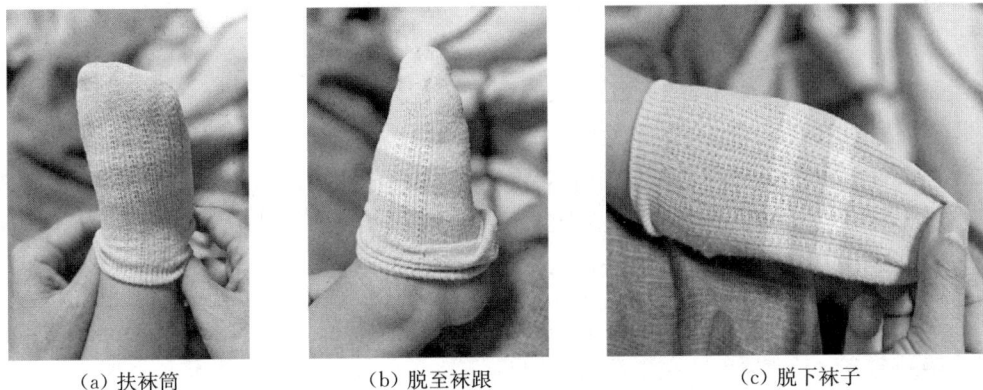

（a）扶袜筒	（b）脱至袜跟	（c）脱下袜子

图3-1-7　脱袜

① 双手扶住袜筒,脱至袜跟处。

② 沿脚面将袜子脱去或用手拉着袜尖脱下袜子。

（3）指导幼儿脱裤子

指导幼儿脱裤子的具体步骤如下:

① 双手拉住裤腰两侧,向下拉至脚踝。

② 坐着或者站着,将裤腿逐一拉下。

（4）指导幼儿脱衣服

① 指导幼儿脱开衫。指导幼儿脱开衫的具体步骤如下:先逐一解开扣子或拉开拉链→双手攥住衣襟往后拉,脱至肩下→从背后拉下两只袖子。

② 指导幼儿脱套头衫。

如图3-1-8所示,指导幼儿脱套头衫的具体步骤如下:双手拉住衣服下端的两侧,将衣服从下卷到颈部→将胳膊从衣服中脱离→用手撑住领口,提住衣领的两侧,向头上拉,将头从衣服中脱离。

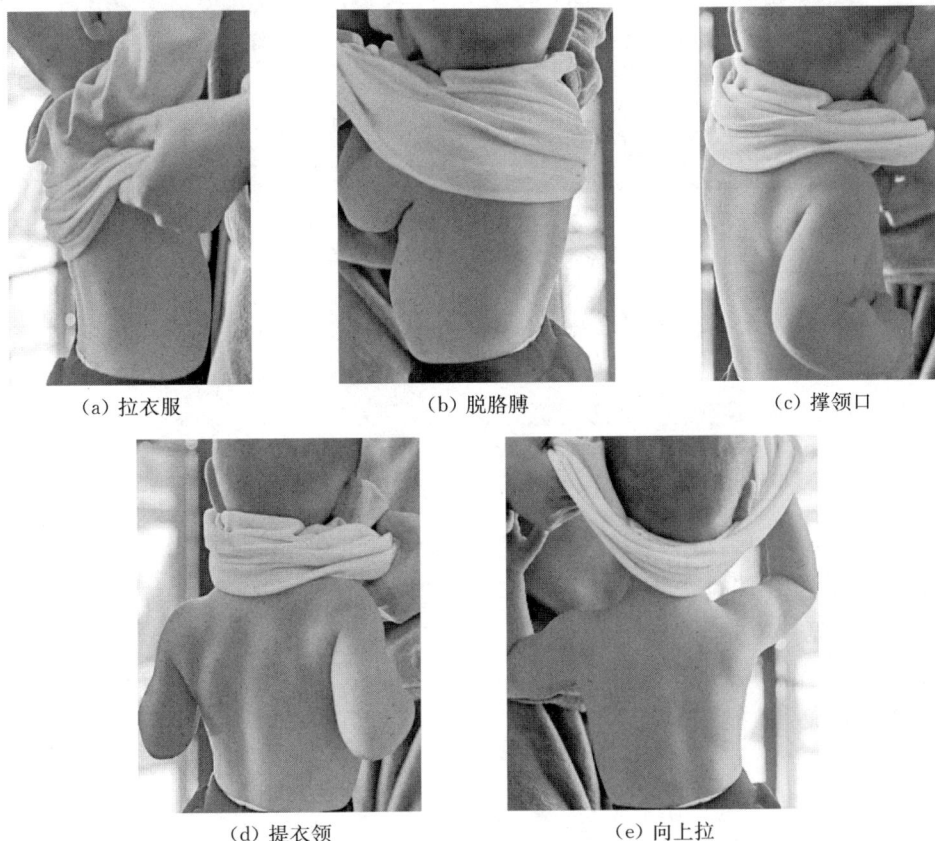

（a）拉衣服	（b）脱胳膊	（c）撑领口
（d）提衣领	（e）向上拉	

图3-1-8　脱套头衫

（三）幼儿穿脱衣物的照料要点

① 在温暖、安全的环境中，动作轻柔地为宝宝脱衣物。

② 可以准备一条柔软的大毛巾，把脱完衣服的宝宝包住。

③ 可以提前将替换的衣服准备好，方便穿上。

④ 可以用游戏的方式来引导幼儿。比如给宝宝学穿裤子的时候，可以读《穿裤歌》：一条裤子两个筒，两个裤筒像山洞；小宝宝，来穿裤，就像火车钻山洞；左脚钻进左山洞，右脚钻进右山洞；呜呜呜，呜呜呜，两列火车进山洞。让整个的穿裤过程充满趣味性。

⑤ 1岁以上的幼儿脱衣服时，家长可以慢慢引导宝宝尝试自己脱衣物。

（四）幼儿出行安全

（1）公共交通安全

① 家长携带幼儿乘坐公共交通车辆时，待车辆停稳后再有序上下车，不让幼儿在车内打闹，不将头、手伸出窗外。

② 带幼儿步行走人行道时，要遵守交通规则，不突然横穿或跑跳折返。

（2）私家车安全

① 使用安全座椅。如图3-1-9所示，乘坐私家车出行时，应给幼儿配备安全座椅。安全座椅的首选位置为汽车后排。

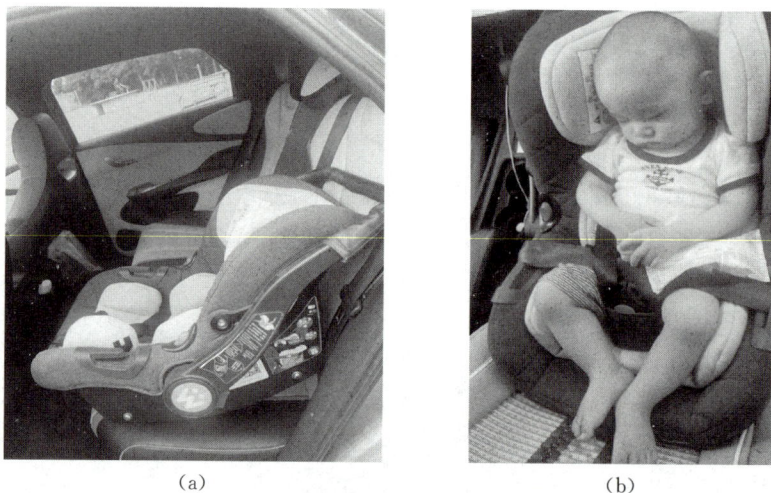

(a)　　　　　　　　　　　　(b)

图3-1-9　幼儿坐安全座椅

② 避免意外伤害。私家车在行驶过程中，不宜让幼儿嚼、吞、咽各类食物，禁止幼儿将头、手伸出窗外，避免撞伤意外发生。到达目的地待车停稳后，成人先下车，保证安全的情况下，让幼儿下车离开。同时，不要让幼儿单独待在车里，避免意外的发生。

三、1～2岁幼儿饮水指导与家长咨询

水是生命不可缺少的资源。幼儿生长发育迅速，新陈代谢旺盛，且肾功能发育尚未成熟，更容易缺水，引起生理功能紊乱。因此，合理的饮水对幼儿尤其重要[1]。

（1）幼儿饮水的适宜摄入量

不同年龄阶段，需水量不一样，年龄越小，需水量相对越大。中国营养学会对幼儿饮水的适宜摄入量提出了建议。1～2岁的幼儿，宜每日摄入1.3L水分，其中约37%来自母乳，其余来自辅食和饮水。

（2）幼儿缺水的表现

---

[1]　龚陈，刘世云，谈婷婷．婴幼儿回应性照料[M]．长沙：湖南师范大学出版社，2024：79～81．（略有改动）

① 大小便不正常：幼儿缺水时，排尿次数减少，尿量变少，尿液变黄、味道重，同时还可能出现大便干燥、硬结。

② 口唇干燥，舔嘴唇：幼儿缺水时，嘴唇比较干燥，甚至出现干皮、干裂等现象。

③ 食欲减退：幼儿身体水分不足时，肠道消化液分泌减少，影响正常的消化功能，导致食欲减退。

④ 皮肤弹性变差：幼儿的皮肤角质层一般都比较薄，因此，皮肤的锁水功能薄弱。一旦缺水，皮肤会变干燥，皮肤弹性变差。

⑤ 前囟或眼窝凹陷：如果前囟或眼窝与正常幼儿相比有所凹陷，哭闹时眼泪减少或没有眼泪，表明处于急性缺水状态，需及时补水。

（3）幼儿饮用水的选择①

幼儿水的来源是多方面的，直饮水、饮料、汤、流质食物是人体所需水的主要来源。对于幼儿来说，最理想的饮用水是白开水。

（4）幼儿饮水的照顾

随着幼儿吸吮能力成熟，他们的喝水器具可以从吸管式训练杯过渡到普通的杯子。建议幼儿坐着喝水，且他们喝水的时候，不去逗引幼儿，避免咳呛的发生。

（5）幼儿饮水兴趣的培养②

① 选对容器，营造乐趣：准备充满童趣的水杯，也可以准备多种款式的水杯轮流使用，来增加幼儿主动饮水的兴趣。

② 营造良好的饮水氛围：可以以游戏的方式，让幼儿在轻松愉快的玩乐中喝水，如玩"干杯"游戏。

③ 尊重幼儿的饮水节奏：尊重幼儿的饮水节奏，不要强迫他们喝水或追求特定的饮水量。

④ 充分表扬和鼓励：每当幼儿主动喝水时，要及时表扬和肯定他们的行为，让其有成就感。同时，也可以利用其他同伴和故事中孩子喜欢的人物，帮助孩子提高喝水的意识。

四、1～2岁幼儿睡眠指导与家长咨询

婴幼儿时期是生长发育最为迅速的时期，睡眠是除饮食之外对婴幼儿生长发育最大的影响因素。睡眠对机体的骨骼发育、免疫系统发育和神经系统发育有着重要意义。

（一）1～2岁幼儿的睡眠特点③

这个时期的幼儿的睡眠模式基本稳定，白天的小睡时间也会改变。15个月大的时候，大约一半的孩子每天只需要小睡一次就够了。随着幼儿逐渐长大，参与更多的游戏活动，可能抗拒睡眠，在入睡前找各种借口拖延时间。这个时期的幼儿建立良好的作息时间观念很重要，可以和幼儿一起制定睡前仪式，尽量不要在上床睡觉之前太疲惫，养成良好的睡眠习惯。

（二）幼儿睡眠的照顾

1. 睡前的照顾

① 营造良好的睡眠环境：为了帮助幼儿快速入睡，要保证寝室安静舒适、空气清新、温度适宜、无刺眼亮光。同时要准备好舒适的睡眠用具。

② 睡前饮食要适量：幼儿睡前饮食要适量，不要吃太多，不能大量饮水。

③ 固定睡前程序：每天睡前安排固定程序有助于幼儿形成睡眠条件反射。例如，睡前盥洗、如厕、讲故事等，固定有序，时间控制在20分钟内。活动简短又温馨，结束时尽量确保幼儿处于较安静状态。

2. 睡中的照顾

幼儿入睡后，要随时观察、注意幼儿的睡眠情况，及时排除安全隐患，让幼儿睡得舒适、安全。

① 谢源，杜晓鸣，汤杰.学前儿童卫生与保健[M].长沙：湖南师范大学出版社，2018：105.
② 龚陈，刘世云，谈婷婷.婴幼儿回应性照料[M].长沙：湖南师范大学出版社，2024：67.（略有改动）
③ 尹传松，黄丽娥，吴蓉.婴幼儿生活照顾[M].长春：吉林大学出版社，2021：98.

3. 起床的照顾

起床时要帮助和指导幼儿穿衣服,提醒幼儿及时小便。早上起床提醒幼儿喝水,养成起床后喝温开水的饮水习惯。照顾者在幼儿起床后要整理床铺。

(三)幼儿睡眠习惯的培养[①]

睡眠是人体的一个生理过程。幼儿依赖性强,不能独立决定自己的睡眠,需要有意识地去培养幼儿独立安然入睡的习惯。

1. 建立睡眠的作息规律

可以通过建立条件反射帮助幼儿养成定时睡眠的好习惯。比如,每次临睡前洗浴、换睡衣、换上干爽的纸尿裤,听同一首音乐或讲同一个故事,或者每次睡前都抱一下、拍一拍等,直至幼儿入睡。经过一段时间,让幼儿习惯一些固定的活动后,便建立了良好的睡眠条件反射。

2. 自主入睡

若要养成良好的睡眠习惯,应及早帮助幼儿学习自主入睡。尽可能在开始有睡意或之前,把幼儿放在婴儿床上,避免过于刺激的活动;说"晚安"后离开,让幼儿自己渐渐进入梦乡。

3. 帮助幼儿分辨昼夜

室内光线要有明显的昼夜分别,日夜活动应该有明显的区别。白天睡觉的时候,不要把窗帘拉上、门紧闭,不需要刻意制造安静环境;夜间睡眠则需要关灯(可用小夜灯),要与白天小睡有所区别。同时,白天清醒时,可以多和幼儿玩耍、说话;喂奶后不要马上哄幼儿入睡,可以拍嗝、安抚一会儿再睡,逐步建立起幼儿的睡眠规律。

育儿宝典

孩子的衣服要分开洗吗?

基本不用。大多数情况下,孩子和大人的衣服都可以混在一起清洗,并使用相同的、普通的洗涤剂。这是因为一起洗衣服通常不会有健康风险。虽然有观点提倡单独清洗,并购买宣称残留物更少或刺激性更低的婴幼儿专用洗涤剂,但必要性不大,并不适合所有人。

如果孩子本身有湿疹、皮炎,皮肤容易受刺激发红、瘙痒,或者家长确实担心普通洗涤剂会引起皮肤问题,则可以尝试着先洗几件,然后给孩子穿上看反应。如果真有皮肤刺激性,或者引起、加重皮肤问题,则可以考虑分开洗,并更换低刺激性的洗涤产品。

从理论上来说,评估洗涤产品是否足够安全时,可以参考下面的一些原则:

① 选择知名、低敏性、无香味的洗涤产品。

② 优先考虑液体洗涤剂(例如洗衣液)而不是粉末状洗涤剂(例如洗衣粉),因为前者更容易冲洗干净;

③ 可以少用或不用抗静电产品或织物柔顺剂,因为可能含有过于刺激的化学物质。

④ 尽量不用肥皂片,因为它们可能损坏衣物的阻燃性能。

任务思考

1. 简述幼儿穿衣过程中的注意事项。
2. 浏览商场内母婴用品专区,了解市场上的幼儿用品,做好观察记录。
3. 请根据幼儿发育需求编制 13～18 个月幼儿一周食谱。
4. 请根据幼儿发育需求编制 19～24 个月幼儿一周食谱。

---

① 尹传松,黄丽娥,吴蓉. 婴幼儿生活照顾[M]. 长春:吉林大学出版社,2021:102～103.(略有改动)

任务二　指导 1～2 岁幼儿的家庭健康安全与咨询

案例导入

> 清晨,红红的妈妈叫红红起床。过了一会儿,红红还是没有起床,于是妈妈再次去叫红红起床。但这时,妈妈看到红红无力地躺在床上,脸颊通红。她摸了红红的额头,发现红红的额头很烫,于是她赶紧抱红红赶往医院。医生初步诊断,红红感冒发烧了。

一、1～2 岁幼儿常见疾病指导与家长咨询

（一）呼吸道疾病

普通感冒又称伤风,是一种常见的上呼吸道感染性疾病,亦是 0～3 岁婴幼儿高发的疾病之一,多发生于冬、春季及季节交替之际。

幼儿患上普通感冒,会出现流鼻涕、喉咙疼痛、咳嗽、食欲不振等症状。因此,患儿要多注意休息、多饮水、清淡饮食;保持室内适宜的温度和湿度;平常要注意积极进行户外活动和体育运动,增强免疫力;注意环境卫生和个人卫生,勤洗手;关注天气变化,及时增减幼儿衣物,避免着凉。

（二）皮肤疾病

痱子是夏季或炎热环境下常见的浅表性、炎症性皮肤病。患儿可以在温水擦洗后,涂抹适量痱子粉于长痱子位置。平常要注意给幼儿提供清凉、舒适的环境;注意皮肤清洁卫生,勤洗澡,勤换衣[①]。

（三）五官疾病

1. 急性化脓性中耳炎[②]

急性化脓性中耳炎是 1～2 岁幼儿特别常见的疾病。发病时,会出现发热,耳部疼痛、灼热和暂时性的听力下降,哭闹、烦躁、无目的地摇头。发现幼儿可能感染中耳炎后,要及时就医确诊,运用抗生素彻底治疗。平常要注意避免外力损伤外耳道导致感染;积极应对上呼吸道感染,教会其正确擤鼻涕的方法;游泳、洗澡时避免污水入耳;避免在幼儿仰面躺着的时候用瓶喂奶或其他婴幼儿食品。

2. 龋齿

龋齿是多种因素共同作用导致牙釉质受到腐蚀,牙齿色泽改变,最后形成实质性的缺损,即龋洞。要注意口腔卫生,用正确的方式清洁牙齿;定期检查牙齿;膳食均衡;不宜吃刺激性食物,不咬坚硬物品;避免牙齿受外伤。

3. 弱视[②]

眼球无明显器质性病变,而单眼或双眼矫正视力仍达不到 1.0 者称为弱视。弱视的矫治,年龄越小,效果越好。且平时要注意定期检查视力,发现问题及时治疗。

4. 斜视[②]

当向前平视时,两眼珠位置不对称,称为斜视。斜视的治疗越早,效果越好。平时要注意定期检查视力,发现问题及时治疗。

（四）营养性疾病

缺铁性贫血主要是由体内缺乏铁,红细胞内血红蛋白减少所致,6 个月到 2 岁的婴幼儿多发。铁储备

---

① 李海芸,刘恋. 学前儿童卫生与保健[M]. 南京:南京大学出版社,2018:130.(略有改动)
② 谢源,杜晓鸣,汤杰. 学前儿童卫生与保健[M]. 长沙:湖南师范大学出版社,2018:122.(略有改动)

不足会表现出面色发黄、口唇发白、烦躁不安、食欲不佳,长期严重缺乏还会影响婴幼儿的智力发展[①]。

一旦确诊应补充铁制剂并配合食疗。平常要注意膳食均衡,适当增加含铁食物,并且注意添加富含维生素 B_{12}、叶酸和维生素 C 的食物;及时治疗胃肠道疾病、寄生虫及慢性出血性疾病。

二、1～2 岁幼儿意外事故指导与家长咨询

我们都不希望意外发生,可也无法完全避免意外的发生。如果意外发生,我们能及时处理,就能避免因现场处理不当而带来的伤害。

(一)外伤

1. 切割伤

孩子在玩耍时,触摸纸边、草叶和打碎的玻璃器具等,都可能出现切割伤。具体的处理办法是:先用清水清洁伤口;用干净布料或医用纱布、绷带紧压出血部位;如果 20 分钟后仍不能止血,需继续用医用纱布等包裹,尽快就医。如果只是轻微的擦伤或划伤,无需遮盖。大多数切割伤可在 7～10 天内自行愈合。

不推荐用过氧化氢、酒精、碘伏等消毒,其抗菌作用很小,甚至会影响伤口愈合,或带来其他不良反应。

2. 扭伤或撞伤

幼儿在跑跳的过程中,由于很难控制自己的速度、估量自己的力度,很容易造成扭伤或撞伤。在受伤后的前 48 小时内,需要遵循 RICE(rest 休息、ice 冰敷、comp ression 压迫、elevation 抬高)原则。具体处理如下:

① 尽可能不要活动受伤部位,保证受伤处得到充分休息。

② 用毛巾包裹冰袋,冷敷受伤部位(红、肿、淤青处)消肿,一次不超过 20 分钟,每天 4～8 次。

③ 用弹性绷带压迫受伤部位至少 2 天,尽量减轻肿胀。

④ 将受伤部位抬高至心脏水平高度以上,可减少肿胀。

如果存在以下情况应及时就医:触摸或移动受伤部位时感到剧烈疼痛;受伤部位感到麻木或针刺感;出现感染迹象(皮肤表面温度升高、发红,出现条纹、肿胀和疼痛);5～7 天后还没有改善。

3. 手指夹伤

幼儿对周围环境很好奇,易出现手指被门或者抽屉夹伤等意外,须根据手指夹伤的具体情况来处理。

① 手指夹伤有流血:流水(生理盐水或干净的水)和肥皂清洁伤口;用干净的无菌纱布包扎;用冰块或凉毛巾冷敷,缓解疼痛,减轻肿胀。

② 手指夹伤没有出血:只需要冷敷来缓解疼痛,减轻肿胀。

受伤后即使没有感觉不舒服,还须观察 24～72 小时;如果出现发热、疼痛、红肿严重或者有液体渗出伤口,提示可能存在感染需要就医。

(二)骨折[②]

幼儿活泼好动,但是识别危险的能力不足,很容易发生各种意外,比如,跌伤导致骨折。针对这种情况,可以按照以下方式处理:

① 处理的重点是及时止痛、止血,防止休克,不要盲目地搬动患儿;特别是在可能伤及患儿的脊椎和颈部时更应注意,以免加重伤势,或引起严重的并发症甚至危及生命。

② 固定骨折部位,限制断骨的活动。可使用绷带和夹板,将骨折处上下关节都固定起来。在紧急情况下,如无夹板,也可用木棒、竹片、树枝等代替。

③ 对开放性骨折,在夹板固定前应先止血,局部消毒处理;不要将外露骨骼推入伤口,应消毒后盖上再用夹板固定,送医院治疗。

(三)头部受伤

婴幼儿坠床或因其他活动磕到头部,都属于头部受伤的观察范围。孩子大于 1 岁,头部轻微受伤,且

---

① 李海芸,刘恋. 学前儿童卫生与保健[M]. 南京:南京大学出版社,2018:128.(略有改动)

② 李海芸,刘恋. 学前儿童卫生与保健[M]. 南京:南京大学出版社,2018:166.(略有改动)

行走正常,意识清醒,则每 3～4 小时在受伤部位放一个冰袋或速冻袋 20 分钟。皮肤直接接触冰袋会冻伤,应将冰袋包裹在毛巾或袜子中;在接下来的 24～48 小时内仔细观察,如果发现异常状况则需要立即送医。

(四) 乳牙磕伤

乳牙磕伤可以按照以下方式处理:

① 如果牙齿被撞掉或磕断,检查脱落的牙齿是否遗留在口腔中,及时找到。

② 使用纱布或棉球止血,让孩子咬在牙槽中;随后带孩子前往口腔科医生处检查是否需要后续处理。

(五) 气管异物

在幼儿吃东西的时候,尽量不逗幼儿笑或说话,5 岁以下孩子不建议吃坚果、整颗葡萄、果冻等颗粒状食物,避免气管异物吸入。发生这种意外时,可以用海姆利希急救法处理:

① 站在孩子身后,将一只脚稍微放在另一只脚的前面以保持平衡,将手臂环绕在孩子腰部,使其稍微向前倾斜。如果孩子小,应跪在孩子身后。

② 一只手握拳,放在孩子的肚脐上方;另一只手握住拳头,快速挤推腹部(好像试图将人抬起一样)。

(六) 中毒

清洁剂、强酸强碱等化学物品最好放到幼儿拿不到的地方;不用饮料瓶装化学液体,以免孩子误以为是饮料,可最大限度避免孩子误服有毒化学物品。发生这种意外,可以进行以下的处理:

① 不要催吐,因为强酸或者强碱,会对食道和咽喉造成二次伤害。

② 马上检查并清理幼儿嘴里的残留物。

③ 如果是皮肤表面中毒,需要戴上手套,脱掉幼儿身上受污染的衣服,立刻帮孩子冲洗皮肤 15～20 分钟。

④ 如果是眼睛内溅入毒液,用流动的凉水或温水轻轻冲洗眼睛 20 分钟。

⑤ 如果吸入毒药,尽快让孩子接触新鲜空气。

⑥ 如果幼儿吞食纽扣电池,电池卡在食道中可能会在 2 小时内造成严重烧伤,需要赶紧去医院。

三、1～2 岁幼儿常见传染病指导与家长咨询

(一) 流行性感冒

流行性感冒是一类病毒感染呼吸系统导致的传染病,通过飞沫在人群中快速传播,一般集中于秋冬季节,表现为突然出现的高热、寒战、发抖、头痛、易疲劳、喉咙痛、咳嗽、鼻塞、流涕。

患儿要注意卧床休息;居室空气要新鲜,要有阳光照射;食物要易于消化,督促患儿多喝水;可选用药物治疗。

平时注重体育锻炼,加强营养,增强抵抗力;有流感时,避免外出;提醒幼儿在打喷嚏的时候用纸巾或手肘挡住飞沫,并用正确的方法勤洗手;家长做好幼儿疫苗接种工作[1]。

(二) 幼儿急疹[2]

幼儿急疹是由病毒引起的呼吸道传染病,传染性不强。患儿起病急,骤然高热,可达 39～40℃;食欲差,但精神还好;高烧 3～4 天后,体温骤然下降,同时面部及身上出现红色疹子,经 1～2 日皮疹全部退尽。

患儿在高烧期间要多喝水,适当服退烧药并配合物理降温法,降低体温至 38℃ 左右,以免因高烧而抽风。

(三) 诺如病毒性肠炎

诺如病毒性肠炎是一种由诺如病毒引起的急性胃肠道感染,其主要症状包括腹泻、腹痛、恶心和呕吐,

---

① 李海芸,刘恋. 学前儿童卫生与保健[M]. 南京:南京大学出版社,2018:130.(略有改动)

② 万钫. 学前卫生学(第 3 版)[M]. 北京:北京师范大学出版社,2012:169.

有时还可能伴有发热。目前,针对诸如病毒性肠炎尚无特异的抗病毒药和疫苗,主要采用非药物性预防措施,包括病例管理、手卫生、环境消毒、食品和水安全管理、健康教育等。治疗措施包括维持水电解质平衡,严重者需静脉补液,可遵医嘱使用口服补液盐溶液或静脉注射葡萄糖生理盐水。应避免摄入未经处理的食物和水,保持良好的个人卫生习惯,以减少传染风险。

育儿宝典

孩子发热,是不是输液好得更快?

大部分情况不是。输液是用药方式的一种,直接把药和液体打进血管,药物进入身体更直接、更迅速,适用于不能吃东西以及需要快速给药、补液的病情。比如严重的细菌感染,早点用上有效的药有可能改变结局。如果口服抗生素,药吃下去后进入胃肠再吸收入血,要等吸收进血的药物足够多并达到有效的血药浓度,才能发挥作用,这个过程可能需要一点时间。而输液则是通过血管直接把药打进血液,可以更快达到有效的血药浓度,可以比口服快几十分钟到几个小时发挥作用。但不是所有的病用了药就能好得更快。对于主要依靠自愈的疾病,比如大部分病毒感染性疾病,不需要用抗生素,不论口服还是输液用抗生素,都不能让孩子退热更快。打退热针可能起效比吃退热药快一些,但退热针主要是赖氨匹林、安乃近、安痛定等不安全的药物,用了得不偿失。吃退热药也都在1小时内起效。退热药本身只是缓解症状并不能改变病情走向,所以不推荐打不安全的退烧针。

孩子发热很常见,但绝大部分由病毒感染导致。严重的细菌感染比例很少,严重呕吐到不能进食甚至导致中重度脱水的情况也很少。所以,大部分情况下不需要输液,即便输液也不能好得更快。只不过输液看起来是一种强度很高的治疗,容易给病人一种被重视的感觉,医生这样做也容易给病人一种做了很积极治疗且尽了力的印象。

但输液有输液反应等风险,通常比口服、雾化等方式风险更大,所以能不输尽量不输。

文案

拓展阅读:孩子
发热应该少穿
还是多穿?

任务思考

1. 婴幼儿常见的传染病有哪些?
2. 校内实训室,模拟练习海姆利希急救法。

任务三　指导1～2岁幼儿的家庭亲子游戏与咨询

案例导入

　　明明在家里一直是外婆喂饭,上了托育班才发现勺子都用不好,每次午饭吃得慢不说,还把饭粒儿撒得满桌子都是。妞妞是个爱美的小公主,超喜欢芭比娃娃,可是给娃娃换衣服总是脱了容易穿上难,子母扣粘得歪七扭八,每次都得妈妈搭把手。

一、1～2岁幼儿动作游戏指导与家长咨询

(一) 13～18个月和19～24个月幼儿动作的发展特点[①]

婴幼儿动作发展的规律与特征,因月龄不同而不同,具体如表3-3-1和表3-3-2所示。

视频

跨坐童车

表3-3-1　粗大动作

月龄	13～18个月	19～24个月
粗大动作发展	能手脚并用爬上楼梯,也能倒退着爬下楼梯	能蹲着玩或蹲着向前移步
	能钻爬低于身高的桌子	自己扶栏杆,双脚并步下楼梯
	能独自弯腰或蹲下捡物,站起后不会摔倒	能边追边跑
	能扶栏爬几级楼梯	能双手抱球往前扔
	能自如地走走停停	做扔、踢等动作时能保持身体平衡
	能推着大球,快步向前走	能推拉有轮的玩具,且较好地控制速度
	能踮起脚尖够拿物品	能自己跨坐童车,并用脚蹬地向前行

表3-3-2　精细动作

月龄	13～18个月	19～24个月
精细动作发展	喜欢咬东西,但动作不太流畅	能将绳子穿过大木珠或有洞的纸筒
	能把硬币塞进储钱罐里	能用拇指和食指配合剥鸡蛋等
	能双手配合把两个纸杯或大小不同的物体套在一起	能堆叠5～7块小木块
	能叠起3或4块比较平整的小木块或小石块	会用旋、拧等方式拧瓶盖或玩玩具
	开始使用勺子、小扫把等简单工具	能模仿成人折叠纸或毛巾

(二) 幼儿动作发展的指导

1. 粗大动作的教育要点

　　1岁后的幼儿大多数都能学会独立行走了。家长可以通过创设安全的环境,逐步增加行走的难度,来满足幼儿的需要。比如,可以让幼儿走有坡度的草坪,有低矮台阶的通道,滑滑梯,扶着上下楼梯,慢慢过渡到独自扶栏上下楼梯;也可以创设一些障碍,比如毛巾、枕头、纸箱等,锻炼孩子跨越障碍物的动作;还可以提供各种球,让幼儿下蹲、站起、推滚、追逐球来锻炼体能。

[①]　上海市0～3岁婴幼儿发展要点与支持策略(试行稿)[M].上海:上海教育出版社,2024:23～24,29～30.(略有改动)

2. 幼儿精细动作发展的教育要点

精细动作指的是凭借手及手指的小肌肉群完成的动作,比如抓、捏、拍、拧、撕等。总之,手上的动作大都是精细的,甚至脚尖、面部这些细小肌肉的动作都可以统称为精细动作。精细动作涵盖了无数种具体的动作,但是决定精细动作能力的要素其实是 5 个:手指动作、双手协作、手眼协调、抓握力量以及手腕灵活及稳定。

（1）手指动作

手指动作又叫五指分化,分开五指是发展精细动作的第一步。训练五指分化,小龄宝宝可以经常玩一些抓握、捏取类的游戏,需要分开五指并分别控制,对于手指动作的发展很有好处;大一些的宝宝可以增加手指关节灵活性的训练。

（2）手眼协调

锻炼手和眼的协调实际上还能锻炼大脑。因为,眼睛看到的图像传递到大脑,再经过大脑处理,向手发出信号,应该说是手眼脑的协调。对于小宝宝,可以逗引他们有意图地去抓一些玩具;大一些的宝宝可以做有方向性的投掷等动作。

（3）双手协作

在日常生活中,我们所做的大多数活动都是需要双手配合的,比如一只手拿着瓶子另一只手拧盖子,一只手扶着纸另一只手写字,等等。影响双手协作的两个因素是双手的空间感知和时间控制,也就是大脑分别控制两只手在什么时间做什么动作,才能完成协作。1 岁前的小宝宝双手拿积木对敲、撕纸,两只手交替拍鼓等都可以锻炼双手协作;大一些的宝宝则可以逐渐增加难度,拧瓶盖、来回倒水、串珠、拉拉链等,都是很好的锻炼。

可以利用日常生活中的各种简单工具,多提供双手配合的机会和活动。如提供带柄的杯子,引导幼儿自己握住杯柄喝水;提供各种不同薄厚和韧性的纸张,进行撕纸条的游戏;提供拼插类或穿物类材料,便于其进行拼插和串珠游戏;提供各种不同大小的瓶盖,进行拧瓶盖的游戏,都可以训练婴幼儿手部的精细动作。

（三）幼儿动作发展活动的注意事项

1. 安全第一

从生理角度来说,幼儿的神经系统发育还不完善,视觉、听觉、触觉及动作的综合协调能力都比较差,加上幼儿的小脑平衡功能也较差,因此在奔跑、行走时会出现摔跤、碰撞现象。此外,幼儿又活泼好动,对危险的因素缺乏足够的认识,因此很容易导致意外的发生。为了避免意外导致伤害,家长在选择和指导孩子游戏运动的时候,要保证活动场地室内或室外、材料、游戏的各环节等方面的安全。同时,每次游戏的时间也不要太长,需要综合考量孩子的年龄和动作发展的情况。

2. 遵循循序渐进的原则

幼儿身体的动作和手的动作发展是有客观规律的。例如,从上部动作到下部动作,幼儿最先学会抬头,然后是俯撑、翻身、坐、爬,最后学会站和走。因此,我们在进行动作训练时,要由易到难,由简到繁,运动量要由小到大,逐步增加。同时,在进行的过程中,也要考量每个幼儿的具体情况。

3. 尊重个体差异性

由于成长的遗传因素和环境都不相同,所以发展会呈现出个体的差异性,表现在能力上的差异、性格上的差异、气质上的差异。家长要尊重孩子的这种差异性,实施有针对性的动作训练,最大限度地促进孩子的发展。

（四）适合幼儿动作发展的亲子游戏

1. 适合幼儿粗大动作发展的亲子游戏

（1）爬楼梯

游戏名称 梯

游戏目的 发展幼儿的腿部肌肉,提高平衡力、协调及独立行走的能力。

游戏准备　有儿童扶手的楼梯、滑梯。

游戏方法　刚开始时,家长可站在上一级楼梯上,伸出双手,协助孩子,同时给予口头指令:"宝宝,可以试着走上来啦。"如果孩子不合作,可把干果放在楼梯上,等孩子踏上后给予奖励。注意,开始时可在每一梯级放干果,逐渐地,只在几级楼梯或最后一级楼梯上才放。不论孩子如何哭闹,要坚持让孩子配合才能给予奖励。

指导与建议

① 当幼儿爬楼梯出现困难时,可适当帮助孩子,搀扶上楼梯。

② 可以根据孩子的能力,进行不同的难度设置:一是扶着扶手或家长的手踏楼梯;二是独自踏楼梯。

（2）阳光隧道

游戏名称　阳光隧道

游戏目的　在隧道场景中练习爬行,调节前庭感觉系统,加强肌肤的接触刺激。

游戏准备　阳光隧道彩虹爬行筒、玩具(海洋球)。

游戏方法　可以让家长或年龄比较大的小朋友在彩虹爬行筒里钻爬一次,让幼儿观察他们的钻爬动作。观看完后,可以对孩子说:"宝宝,我们也来试一下钻过这个隧道好不好?"家长可以站在隧道的另一头,语言鼓励孩子往自己这边爬。当孩子爬过山洞时,可以给孩子一个亲昵的拥抱,并鼓励道:"宝宝,你爬得真不错。"

指导与建议

① 也可以把餐桌的长边围住或者把爬行垫卷起来,变成一个山洞,让孩子钻爬。

② 可以根据孩子的能力,进行不同的难度设置:如果孩子害怕,先让其在隧道四周玩耍并观察大人或其他孩子如何做,让孩子触摸和摇晃隧道,培养其兴趣和消除恐惧感;如果孩子不合作,可以给予食物强化,把孩子喜欢吃的零食或水果放在隧道里,鼓励孩子爬进去拿取食物(使用食物强化时要注意逐渐撤销);让孩子边爬边推一个中型球前进。

③ 如果孩子紧张或抗拒,应以鼓励、引导方式取得其配合,不要强迫配合,以免造成孩子肌肉过度紧张,效果适得其反。

（3）走小斜坡

游戏名称　走上、下倾斜约15°的小斜坡。

游戏目的　锻炼幼儿平衡、膝盖及小腿肌肉的控制能力。

游戏准备　坡度斜度约为15°的草地小斜坡。

游戏方法

① 上斜坡。开始时,家长先站在斜坡上孩子跟前,拉着孩子的双手协助;孩子的技巧纯熟后可站在其身后,只在有需要的时候推或扶持孩子前进。

② 下斜坡。开始时,家长站在孩子身后,双手从孩子双肩往下放在孩子胸前,鼓励其扶着家长的手下斜坡;孩子的技巧纯熟后,尝试在其双手放置两件小玩具,在不用搀扶的情况下下斜坡。

指导与建议

① 也可以选择有适当坡度的坡道上进行。

② 可以根据孩子的能力,进行不同的难度设置:走上斜坡;双手拿物走上斜坡;搀扶下下斜坡;独自下斜坡。

2. 适合婴幼儿精细动作发展的亲子游戏

（1）剥鸡蛋游戏

游戏名称　剥鸡蛋游戏

游戏目的　可以很好地锻炼幼儿翻、撕的精细动作。

游戏准备　煮熟的鸡蛋。

游戏玩法　拿给幼儿一个煮熟的鸡蛋,让幼儿自己把蛋壳敲一敲,搓一搓,再一点一点把蛋壳剥掉。

指导与建议　看护好幼儿,以防幼儿把蛋壳放入嘴里。

建议与指导

① 鸡蛋也可以换成需要剥皮的水果,比如香蕉、葡萄、砂糖橘等,也可以换成绿叶蔬菜。

② 注意防止幼儿在游戏中把用品放入口中。

（2）叠高高

游戏名称　叠高高

游戏目的　通过拿取、摆放积木,充分锻炼宝宝的精细动作。

游戏准备　积木。

游戏玩法　先拿出一些大小适中的积木,一块一块堆叠,让宝宝观察;也可以先摆一块积木,再引导宝宝摆一块,合作完成拼搭;也可以完全让宝宝自己来一块接一块地往上摆放,堆叠成"小高楼"。

建议与指导

① 在活动过程中,宝宝可能没有那么配合,会扔或者咬。允许小朋友以自己的方式探索。

② 给予小朋友足够的探索时间,再进行游戏活动,效果会更好。

（3）喂小鸭

游戏名称　喂小鸭

游戏目的　通过圆形珠子锻炼幼儿的手眼协调能力和专注力。

游戏准备　顶上开口的小鸭子、大小适中的圆珠子。

游戏玩法　根据圆珠子的特点,一粒一粒地把它放入小鸭子。

建议与指导

① 要提供安全无味、可以水洗、结实耐用的圆珠子。

② 防止幼儿把圆珠子往嘴巴里塞。

（4）储蓄罐

游戏名称　储蓄罐

游戏目的　锻炼幼儿手眼协调能力。

游戏准备　储蓄罐、小木棒。

游戏方法　先示范将一根小木棒插入储蓄罐,然后握幼儿的手,将小木棒插入储蓄罐,最后指导幼儿自己拿起小木棒,将小木棒插入储蓄罐。

建议与指导

① 可以根据储蓄罐开口的大小,准备不同大小的小木棒,让幼儿反复练习。

② 小木棒也可以换成硬币,但是要注意防止幼儿把硬币放入口中。

（5）趣味串珠乐

活动名称　串珠游戏

游戏目的　通过手指穿绳,串联积木,锻炼手部精细动作和抓握能力。

游戏准备　大颗粒串珠、串珠绳。

游戏玩法　可以按照串珠的图案来串联,也可以按照大小来串联,也可以按照样图来串联。

建议与指导

① 提供安全无味、无毛刺、颜色鲜艳不掉色的大颗粒串珠。

② 防止幼儿把串珠往嘴巴放。

二、1～2岁幼儿语言游戏指导与家长咨询

1岁以后,幼儿开始进入学习口语的全盛阶段,在3岁前,言语得到突飞猛进的发展。因此,这个年龄段是语言真正形成时期,也是言语迅速发展的时期。

（一）13～18 个月和 19～24 个月幼儿语言的发展特点[①]

1～2 岁幼儿语言发展特点见表 3-3-3。

表 3-3-3　1～2 岁幼儿语言发展特点

月龄　语言与沟通	13～18 个月	19～24 个月
倾听与理解	能理解语气、词语的含义。例如,当伸手准备抓高处的东西时,听到家长拒绝的话语,会停止触碰	能结合周围场景理解简单的日常用语,如听到"太累了,休息一下",会坐下
	能听懂"抱""坐下""拿"等常用词的意思	能理解"上面""下面"等方位词的意思
	能听懂并指出自己身体的部位。例如家长说"眼睛""鼻子""嘴巴""耳朵""脚""手"等词语时,婴幼儿会指出与之相应的身体部位	听懂两个连续动作的简单指令,会按要求执行,如"坐到椅子上吃饭"
	听到自己的名字时会应答	听到与日常生活有关的简单问题,如"玩什么""去哪里",能用动作或简单的词语应答
	听到"去拿自己的水瓶"等简单的指令时,会按照要求执行	对词语的理解由具体变得概括,知道"灯"不仅指图片上的灯或家里的灯,还包括外面看到的各种灯
模仿与表达	会说"爷爷""奶奶""姐姐""哥哥"等主要家庭成员的称谓	可以正确说出"叔叔""阿姨""姑姑"等家庭成员的称谓
	听到周围环境中的喇叭声、动物叫声,会马上模仿	能用 20～50 个词进行日常生活对话,主要是名词与动词,会说"鞋子""帽子""球"等名词,以及"开门""拍球"等动词
	用一个词表示多种意思,比如说"抱抱",可能是代表"他要成人抱"或"他想要抱玩具熊"	喜欢用乳名称呼自己
	用动作和表情辅助语言表达,如手指着门说"走",表示想要出去玩	能跟着成人念简短的儿歌,如"小鸭,小鸭,嘎嘎嘎"
	会说"饭饭""车车"等叠词,还喜欢用象声词代表物体的名称,如把鸭子叫作"嘎嘎",把青蛙叫作"呱呱"	会说 2～3 个字组成的短句,句子结构简单,如"妈妈抱""妈妈吃""爸爸开",还会出现词序颠倒,如"不对起"(对不起)
	听到熟悉的儿歌时,能接最后一个字,如听到"上边毛,下边毛,中间一个黑葡萄",幼儿会说"葡萄"	会用简单的语言、动作与他人交流,如递给幼儿想要的一个玩具时问:"要怎么说?"会回答:"谢谢!"
		会使用简单疑问句,如指着电视机问:"是什么?"
阅读兴趣与习惯	喜欢听有韵律的儿歌,如听儿歌《小老鼠上灯台》时,会模仿简单动作	能安静地听完简短故事
	尝试自己拿书并翻页	主动要求一起看书
	会根据故事内容模仿简单的动作或声音,如模仿小乌龟慢慢爬	喜欢反复看同一本书或听同一个故事,如每天睡觉前要妈妈讲同一本故事书
	看到熟悉的简单故事内容时,会边看边用手指着相应的画面	把书拿反了,会自己调整,把书拿正
		能说出熟悉的画面上的人和物,被问:"上面有谁?"幼儿会说出画面内容

[①]　上海市 0～3 岁婴幼儿发展要点与支持策略(试行稿)[M].上海:上海教育出版社,2024:26,32～33.(略有改动)

（二）组织幼儿语言发展活动的注意事项

1. 认识幼儿语言教育的重要性

语言是人类最重要的交际工具,幼儿通过语言与他人交流信息,表达自己的意愿,满足个人的需要;同时,语言能力也是幼儿期智力发展的一项重要指标。这个阶段是儿童言语不断丰富的时期,也是掌握口头言语的关键时期。因此,如果缺乏适宜的语言环境,则可能会给幼儿心理的发展带来无法挽回的损失。

2. 坚持循序渐进的原则①

这个年龄段的儿童处于单词句和多词句阶段,更强调的是使用简短的话语,帮助他们掌握新词,扩大词汇量。多跟孩子交流,主动告诉孩子周围的一切,提供语言模仿的榜样。选择一些简单的、具有游戏性的故事来引起孩子的喜爱和关注,可以是一些有趣的玩具书,如触摸书、布偶书、纸板书等,进而发展孩子的口头语言表达能力。

3. 保教结合

在促进幼儿语言能力的过程中,要注意孩子的用眼卫生,眼睛与书本应保持1尺(约30 cm)距离;为孩子提供的阅读物,字体宜大,字迹、图案清晰;注意用眼时间不宜过长,不在光线过强或过暗的地方看书,尽量保证充足的自然光线。注意保护幼儿的嗓音,避免经常大声哭喊和唱歌。

（三）创设阅读环境,来激发孩子的语言表达能力

幼儿的一些行为和知识都是通过观察学习和模仿学习获得的。应该积极创设良好的阅读环境,营造浓厚的阅读氛围,从而激发幼儿的阅读兴趣,提升孩子的语言表达能力。

1. 提供纸板书或是洞洞书

幼儿可以尝试独立翻阅图书了,或者在引导下自己翻页;此外,幼儿的精细动作发展不够完善,很容易把书撕坏,所以需要提供更多的纸板书或者洞洞书,如图3-3-1所示,培养幼儿按页翻书的习惯。

(a)

(b)

图3-3-1　纸板书和洞洞书

2. 提供各种类型的书籍

提供各种类型的书,比如虚构类、科普类、启蒙认知类、人体类、儿童文学类等,如图3-3-2所示,让小朋友阅读,提升对画面的理解能力。同时,多样化的阅读内容,也可以帮助家长更好地感受和观察孩子的兴趣点,方便为幼儿的表达储备相应的内容。

3. 创设亲子阅读的仪式感

专门创设独立、富有童趣、舒适的阅读区,如图3-3-3所示;设置专属的固定的亲子阅读时间,比如睡前。同时,在阅读时,先做好亲子阅读的准备工作,比如刷完牙、洗完澡、换上睡衣,再选择要阅读的书。这样的仪式感,会让幼儿对亲子阅读充满期待。

---

① 张文军.学前儿童发展心理学[M].2版.长春:东北师范大学出版社,2017:144.(略有改动)

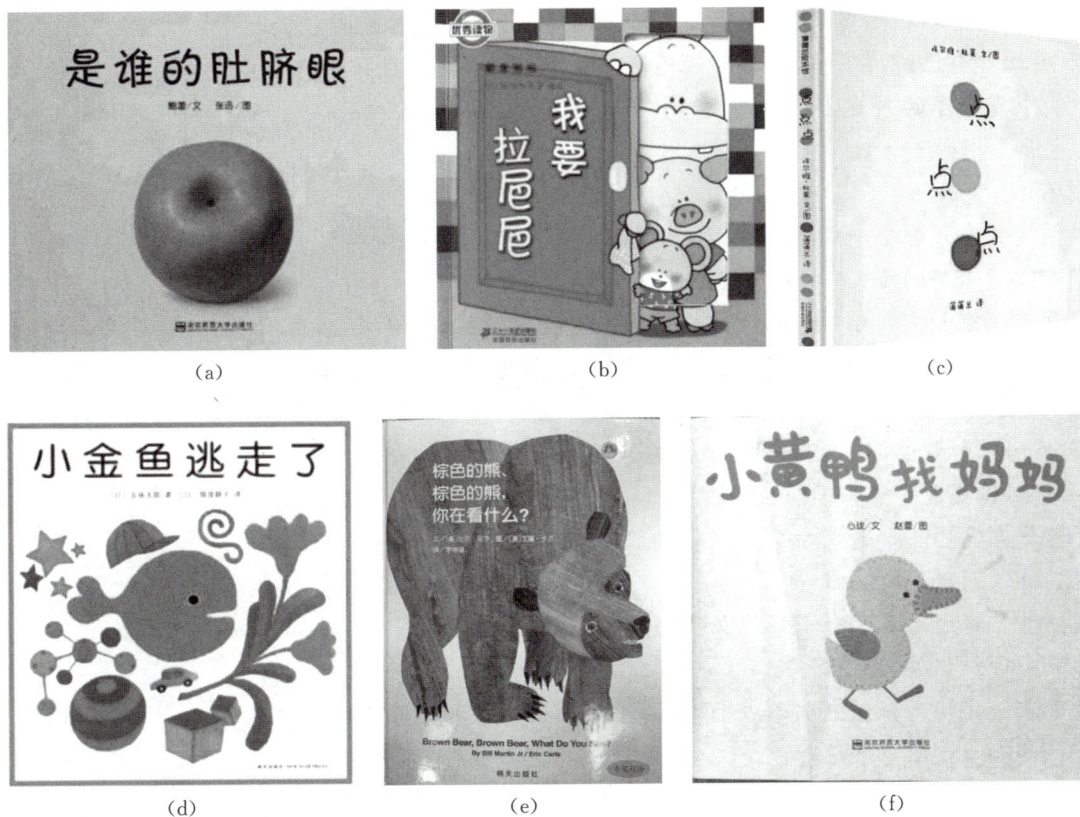

（a）　　　　　　　　（b）　　　　　　　　（c）

（d）　　　　　　　　（e）　　　　　　　　（f）

图3-3-2　各种类型的书

3-3-3　阅读区

（四）适合幼儿语言发展的亲子游戏

（1）亲子共读

游戏名称　亲子共读

游戏目的　通过陪伴宝宝大声阅读，无形中培养宝宝良好的阅读习惯。

游戏准备　简单、具有游戏性、有趣的玩具书。

游戏玩法　推荐的绘本《小金鱼逃走了》。引导小朋友从封面开始，吸引孩子参与。随着一页一页地互动，书的内容开始产生奇妙的变化。如"小金鱼逃走了，逃到哪儿去了呢"，再翻到下一页，"哇，躲到了糖果罐里了。"通过简单的指令，就可以完成亲子共读。

建议与指导

① 宝宝可能没有那么配合，可能兴致没有那么高。切记不要强迫孩子。

② 可以把图片放在小书架上,小朋友有需求的时候,可以随时翻阅。

③ 不要担心自己讲得不够动人,宝宝不喜欢。其实,只要陪在孩子身边,用心用情地共读,自然的阅读反而更能激发孩子的兴趣。

（2）童谣手指操

游戏名称 毛毛虫

游戏目的 童谣配合手指操,锻炼孩子的语言能力和开发大脑。

游戏准备 有趣的童谣《毛毛虫》。

游戏玩法 家长先做示范,一边念童谣"手上有个桶,桶上有个盖,盖上有个孔,看看里面有什么,原来躲着毛毛虫",一边做手指操。接下来引导孩子,一边念童谣,一边跟着慢慢做手指操。

建议与指导

① 家长念一句童谣,做一下手指操动作。

② 注意动作要慢一点,让孩子看清楚手指是怎么变化的。

（3）亲子游戏

游戏名称 对话小喇叭

游戏目的 通过道具配合来锻炼孩子的语言能力。

游戏准备 2～4张大白纸、胶带。

游戏玩法 先用两张纸分别卷成小喇叭;幼儿自己尝试和体验对准小口或大口,大声说话、细声说话、单独发音、一起发音、创意表达等。

建议与指导

① 如果家里没有大白纸,可以利用手提袋等制作。

② 家长和孩子轮流用小喇叭表演一首儿歌或古诗等。

三、1～2岁幼儿情感游戏指导与家长咨询

这个年龄段的幼儿的情绪情感是比较不稳定的,行为、表情受情绪情感的影响非常大,具有很强的情绪性。

（一）1～2岁幼儿情绪情感发展的特点①

1～2岁幼儿情绪情感发展特点见表3-3-4。

表3-3-4　1～2岁婴幼儿情绪情感发展特点

月龄	13～18个月	19～24个月
情绪情感表现	有害羞等自我意识的情绪表现,例如,见到陌生人会躲到家长身后;意识到自己犯错后,故意讨好	受到关注或称赞时,会表现出自豪与喜悦的情绪
	能从别人的行为中分辨开心、悲伤、生气等情绪,并将自己与其联系起来	妒忌情绪在行为中较常出现,如不让妈妈抱其他孩子
	情绪易受感染,出现"看到别人哭,自己也哭,看到别人笑,自己也笑"的现象	感到难过时,会简单表达
	短时间内表现出不同的情绪变化,常常上一秒还哭泣,下一秒被有趣的东西吸引,就笑了	发现家长表情、语气的细微变化后能调整自己的行为。例如,看到爸爸瞪眼并发出"嗯?"后,不接受别人给予的东西
	对新学会的本领感到高兴,会拍手表扬自己	很容易因他人的批评或阻止而不高兴,会表达自己的不满

---

① 上海市0～3岁婴幼儿发展要点与支持策略(试行稿)[M].上海:上海教育出版社,2024:24,30.(略有改动)

(续表)

月龄	13～18个月	19～24个月
亲子依恋		在家长帮助下,能控制情绪
	与主要养育者关系亲密,如主要养育者回家时,会迎上去拥抱	在陌生环境中与家长分离时会有恐惧情绪和抵触行为,需要一定的时间适应新环境
	晚上入睡、身体不适或处于陌生环境中,会寻找熟悉的家长以获得安全感	希望主要养育者能时刻陪伴自己,当其离开时会出现跟随行为
	能与主要养育者分享自己喜欢的食物,而不愿意与其他人分享	只接受主要养育者的照顾,如喂食、沐浴等
	主要养育者收拾东西时,会自己去拿玩具安静地玩耍	对主要养育者表示出安心,有特别亲昵的行为
		可以独自玩耍一会儿,或在家长身边安静地玩
		对陌生人的害怕程度降低

（二）组织幼儿情感发展活动的注意事项

1. 及时满足情感需要,稳固安全依恋

给予幼儿安抚和有规律的照料,他们将体验到身体的舒适和环境的安全,从而感到安全。同时,他们正处于特殊情感联结阶段,如果妈妈需要离开,要如实告知幼儿,可以亲亲孩子,然后跟孩子说再见;回家后要和宝宝确认:妈妈回来了,要和宝宝一起抚慰别离之情。

2. 有效处理幼儿的不良情绪

当孩子因生理原因、心理原因或环境中的不安全因素导致消极情绪,如恐惧、愤怒、委屈等,家长要理解幼儿的情绪表现,允许他们表达自己的消极情绪,用语言、拥抱、爱抚等方式安慰;如果幼儿无理取闹或者乱发脾气,可以考虑采用冷却法或者消退法等处理。

3. 培养幼儿归属意识[①]

所谓的归属感指的是幼儿对其所在的环境、集体,希望自己被接纳、认同和需要,并且成为固定群体中一员的心理。家长可以通过亲吻、拥抱、抚摸等方式来对待幼儿,这就是一种接纳并且认可的表现。同样,对于他人的微笑、点头、招手等动作,也能够感受到自己被友好对待的状态,内心是快乐的、放松的,能够从中获得足够的安全感,也能获得相应的归属感。

（三）适合幼儿情感发展的亲子游戏

（1）开车

游戏名称 开车

游戏目的 陪伴宝宝模仿开汽车,让其产生快乐、欢笑、满足等积极的情绪。

游戏准备 纸盘

游戏玩法 把宝宝抱坐在膝盖上,用纸盘当作汽车的方向盘,带领宝宝一起模仿开汽车。还可以结合语言,比如"加速了",把方向盘往前推;"转弯了",把方向盘往右或者左推;还可以跟腿部动作结合进来。

建议与指导

① 开车的动作可以做得夸张一点。

② 可以配合节奏比较强烈的音乐。

（2）毯子秋千

游戏名称 毯子秋千

游戏目的 摇晃毯子做各种动作,让孩子体验游戏的乐趣。

---

① 王红.0～3岁婴幼儿家庭教育与指导[M].上海:华东师范大学出版社,2021:106.(略有改动)

游戏准备 一条长形的薄毯子。

游戏玩法 孩子竖躺在毯子中间,家长分别抓住毯子的两个边角,像荡秋千一样左右晃动,也可以上下晃动,还可以蹲蹲宝宝的小屁股;一边摇晃,一边哼唱孩子喜欢的童谣,例如:"摇呀摇,摇呀摇,摇到外婆桥,糖一包,果一包,外婆夸我好宝宝。"

建议与指导

① 摇晃的动作先轻缓一些,再加大摇晃的幅度。

② 可以配合节奏比较强烈的音乐。

(3) 踩自行车

游戏名称 踩自行车

游戏目的 训练宝宝的肢体运动能力,锻炼腿部肌肉,促进亲子感情。

游戏准备 床。

游戏玩法 睡觉前,爸爸或妈妈和孩子一起躺在床上,双脚和宝宝的双脚连接并上下蹬踩。边踩边编童谣提升宝宝的理解能力,例如:"踩自行车,踩自行车,踩去公园转一圈,见到青蛙呱呱呱,见到小鸭嘎嘎嘎……"

建议与指导

① 踩的动作先轻缓,再加快速度。

② 可以配合节奏比较强烈的音乐。

四、1～2岁幼儿艺术游戏指导与家长咨询

(一) 1～2岁幼儿艺术的发展特点

1～2岁的幼儿的听觉神经相对于其他感官的发展水平,已经相当成熟,对声音的反应很敏锐;开始懂得分辨不同的声音,并且理解声音中所传递的信息。可以通过音乐和语言,为该月龄段的幼儿创建更合理的听觉环境。

(二) 组织幼儿艺术发展活动的注意事项

① 音乐的律动:这个月龄段的幼儿处于节奏敏感期,喜欢用粗大动作表达对音乐节奏的理解。

② 音乐的信号:可以用固定的音乐作为提示信号,提示幼儿进行生活环节的切换。

③ 音乐的风格:在游戏、休息、起床等生活环节,播放不同风格的音乐。

(三) 适合幼儿艺术能力发展的亲子游戏

(1) 车轮涂鸦

游戏名称 车轮涂鸦

游戏目的 用车轮创作,丰富宝宝的艺术想象力,促进创造能力的发展。

游戏准备 卡纸、玩具汽车、颜料。

游戏玩法 家长拿一张白纸,孩子拿一张白纸。挤一些颜料在白纸上,车轮蘸上颜料在纸上来回滚动,留下许多行车轮印。

建议与指导

① 使用安全无味的颜料,确保活动的安全。

② 提供大小不一的玩具汽车,引导孩子观察不同的小车在纸上画出的线条是否相同。

③ 允许孩子用自己的方式探索、观察。

(2) 百老汇

游戏名称 百老汇

游戏目的 通过音乐调动孩子的活跃性,感受音乐与肢体的律动。

游戏准备 音乐 Sing in the Rain。

游戏玩法 将宝宝放在腿上,上下颠一颠,一起拍拍手,或一起蹦一蹦,跳一跳;孩子熟悉音乐后,自己

视频

百老汇

抱着喜欢的毛绒玩具,随音乐晃动、旋转;家长时不时地抱起孩子一起转圈圈,增加趣味性。

建议与指导

① 保证跳舞场地干净整洁,确保活动安全。

② 允许孩子用自己的方式进行律动。

育儿宝典

过多的玩具会分散婴幼儿的注意力吗?

在早期发展阶段,注意力有其发育特点,比如:容易受环境刺激干扰,稳定性较差;无法同时兼顾到几种事物,只能关注到自己最感兴趣的东西;不能做到注意力合理分配,一次只能玩一样东西,东西多了就开始对每种玩具保持"3分钟热度";可能无法很快地把注意力从一件事物转移到另外一件事物上来,经常是从游乐场出来很久了,还对旋转木马念念不忘。

如果同时提供较多玩具,婴幼儿很可能还没有弄清楚这个玩具怎么玩,就会被另外的玩具吸引。这种情况的直接后果就是,婴幼儿习惯了较多玩具的刺激,反而不能静下心来深入了解某一样玩具的功能属性,对所有玩具的认识都停留在表面。

过多的玩具会分散婴幼儿的注意力。既然如此,到底同时玩多少数量的玩具是适合的呢?

按需配给,因材施教。

在2岁前,仍处于感知运动阶段的婴幼儿,需要通过手摸、嘴尝、眼看等,才能构建对具体事物的认知。

如何引导婴幼儿? 可以提供一套厨房玩具,包括数种蔬菜水果、菜刀、砧板等,从指认蔬菜、水果的名称,拓展到了解蔬菜水果的大小、数量、颜色、形状等,最后还可以模拟在厨房或餐厅,与家长来一场厨师与食客之间的互动。为了维持婴幼儿的新鲜感,下一次可以用鸡鸭鱼肉、锅碗瓢盆来替换之前用过的玩具,玩的内容可以换成厨房内做菜时的互动。

综上,玩具不在于多,而在于精。

实训实践

实训实践任务书

任务名称　婴幼儿身体健康的评价

任务内容　测量婴幼儿的身高、体重、头围、胸围。

任务要求　根据婴幼儿的身高、体重、头围、胸围值,判断婴幼儿的生长发育是否处于正常的范围。

任务目标

① 知识目标:熟知婴幼儿生长发育的规律及婴幼儿生长发育监测标准。

② 能力目标:能操作常见的身高计量器、体重秤、软尺,测量与记录婴幼儿身高、体重、头围和胸围;能结合生长发育指标,判断婴幼儿身体营养状况及发育程度。

③ 素质目标:具有发现婴幼儿生长发育异常的敏锐性和责任心;关心爱护婴幼儿。

实施条件　婴幼儿卫生与保健实训室,室内温度适宜,根据婴幼儿年龄准备体重和身高测量仪、软尺、签字笔、记录本、仿真娃娃,人员准备,具备处理婴幼儿生长发育指标测量的操作技能和相关知识。

实施步骤　评估实施条件是否符合要求,能正确完成生长发育测量,能正确记录生长发育图。操作的评分标准包括评估、计划、实施评价、评价4个方面的内容,总分100分,见表1。

表 1　体格生长测量的考核标准①

考核内容		考核要点	分值	评分要求	扣分	得分	备注
评估 (10分)	照护者	着装整齐,已修剪指甲、洗手	1	不规范扣1分			
	环境	整洁、明亮、安全、温度适宜	2	未评估扣2分,不完整扣1分			
	物品	用物选择正确、准备齐全	5	错误或少一个扣1分,扣完5分为止			
	幼儿	年龄及合作情况	2	未评估扣2分,不完整扣1分			
计划 (20分)	预测目标	口述目标:正确测量并记录幼儿身高、体重、胸围和头围	2	未口述扣2分,口述不完整扣1分			
实施 (70分)	身高测量	口述:选择卧位为幼儿量身高	1	未口述扣1分			
		制作简易测量器:将皮尺平行于操作台长轴拉直,两端用胶布固定在操作台上;在皮尺的零刻度处垂直于皮尺放置一块木头充当头板,另一块木头与头板平行,放于操作台另一端充当足板。如有带刻度的体重秤,则直接量身高	4	皮尺未拉直或拉伸过度扣1分,未与操作台平行放置扣1分,头板未与皮尺垂直扣1分,未放于零刻度或整数刻度扣1分			
		脱去幼儿帽子、厚实的外衣裤、鞋袜	1	口述和操作均未进行扣2分			
		轻抱幼儿于操作台,身体长轴平行于皮尺,固定幼儿头部,使其头顶接触头板,目光平视天花板	4	动作粗暴扣4分,身体长轴未平行于皮尺扣2分,头顶未接触头板扣2分,未口述目光平视扣2分,扣完为止			
		双手将幼儿两腿内旋,两膝并拢;接着用一只手按直膝部,使幼儿下肢伸直紧贴操作台,另一只手将足板始终垂直于皮尺移动至紧贴幼儿足跟	5	动作粗暴扣5分,幼儿下肢未伸直紧贴操作台扣4分,足板未垂直于皮尺移动扣2分,未移至紧贴幼儿足跟扣2分,扣完为止			
		保持视线与足板刻度在一条直线上进行读数,精确至0.1 cm	3	未规范读数扣2分,未精确至0.1 cm扣2分			
	体重测量	口述:高精准的家用电子体重秤可精准测量到10 g,适用于各年龄儿童	1	未口述扣1分			
		铺毛巾于体重秤上,校零	2	未校零扣2分			
		脱去幼儿衣物、鞋袜至裸体或仅着单衣	2	口述和操作均未进行扣2分			
		轻抱幼儿于秤中央,口述体位;或指导家长轻上轻下平稳立于秤中央	4	动作粗暴扣4分,欠标准、未口述扣2分			
		幼儿或家长不摇晃,身体不接触其他物品	3	未口述扣3分			
		显示稳定后读数并记录	3	显示未稳定即读数扣3分,未记录到小数点后两位扣2分			
	胸围测量	暴露胸部	1	操作缺失扣1分			
		口述:幼儿取坐位或平卧位,双手自然下垂或平放,平静呼吸	2	未口述扣2分,口述不全扣1分			
		用手指触摸幼儿两肩胛骨下缘,确定测量位置。口述测量方法	2	未进行扣2分,位置不对扣1分,未口述扣1分			

---

① 尹传松,黄丽娥,吴蓉. 婴幼儿生活照顾[M]. 长春:吉林大学出版社,2021:236～239.

（续表）

考核内容		考核要点	分值	评分要求	扣分	得分	备注
		站立于幼儿前方,将软皮尺零点固定于近侧乳头下缘	3	未进行或动作粗暴扣3分,站于幼儿后方扣2分,扣完为止			
		另一手将软皮尺紧贴皮肤,经两肩胛下角绕至对侧乳头下缘回到零点	3	动作粗暴扣3分,皮尺未拉直或拉伸过度扣1分,未紧贴皮肤扣1分,左右不对称扣1分,皮尺滑落1次扣1分,扣完为止			
		读与零刻度相重叠的刻度值,呼气和吸气时各测一次,取平均值,精确到0.1cm	3	读数错误扣3分,只测一次扣2分,未精确至0.1cm扣1分			
		为幼儿穿好上衣	1	操作缺失扣1分			
	头围测量	脱去幼儿帽子,根据幼儿头发情况整理头发	1	操作缺失扣1分			
		口述:幼儿取坐位或卧位,不合作者可由家长抱坐于家长腿上,家长协助固定头部	2	未口述扣2分,口述不全扣1分			
		用手触摸幼儿两侧眉弓上缘及枕骨结节,确定测量位置,口述测量方法	2	未进行扣2分,位置不对扣1分,未口述扣1分			
		站立于幼儿侧前方,将软皮尺零点固定于近侧眉弓上缘	2	未进行或动作粗暴扣2分,站于幼儿后方扣1分,扣完为止			
		另一手将软皮尺紧贴头皮经枕骨结节绕至远侧眉弓上缘回到零点	4	动作粗暴扣4分,皮尺未拉直或拉伸过度扣1分,未紧贴头皮扣1分,左右不对称扣1分,皮尺滑落1次扣1分,扣完为止			
		读与零刻度相重叠的刻度值,精确至0.1cm	3	读数错误扣3分,未精确至0.1cm扣1分			
		为幼儿整理头发,戴好帽子	1	操作和口述均未进行扣1分			
	整理记录	整理用物,安抚幼儿	3	无整理、安抚扣3分,整理安抚不到位扣1～2分			
		洗手	2	不正确洗手扣2分			
评价		操作规范,动作熟练	5	操作程序缺失扣5分			
		态度柔和,有安全防范和保暖意识,与幼儿有交流	7	无交流、无口述或用肢体语言表示者扣5分			
		测量结果正确	8				
总分				100			

注:2022年《幼儿照护(初级)核心技能考评标准》。

赛证链接

单选题

1. 1岁半的儿童想给妈妈吃饼干时,会说:"妈妈""饼""吃",并把饼干递过去,这表明该阶段儿童语言发展的一个主要特点是(　　)。

A. 电报句　　　　　B. 完整句　　　　　C. 单词句　　　　　D. 简单句

2. 下列哪种方法不利于缓解或调整婴幼儿激动的情绪?(　　　)

A. 安抚　　　　　　B. 转移注意力　　　　C. 冷处理　　　　　D. 斥责

项目四 指导2～3岁幼儿家庭教养与家长咨询

项目导读

2～3岁是幼儿早期发展的关键阶段，这一时期的幼儿身体各系统的功能逐渐完善，幼儿的大动作发展显著，能够自如地行走、跑步、上下楼梯，并开始尝试跳跃、踢球等活动。同时，手部精细动作也逐渐灵活，能够使用勺子吃饭、搭积木、翻书、握笔涂鸦等。在语言、认知、社交和情感等方面迅速发展，同时也开始表现出强烈的自我意识和独立性。幼儿能力的增强意味着他们有更广阔的探索空间和安全风险，家长需要调整教育策略来应对幼儿独立的需求和健康安全的问题。

本项目学习通过科学的咨询和支持提升家长的教养能力；通过系统的理论讲解和实践指导，帮助家长更好地理解幼儿的行为和需求，掌握科学的教养技巧，营造有利于幼儿成长的家庭环境。

学习目标

1. **知识目标**：了解家庭教养与指导的内容，并掌握照护、保健护理、亲子游戏的指导的方法。
2. **能力目标**：能通过有效沟通和正确示范，指导家长进行2～3岁幼儿家庭教养。
3. **素质目标**：感知到家庭教养对于幼儿发展的重要性，树立科学的家庭教养观念。

知识导图

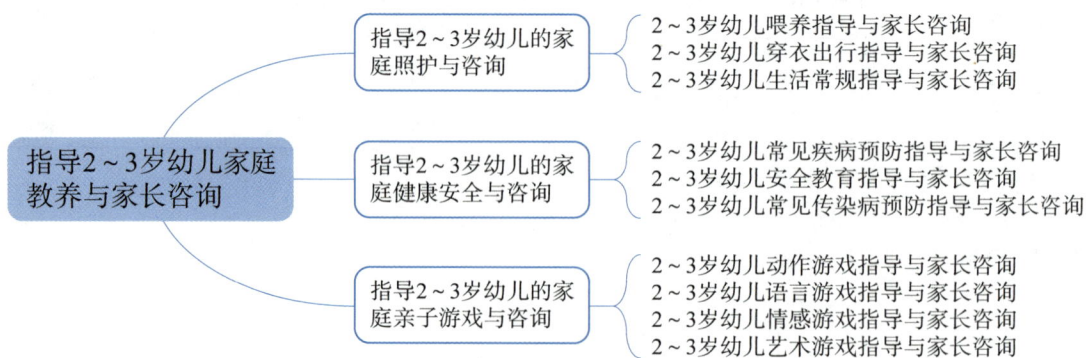

- 指导2～3岁幼儿家庭教养与家长咨询
  - 指导2～3岁幼儿的家庭照护与咨询
    - 2～3岁幼儿喂养指导与家长咨询
    - 2～3岁幼儿穿衣出行指导与家长咨询
    - 2～3岁幼儿生活常规指导与家长咨询
  - 指导2～3岁幼儿的家庭健康安全与咨询
    - 2～3岁幼儿常见疾病预防指导与家长咨询
    - 2～3岁幼儿安全教育指导与家长咨询
    - 2～3岁幼儿常见传染病预防指导与家长咨询
  - 指导2～3岁幼儿的家庭亲子游戏与咨询
    - 2～3岁幼儿动作游戏指导与家长咨询
    - 2～3岁幼儿语言游戏指导与家长咨询
    - 2～3岁幼儿情感游戏指导与家长咨询
    - 2～3岁幼儿艺术游戏指导与家长咨询

任务一　指导 2～3 岁幼儿的家庭照护与咨询

案例导入

早上户外活动时,老师看到萌萌像企鹅一样举着双臂跑步,脸色潮红,直喘气。一摸萌萌的背部,发现萌萌流了好多汗。连忙为萌萌换衣服,数一数,萌萌居然穿了 7 件衣服。原来萌萌的奶奶知道今天降温,怕萌萌冷,就给萌萌多穿了衣服。

家长应该怎么为 2～3 岁的幼儿选择衣物? 如何判断幼儿是否够暖和?

一、2～3 岁幼儿喂养指导与家长咨询

(一) 2～3 岁幼儿饮食特点

2～3 岁的幼儿正处于快速成长期,饮食特点与成人有所不同,因为他们的消化系统和味觉偏好都在不断发展变化中。

1. 饮食量

由于幼儿的胃容量较小(大约 500～600 mL,不同幼儿有明显个体差异),所以幼儿通常需要频繁进食小份量的食物,一天内可能需要 3 顿正餐加上 2～3 次的健康点心。幼儿可能会表现出不稳定的饮食模式,有时吃得多,有时吃得少。

2. 食物偏好

幼儿的味觉比成人更加敏感,可能会对食物的味道、气味或口感有较强的反应,因而拒绝某些食物。如果牙齿还没有完全长出来,也可能因为难以咀嚼某些类型的食物,导致倾向于吃软的或糊状的食物。某些食物,比如高纤维的食物或某些含有复杂蛋白质的食物,会引起消化不良或不适感,也可能让幼儿对这类食物产生排斥。

幼儿还可能因为一些心理因素挑食。比如幼儿对没见过的食品感到害怕而拒绝尝试;或者幼儿开始发展自主意识,通过拒绝食物的方式来表达自己的选择和控制权;或者幼儿看到家人有挑食的习惯,可能会模仿这种行为;幼儿感到不开心或焦虑时,也可能会拒绝吃平时喜欢的食物。

3. 营养需求

2～3 岁的幼儿处于快速成长期,对营养的需求较高。这个年龄段的幼儿需要全面而均衡的营养来支持其生长发育。

4. 安全需要

幼儿无法判断食物是否安全或者自己是否适合进食,也不清楚所有食物的进食方式,因此家长需要提前为幼儿选择食物,在确保幼儿懂得如何进食且适应后再引入新的食物。食物种类增多,趋近成年人,但禁止幼儿食用容易引起窒息的食物(如坚果、葡萄等)和有小骨头或其他硬物的食物。

5. 社交互动

幼儿在餐桌上学会社交技巧。共同进餐是家庭成员之间沟通交流的良好时机,对于幼儿来说,这是学习如何与他人相处、分享和倾听的重要机会,有助于增强家庭成员之间的联系和亲密感。幼儿通过观察和模仿大人的行为学习正确的餐桌礼仪,如使用餐具、咀嚼时闭嘴、等待大家准备好再开始吃饭等。

(二) 2～3 岁幼儿喂养指导

1. 制定饮食计划

首先,家庭要保持规律的饮食时间。规律的饮食时间可以帮助幼儿的消化系统形成固定的工作节奏,有助于食物的有效消化和营养的吸收,从而提高整体的消化效率。并且有助于保持血糖水平的稳定,避免

因长时间不进食导致的低血糖或暴饮暴食引起的高血糖。稳定的血糖水平对于维持幼儿的能量水平和情绪稳定至关重要。

其次，幼儿每日需要 3 顿正餐再加上 2～3 次的健康点心。每餐的建议时间如下：早餐可以安排在 6:00，9:00 安排一次点心；午餐安排在 12:00，15:00 安排一次点心；晚餐安排在 18:00，21:00 安排一次点心。当然，并不是每个家庭都需要严格按照上面的时间安排饮食，家长多关注幼儿发出的饥饿和饱足信号，及时做出回应，根据家庭生活做些调整（最好不要早于或晚于建议时间 1 个小时），但保证每日饮食时间的规律。幼儿进餐时不观看电视、手机等电子产品，每次进餐时间控制在 20 分钟左右，最长不宜超过 30 分钟，并逐渐养成定时进餐等良好的饮食习惯。

另外，除了每日的饮食需要做计划，幼儿在添加新食物的时候也要做计划，不宜一餐中给幼儿提供太多的新食物。幼儿的消化系统相对成人更为脆弱，突然引入多种新食物可能会给他们的消化系统带来额外的负担，导致消化不良、肠胃不适等问题。对于新食物，幼儿可能会感到好奇，也可能因为不熟悉而产生恐惧或抗拒。一次引入太多新食物可能会让幼儿感到不安，增加他们对食物的抵触情绪。太多的食物也不利于家长观察幼儿对食物的喜好和接受能力。

幼儿在疲倦或者心情不佳时容易抗拒新食物，所以添加新食品最好的时机应该是幼儿心情好、饥饿感较强的时候。添加新食物时，家长可以先当着幼儿的面吃一口，表现出食物非常美味的神情，夸赞食物的样貌、味道和价值。漂亮的食物形状或者美丽的摆盘都会吸引幼儿。每个幼儿都是"颜控"，他们对食物的外表特别在意，这可能是很多家长没发现的。或者，通过逛超市、看动画片、看图片、听故事的方式先让幼儿熟悉某种食物，再在餐饮中添加。还可以通过幼儿参与制作的方式，增加他们对食物的认识。

2. 提供多样化的食物

家长要确保饮食中包含多种食物，包括谷物、蔬菜、水果、肉类、鱼类、豆类、蛋类和奶制品等。幼儿期是身体快速发育的关键时期，多样化饮食可以提供必要的能量和营养，支持骨骼、肌肉、人脑等各个方面的健康发展。还可以提供丰富的维生素和矿物质，帮助增强免疫系统的功能，提高抵抗力。通过尝试各种食物，可以帮助幼儿形成健康的饮食偏好，减少对高糖、高脂肪等不健康食物的依赖。

食物的多样化并非单指食物的数量，更重要的是营养的搭配和食物的口感。家长要有意识地认识常见食物的营养价值，选择健康新鲜的食物，搭配不同类型的食物。在选购加工食品时，要检查食物的配料表和营养成分表，不买高糖、高盐、高油的食物。在买专门为幼儿设计的食品时，要检查这些食物是否符合标准（《食品安全国家标准　较大婴儿和幼儿配方食品》（GB 10767—2010）、《食品安全国家标准　婴幼儿谷类辅助食品》（GB 10769—2010）、《食品安全国家标准　婴幼儿罐装辅助食品》（GB 10770—2010）、《食品安全国家标准　辅食营养补充品》（GB 22570—2014）等）。婴儿期，幼儿的食物是液体和糊状食物，但幼儿长牙后应该提供一些需要咀嚼的食品（花生、甘蔗类的水果太硬了，还不适合）。长期吃糊状或过软的食物会影响牙齿的正常发育，导致颌骨发育不良，增加牙齿排列不齐的风险，无法充分锻炼消化道。

3. 健康的烹饪方式

在为这个年龄段的幼儿准备食物时，应选择健康的烹饪方法来保持食物中的营养成分，并确保食物安全、易于咀嚼和吞咽。

① 蒸煮：蒸煮是一种非常方便、健康的烹饪方法，可以较好地保留食物中的营养成分，不会产生过多油烟，也易于消化吸收。

② 水煮：用少量水较快煮熟食物，避免长时间高温烹饪造成营养流失，减少额外的油脂摄入。水煮蔬菜、肉片通常比较柔软，易于咀嚼和消化，水分较多，为幼儿补充水分。

③ 搅拌：将水果和蔬菜搅碎成泥状，适合那些还不能很好地咀嚼固体食物的幼儿。搅拌后的果蔬需要及时吃掉，以防氧化变质。不需要在果蔬泥里放沙拉酱，沙拉酱是高糖、高脂肪、高热量的食品，不适合幼儿食用。

④ 炖煮：使用慢炖锅低温长时间烹饪，可以使肉块和蔬菜（比如胡萝卜、马铃薯等根茎类蔬菜）变得非常柔软，易于咀嚼和消化。

⑤ 烤制：使用烤箱或烤架来烹调食物，可以增加食物的风味。但要确保温度适中，避免把食物表面烧

焦。适用于一些不易煮烂的食物,如根茎类蔬菜、鱼肉等。也可以烘焙一些健康的点心,如全麦饼干或者小蛋糕等,尽量减少糖分和油脂的使用。

在烹饪过程中,应该注意避免使用过多的盐、糖和调味料;尽量减少油炸食品,因为这类食品往往含有较高的脂肪和热量;进餐时保证食物的温度适宜,避免烫伤幼儿;食物的大小和软硬要适合幼儿咀嚼和吞咽,避免大块食物或颗粒状的硬物造成幼儿噎塞。通过多样的烹饪方法,可以帮助确保幼儿获得均衡的营养,同时培养他们对健康食物的兴趣。

4. 鼓励自主进食

幼儿自主进食是培养他们独立性和良好饮食习惯的重要一步。家长需要为幼儿选择适合大小的餐具,易于他们握持的小碗、杯子和勺子。挑选安全无毒又漂亮有趣的餐具,常见的有金属(304、316 不锈钢)、PPSU、PP 和硅胶材质。可以使用吸盘碗,固定在桌子上,减少打翻的可能性;为幼儿佩戴舒适的围兜,减轻家长的清洁负担;选择稳定、高度适合、方便幼儿进食的餐椅;把食物切成小块或小段,因为这个阶段幼儿的手眼脑协调能力较弱,把食物做成能够用勺子一下舀起的大小,才是幼儿能达成的水平。

家长要逐步放手,从开始喂食到让幼儿自己尝试,使他们掌握更多的自主权。即使幼儿吃得慢,也不要催促,而是给予足够的时间和支持。如果幼儿弄脏了衣服或撒了食物,家长也要有足够的耐心,陪着幼儿找找失误的原因,一起解决问题,而不是大发雷霆。幼儿成功地自主进食时,家长要给予积极的关注,多夸奖。幼儿一开始不能独立地吃一顿餐,但他们能稳稳地用勺子,能一粒不漏地把食物吃进嘴里,都是值得表扬的事情。家长也可以展示正确使用餐具的动作、礼貌进餐的行为等,让幼儿养成良好的进餐习惯。

5. 限制零食和饮料

零食和饮料通常含有较高的糖分、脂肪和盐分,高热量、低营养价值的零食容易导致能量过剩,因而增加儿童肥胖的风险。肥胖不仅影响幼儿的身体发育,还可能带来一系列长期的健康问题,如心血管疾病、糖尿病、口腔问题等。经常吃零食,特别是不健康的零食,可能会让幼儿形成挑食的习惯,并且难以接受新鲜水果、蔬菜等健康食品。限制零食的摄入可以帮助幼儿获得更均衡的营养。

家长应该为幼儿提供新鲜、健康的零食,如奶片、奶酪、水果等。尽量避免含糖量高的零食。避免在正餐前 1～2 小时内提供零食,以免影响幼儿的食欲,每次提供的零食量不宜过多,以免影响正餐的摄入。家长要以身作则,展示健康的生活方式和饮食习惯。家中尽量少存放不健康的零食,避免诱惑。带幼儿去超市时,可以利用这个机会教他们识别健康食品,并选择有益健康的零食。

二、2～3 岁幼儿穿衣出行指导与家长咨询

(一) 2～3 岁幼儿穿衣需求

1. 穿衣动作的发展

2～3 岁是幼儿学习穿衣服的理想时期,因为在这个阶段,幼儿的身体、认知和社会情感都在快速发展,为学习这项重要的生活技能提供了最佳条件。对于幼儿来说,穿衣不仅是基本的生理需求,也是学习独立和个人发展的过程之一。

幼儿的大脑和身体正在快速发展,他们开始展现出更强的精细动作能力和协调能力,这为学习穿衣服提供了基础,开始尝试简单的穿衣动作,如将手臂伸进袖子或把头穿过领口。随着幼儿认知能力的发展,他们开始理解简单的指令,并能够跟随步骤操作。此时也是幼儿自主性发展的阶段,幼儿喜欢自己挑选衣服,尝试自己穿衣服,感受自己的能力。家长帮助幼儿学会穿衣服,有助于建立他们的独立性和自信心。另外,学习穿衣服也可以作为幼儿社交活动的一部分,幼儿看到其他小朋友自己穿衣服也会受到激励,想要模仿并得到其他人的肯定。

2. 穿衣的指导

(1) 挑选合适的衣服

虽然幼儿喜欢自己挑选衣服,但家长需要在幼儿挑选之前为他们选择合适的衣服。首先,衣服要安全舒适。选择柔软、透气的材质,如棉质或天然纤维,减少皮肤刺激。确保衣物尺寸合适,穿着舒适,便于幼儿活动。避免衣物有容易脱落的(如纽扣、珠子)、尖锐的(如铆钉)、长条的(如帽绳)装饰物,以防幼儿误吞

或者被扎伤、绊倒、窒息。其次，选择易于幼儿穿脱的款式。幼儿衣服款式应选择简单的设计，如大扣子、魔术贴、弹性腰带、简单的拉链或按钮，方便幼儿自己穿脱。衣服前面最好有明显的图案或标志，帮助幼儿区分前后。然后，让幼儿挑选自己喜欢的衣服。在家长筛选后，让幼儿自己选择喜欢的颜色、装饰和款式，发展幼儿的个性，增加他们穿衣服的兴趣。家长不要在幼儿选择完衣服后，再去检查质量、款式、价格等内容，反对幼儿的选择，这对幼儿性格的发展和亲子关系都非常不利。

另外，家长要根据气温，及时为幼儿增减衣物。幼儿对冷热的判断不敏感，家长需要根据温度变化适时为幼儿增减衣物。每天了解天气预报，提前为幼儿选择厚薄合适的衣服。气温变化较大或者需要幼儿活动的时候，要为幼儿准备可以及时穿脱的服装。不需要为幼儿穿很多衣服，幼儿每天活动量大，新陈代谢快，穿太多既不利于幼儿活动，又容易出汗，不及时换衣服，幼儿更容易着凉发烧。用手摸摸幼儿后颈或背部，温暖不出汗，就说明衣服穿得比较合适。

（2）指导幼儿穿衣

幼儿一开始学习穿衣会花费较长的时间，也会失误，家长要预留时间给幼儿练习。也可以通过游戏让幼儿练习穿衣服的动作，比如给娃娃穿衣服或者用蒙氏教具的衣饰架，甚至用普通的衣服当作玩具来练习。

家长在教幼儿穿衣服时要分步骤进行，边做动作边用语言指导。比如帮幼儿穿外套时可以说："先把左手抬起来（幼儿分不清左右没有关系），手从袖子里面穿过去。然后转过来，把另一只手伸进右边的袖子里……"家长可以为幼儿做穿衣服的示范，也可以为幼儿做穿衣的分步图示。

穿衣是个复杂的过程，需要幼儿反复练习，才能够熟练地、整齐地穿好衣服。家长要提供足够的练习机会，不要担心幼儿犯错，重要的是让他们从错误中学习。在幼儿尝试自己穿衣的过程中，给予他们充分的时间和耐心。对于幼儿每一次的成功，都给予积极的反馈和鼓励，即使小小的进步也值得表扬。

（二）2～3岁幼儿的出行需求

对于2～3岁的幼儿，外出活动需要特别的关注和准备，确保他们的安全与健康。

1. 出行前的准备

为幼儿选择适合地点，地势安全平稳，空气新鲜，有幼儿同伴的地方。夏天选择有阴凉，能纳凉的地方；冬天选择温暖有太阳的地方。避免人多嘈杂、有噪声、车辆往来的地方。另外，要根据天气情况做好出行准备，比如防晒霜、帽子、外套、雨伞等；打包必需品，比如携带水瓶、健康零食、湿巾、纸尿裤（如果还在使用）、换洗衣物等；准备一些幼儿喜欢的玩具或者书籍，以便在等待或休息时使用；如果需要步行较远的距离，考虑带上婴儿车或儿童背包式背带；为幼儿准备紧急联系信息，比如在幼儿的衣物口袋内放置一张写有家长联系方式的小卡片，教会幼儿说出家长的名字以及电话号码等；告诉幼儿一些基本的安全规则，比如不能离开家长身边；教育幼儿在公共场所要保持安静，不乱跑乱跳等。

2. 行程中的注意事项

要确保幼儿始终在自己的视线范围内，特别是在人群密集的地方，必要时可以使用安全绳或儿童背心防止幼儿走失。

幼儿玩得兴起可能会忘记休息，家长要根据天气和幼儿身体情况，让幼儿停下来休息一下，避免过度疲劳。找一个安静的地方，让幼儿坐下来喝水、吃点东西。喝水吃东西前给幼儿洗手。

出行时，要与幼儿互动交流，和幼儿一起探索新环境，并解释他们看到的事物，询问幼儿对周围事物的看法。既发展幼儿观察世界，语言交流的能力，同时促进亲子关系，观察幼儿的成长。多鼓励幼儿与其他同伴玩耍，观察幼儿的社会交往行为，给予适时的帮助。如果幼儿与同伴发生冲突，家长要判断冲突的性质，再考虑是否干预。幼儿跟同伴玩耍时，家长不可以玩手机或者背对着幼儿聊天，要时刻关注幼儿的安全。

3. 回家后的注意事项

回家后可以和幼儿讨论当天的经历，分享感受；检查幼儿是否有蚊虫叮咬或皮肤过敏等问题；观察幼儿的精神状态是否疲倦或不舒服等，有问题要及时处理，反思问题出现的原因，及时避免或调整。

三、2～3 岁幼儿生活常规指导与家长咨询

(一) 2～3 岁幼儿自主如厕的指导

1. 自主如厕准备的信号

幼儿已经能学习自主如厕,家长可以观察生理准备信号、认知与语言准备信号、情感与社交准备信号等,判断幼儿是否适合开始如厕训练。

(1) 生理准备信号

在生理方面,幼儿的膀胱与肠道控制能力显著增强。首先,白天尿布可维持 2 小时以上干燥,这表明膀胱容量增大,具备储存尿液的能力。其次,幼儿的排便时间会变得相对固定,例如饭后 15～30 分钟内,这表明肠道控制逐渐成熟。此外,幼儿在排尿或排便前会表现出明显的反应,如突然停止玩耍、蹲下、摸裤裆或者寻找家长,这说明他们能够感知排泄信号。

(2) 认知与语言准备信号

1～2 岁的幼儿,家长主要帮助其学会使用坐便器;2～3 岁幼儿,家长需关注的是其在有尿意或便意的时候是否会主动表达诉求甚至自己使用坐便器。比如,幼儿能够用简单词汇"尿尿""臭臭",以及手势(拉家长手去卫生间)或表情,示意排泄需求,并能听懂"是不是要尿尿/便便""我们去马桶吧""脱裤子"等指令并配合行动。

(3) 情感与社交准备信号

在情感与社交方面,幼儿的独立性需求会增强,表现出"自己来"的意愿,例如拒绝家长帮穿鞋或试图自己吃饭,这为自主如厕奠定了心理基础。同时,幼儿对成人的表扬表现出明显的积极反应,例如听到"你告诉妈妈要尿尿,真棒!"后会感到自豪,并愿意重复被鼓励的行为。此外,幼儿通过观察同伴或成人如厕产生兴趣,例如模仿冲水动作或给玩具娃娃"擦屁股",这表明他们渴望学习掌握自主如厕的能力。

可以通过三要素检查法综合判断幼儿是否做好如厕准备,见表 4-1-1。幼儿自主如厕的时间段并不一致,家长需要关注幼儿是否做好准备再开始自主如厕训练。根据美国儿科学会(AAP)数据,约 20% 儿童在 2.5 岁前未准备好如厕训练,3 岁后启动仍属正常范围。生病、环境变化(如入园)可能导致暂时倒退,家长需耐心恢复训练,避免过度焦虑[1]。

表 4-1-1　幼儿如厕准备三要素

信号	具体行为
生理成熟	干燥时间＋身体控制
认知理解	语言表达＋流程模仿
心理意愿	主动尝试＋接受训练

2. 自主如厕的支持

案例分析　家里只有成人使用的马桶,丁丁 3 岁了还不会主动上厕所。不论是在家还是出门玩都尿裤子。妈妈总问他要不要上厕所,他也说不要,结果不一会儿就尿裤子了。

请思考为什么丁丁 3 岁了还不会主动上厕所,可以对丁丁的家长进行什么指导?

如厕训练是一个循序渐进的过程。在开始幼儿自主如厕训练之前,家长需要根据幼儿的进展灵活调整策略,为幼儿创造支持性的环境,帮助他们顺利过渡到自主如厕。

在如厕训练的前期,要选择适合幼儿使用的坐便器或幼儿马桶圈,幼儿喜欢自己的坐便器才愿意使用;将其放置在幼儿容易看到和接触到的地方,例如卫生间或客厅角落。有的家庭没有为幼儿准备适合的坐便器,导致幼儿如厕时上下马桶困难;马桶圈过大,幼儿坐在上面屁股坠进马桶里等,让幼儿感到上厕所

---

[1] American Academy of Pediatrics. Potty Training Regression [EB/OL]. (2022-05-25)[2024-07-21]. https://www.healthychildren.org/English/ages-stages/toddler/toilet-training/Pages/Regression.aspx.

是一件很难受的事情,他们就更倾向于直接尿裤子。

最初几天,家长可以让幼儿穿着衣服坐在马桶上,感受马桶的高度和触感;同时,用轻松的语气与幼儿交流,例如"这是你的小马桶,以后我们可以在这里尿尿和便便哦!"为了帮助幼儿理解坐便器的用途,家长可以通过角色扮演游戏引导,让玩具娃娃模拟上厕所,一边演示一边讲解步骤:"小熊想尿尿了,它先脱下裤子,然后坐在坐便器上,最后擦擦屁股,真棒!"当幼儿不再抗拒使用坐便器时,可以尝试让他们脱掉裤子坐在马桶上,并在旁边陪伴,用语言鼓励,例如"你坐在坐便器上真像个大孩子!"幼儿使用坐便器后,家长要及时清洗、消毒坐便器,保持干净卫生。一方面有利于全家人的健康;另一方面,沾有排泄物的坐便器也会让幼儿讨厌。

在幼儿适应马桶后,可以提醒幼儿,帮助其建立规律如厕的习惯。在睡前、饭后、出门游玩前,家长可以温和地提醒幼儿:"你是不是想尿尿了? 我们去用马桶吧!"家长还需留意幼儿的排尿信号,及时带领他们使用坐便器。

此外,家长还应该通过表扬和奖励,帮助幼儿建立积极的行为模式。当幼儿主动使用坐便器时,家长应立即给予真诚且具体地表扬,例如"你自己告诉妈妈要尿尿,真棒!"此外,家长可以使用贴纸、星星图表等方式,记录幼儿自主如厕的结果,每次自主使用坐便器后,幼儿可以贴一颗星星,积累 5 颗星星后兑换小奖励。需要注意的是,家长应避免过度依赖物质奖励,而是通过语言表扬、拥抱或击掌等方式表达对幼儿的认可,帮助他们建立内在动机。

随着幼儿能力的提升,逐步减少干预,鼓励幼儿独立完成如厕的各个环节。将如厕过程分解为脱裤子、坐坐便器、擦拭屁股、穿裤子等多个小步骤,逐步引导幼儿掌握。最初可以帮助幼儿脱裤子,待熟练后鼓励自己尝试。擦拭屁股是一个较为困难的环节,家长也应鼓励他们尝试,并在完成后提供适当帮助,例如"你擦得很好,妈妈/爸爸再帮你擦一下就更干净了!"

在幼儿自主如厕训练过程中,家长可能会遇到一些常见问题,需采取针对性的解决策略。比如,幼儿对坐便器表现出抗拒的情感,家长可以选择幼儿喜欢的坐便器,缓解幼儿的紧张情绪。如果天气冷,坐便器冰冷,可以预热坐便器。如果使用的是幼儿马桶圈,可以让幼儿先观察马桶冲水的过程,帮助他们适应声音,看见马桶被清洁的过程,产生安全感。必须为幼儿提供踏脚凳,帮助幼儿稳定坐姿,减少双腿和屁股的悬空感,避免幼儿掉进马桶的危险。

当幼儿对主要照料者产生依赖,拒绝其他人参与如厕训练时,可以采用影子训练法,即主要照料者站在身后语言指导,替代者操作。此外,家长可以通过游戏让幼儿与其他照料者建立信任,例如"今天爸爸陪你玩马桶小勇士游戏!"

如果幼儿因陌生环境或公共厕所的噪声而拒绝如厕,家长可以携带便携式马桶圈或折叠马桶,帮助幼儿在陌生环境中感到安全。同时,提前规划路线,了解目的地的卫生间位置,减少幼儿的焦虑。

当幼儿因压力事件(如入园、弟妹出生)或生理变化(如生病)出现倒退行为时,家长应排查压力源,恢复规律作息,避免负面评价。通过游戏重启训练,例如"马桶小勇士"挑战,帮助幼儿重新建立信心。

(二) 盥洗的指导

1. 幼儿洗手的指导

学习正确的洗手方法(七步洗手法),并养成勤洗手的好习惯。在这个过程中,需要遵循一些原则,例如寓教于乐、循序渐进、鼓励为主和以身作则。要为幼儿准备适合他们身高的洗手台或者合适高度的小凳子,选择幼儿专用的洗手液或肥皂、擦手的小毛巾、适合的水温。这些准备工作能够为幼儿创造安全、舒适的洗手环境,为幼儿喜欢洗手、主动洗手提供良好的支持。

可以通过观看动画、阅读绘本和日常生活等多种方式,向幼儿解释洗手的重要性。例如,洗手可以让我们的手变干净,赶走细菌,减少生病概率。讲解示范法有利于幼儿学会洗手。家长慢速示范正确的洗手步骤,打开水龙头、打湿双手、按压洗手液或双手揉搓肥皂、搓搓手心、手背、指缝、指背、拇指、指尖和手腕,最后用清水冲洗干净并用毛巾擦干双手。为了帮助幼儿更好地理解,可以将这些步骤分解,绘成图片,引导幼儿边看图片边洗手,加深记忆。除了帮助幼儿学习七步洗手法还要培养幼儿简单的洗手方式和自主洗手的意识。挽袖子对于幼儿来说比较难,需要家长先帮他们挽好袖子,以免打湿袖子引起不适,否则他们可能就不爱自己洗手了。

为了让洗手过程更加有趣,可以通过游戏互动的方式吸引幼儿的注意力。例如,可以唱一些简单的洗手歌,比如:"小手拍拍,小手拍拍,手指伸出来,手指伸出来,洗洗手,洗洗手,干净的小手真可爱!"或者提前进行模拟游戏,假装洗手,当幼儿熟练掌握洗手方法后再带幼儿去洗手台洗手。此外,使用计时器或沙漏也能帮助幼儿掌握洗手时间,增加趣味性。

在幼儿学习洗手的过程中,家长的陪伴和鼓励能增强幼儿的积极性和自信心,使他们养成保持卫生的好习惯。家长需要持之以恒地将洗手融入幼儿的日常生活中,例如在餐前、便后、外出归来或接触脏东西后都要提醒幼儿洗手。家长自身也应以身作则,养成勤洗手的好习惯,为幼儿树立榜样。幼儿洗手时可能会出现玩水的行为,家长需要保持耐心,及时纠正幼儿的不良习惯;考虑到幼儿对水和泡泡的好奇心,可以为幼儿设计特别的活动。通过家长的耐心指导和陪伴,幼儿会逐渐掌握正确的洗手方法,并养成勤洗手的好习惯。

2. 幼儿漱口、刷牙的指导

2 岁左右的幼儿能够自己漱口,3 岁的幼儿已经能够自觉刷牙。这个阶段需让幼儿养成饭后漱口,早晚刷牙的好习惯。

（1）漱口

漱口能够快速有效地清洁口腔,清除食物残渣和部分细菌,保持口腔卫生,从而预防蛀牙和牙龈问题。幼儿一开始学习漱口可能会直接把水喝下去,或者只是含着水,不动嘴。家长在向幼儿描述嘴巴如何动作时,要结合动作示范,帮助幼儿理解。比如,可以让幼儿想象自己是条小金鱼,嘴巴咕噜咕噜地吐泡泡;或者让幼儿想象嘴巴是一个气球,鼓起来再吹气放掉,让幼儿的嘴巴动起来。通过这些生动的比喻,幼儿能更容易理解漱口的动作。用小镜子让幼儿观察自己漱口时嘴巴的动作,鼓励幼儿模仿家长的动作,让幼儿把手放在脸颊上感受鼓腮的动作,或者和家长一起比赛谁鼓腮的时间更长。通过这些生动形象的语言和互动方式,幼儿可以更直观地理解漱口时嘴巴的动作,并愿意尝试和练习。

（2）刷牙

通过牙刷的物理摩擦,能清除牙齿表面的食物残渣、牙菌斑和细菌;配合牙膏可以增强清洁力度,预防蛀牙。同时,刷牙还能按摩牙龈,促进血液循环,降低牙龈炎和牙周病的风险。漱口虽然也有一定的清洁作用,但不能替代刷牙。

家长应该教会幼儿用巴氏刷牙法:牙刷与牙齿呈 45°角,上下刷洗牙齿内外侧和咬合面,刷牙时动作要轻柔,避免损伤牙龈。将牙齿分为上下左右 4 个区域,每个区域刷 30 秒,确保全面清洁;提醒幼儿轻轻刷舌头,清除细菌。为了帮助幼儿掌握刷牙时间,可以使用计时器或播放音乐(如 2 分钟的儿歌),让刷牙过程更有规律。当幼儿掌握基本动作后,家长应鼓励他们自己动手刷牙,同时在旁指导和协助,确保每个部位都刷干净。

刷牙时间比较长,幼儿可能会出现耐心不足的情况,家长可以通过创造愉快的刷牙氛围来激发幼儿的兴趣。比如,让幼儿挑选自己喜欢的牙刷(小头软毛)和牙膏,增加他们的参与感。家长的陪伴和监督也能有效地让幼儿保持按时漱口刷牙的好习惯。家长可以通过示范正确的刷牙方法,和幼儿一起刷牙,供幼儿模仿并学习。还可以制定刷牙表,用贴纸或印章记录每天的刷牙情况,激励幼儿坚持刷牙。

如果幼儿对刷牙表现出抗拒,家长可以通过讲故事或看动画片等方式引导,或者尝试更换不同的牙膏或牙刷款式,找到幼儿喜欢的方式。每个幼儿的适应速度不同,需要保持耐心,逐步引导。在整个过程中,家长的角色非常重要,需要全程陪伴孩子刷牙,给予指导和鼓励,同时自己也要养成良好的刷牙习惯,为孩子树立榜样。最重要的是,家长应保持积极的态度,用积极的语言和行动引导孩子,避免将刷牙变成一种压力。

固定刷牙时间和习惯也是帮助幼儿养成良好口腔卫生的重要步骤。每天早晚各刷一次,帮助幼儿形成规律,尤其是睡前刷牙尤为重要,可以清除一天的食物残渣和细菌。

3. 幼儿洗脸的指导

洗脸能够有效地清洁幼儿的皮肤,去除幼儿活动时接触到的灰尘、汗液和细菌,预防皮肤问题。幼儿经常用手触摸脸部,容易将病菌带入眼睛、鼻子和口腔,而洗脸可以有效清洁这些部位,预防结膜炎、鼻炎

文案

拓展阅读:要不要选择含氟牙膏?

等疾病。

要为幼儿准备专用的、浅色柔软、吸水性好的毛巾，大小为 25 cm×25 cm 左右为宜。引导幼儿用温水浸湿毛巾，轻轻拧干，保持毛巾湿润但不滴水。如果幼儿无法自己拧干毛巾，家长可以帮忙。然后，让幼儿用湿润的毛巾轻轻擦拭脸部。先用毛巾两个小角分别擦拭眼睛，从眼角内侧向外轻轻擦拭。接着擦拭鼻子和嘴巴，嘴巴和下巴部位要特别注意，尤其是吃饭后可能会有残留物，需要仔细清洁。换毛巾一面，由眉心向两侧轻轻拭擦前额，由内向外轻轻擦拭脸颊和颈部。耳朵和耳后容易被忽略，记得提醒幼儿轻轻擦拭这些部位。如果觉得一次擦拭不够干净，可以重新湿润毛巾并拧干，再进行一次清洁。如果幼儿的皮肤比较干燥，可以在洗脸后涂抹适合他们的保湿霜，帮助保持皮肤滋润。一般幼儿洗脸用清水洗净即可，没有必要使用洁面乳，以免刺激皮肤。最后，记得及时清洗幼儿使用过的毛巾，并晾干以保持卫生。

4. 幼儿洗澡的指导

幼儿虽然还不能完全独立完成洗澡过程，但在家长帮忙洗澡时，他们已经可以参与其中，做一些力所能及的事情。可以让幼儿做洗澡前的准备，比如挑选睡衣、玩具，准备沐浴露、浴巾、洗发帽，尝试自己脱衣服（家长可以从旁协助）等。这些准备不仅能让幼儿体验自己做主的感觉，还能增加他们对洗澡的兴趣。这个阶段的幼儿可以用浴盆洗澡，过渡到淋浴。如果幼儿站着淋浴，需要准备好防滑垫，最好配备扶手、高度适合的莲蓬头支架等。让幼儿能够舒适地洗澡，才能保持他们对洗澡的热情。让幼儿尝试清洗自己的身体，搓搓手臂、冲冲脚，逐步提高幼儿的自理能力。

洗澡过程也是共度亲子时光的好机会，可以通过游戏和交流让幼儿更享受洗澡的时光。例如，让幼儿玩泡泡，用手抓泡泡或用泡泡做造型；和幼儿一起玩数数游戏，数数洗了几只脚趾或几只手指，既有趣又能帮助幼儿学习数字。同时，洗澡也是一个很好的学习机会，家长可以在洗澡时教幼儿认识身体部位，如"这是你的小手""这是你的小脚"，并让孩子模仿家长的洗澡动作，如搓泡泡、冲洗等。此外，还可以教孩子学习洗澡相关的词汇，如"洗澡""泡泡""毛巾""干净"等，帮助他们丰富语言表达能力。

在洗澡过程中，尽量让幼儿处于舒适的状态，小心不让水或洗发露流进幼儿的五官。同时，需要注意幼儿的安全，避免幼儿滑倒或烫伤。洗澡结束后，还可以让幼儿帮忙把洗澡玩具放回原位，培养他们的整理习惯和责任感。

文案

拓展阅读：宝宝
不爱洗澡怎
么办？

育儿宝典

幼儿身体发育和动作发展很快，多带幼儿参加户外活动，给予幼儿足够的空间去跑、去玩耍，不仅能够强身健体，还能提高幼儿的食欲，增强幼儿自我防护的意识。以下举例两个亲子游戏。

游戏名称　追逐打箱子（2～2.5 岁）

游戏目标　提升幼儿跑的能力和反应的灵敏性，增强幼儿自我保护意识。

游戏玩法

① 准备不同大小的箱子和报纸棒，家长拉箱子，幼儿拿着报纸棒追逐打箱子。家长根据幼儿追的情况及时调整跑的速度，有意识地让幼儿打到箱子而获得成功感。

② 根据幼儿的游戏情况互换角色，在幼儿拖物跑的过程中，家长根据幼儿跑的速度变换速度，并控制一定的运动量。游戏反复进行。

注意事项　游戏要选择平坦的地面进行，避开台阶、道路、水池等危险的地方。

游戏名称　揪尾巴（2.5～3 岁）

游戏目标　提升幼儿躲闪的能力及动作的灵敏性，体验亲子活动带来的乐趣。

游戏玩法　家长把纱巾塞裤腰上当尾巴，幼儿揪家长身后的尾巴。游戏过程中家长在保护好尾巴的同时要注意幼儿的安全。互换角色，直到尾巴被揪到为止。

注意事项　应及时调整跑的速度或互换角色；不要让幼儿跑得太急太快，小心幼儿摔倒等。

　　这一阶段的幼儿虽然走、跑、跳等动作已基本掌握,但动作间的协调性还不够好,尤其是躲闪能力,还不能灵活躲闪。因此,需要家长的配合,通过游戏的形式提升幼儿的这一动作能力。3岁前的幼儿家长应该多陪伴,可以利用周末时间陪幼儿到公园玩耍,或和同龄的幼儿共同玩耍。

任务思考

1. 简述 2～3 岁幼儿喂养的指导要点。
2. 简述穿衣的指导要点。
3. 简述出行的指导要点。
4. 简述 2～3 岁幼儿自主如厕的指导要点。
5. 简述 2～3 岁幼儿盥洗的指导要点。

任务二　指导 2～3 岁幼儿的家庭健康安全与咨询

案例导入

　　气温骤降,奶奶担心 2 岁的贝贝着凉感冒,便按照自己的保暖经验,在贝贝的秋衣内侧贴了两片暖宝宝,还特意裹紧厚外套,生怕寒气入侵。贝贝起初安静乖巧,不哭不闹,家长以为保暖措施到位,便没再检查。

　　然而,数小时后,妈妈给贝贝换尿布时,突然发现贝贝腹部皮肤通红肿胀,触碰时贝贝哇哇大哭。家人慌了神,赶紧送医,医生检查后诊断为低温烫伤。由于暖宝宝长时间接触皮肤,热量积聚导致烫伤,虽未起泡破皮,但已造成真皮层损伤。更糟的是,由于未及时处理,伤口继发局部皮肤感染,贝贝不得不接受抗感染治疗。所幸就医及时,未留下疤痕,但这次意外让全家后怕不已。

　　家长疑惑暖宝宝明明不烫为什么会烫伤贝贝?而且贝贝被烫时也没有哭?

　　虽然幼儿生病后会让机体的免疫细胞产生免疫记忆,提升免疫力,但频繁的生病还是会影响幼儿健康。如何预防常见疾病和意外伤害? 幼儿生病或受伤要怎么护理? 希望通过任务学习掌握相关知识。

一、2～3 岁幼儿常见疾病预防指导与家长咨询

(一)急性上呼吸道感染的预防

　　虽然对于幼儿来说,急性上呼吸道感染是一种常见的疾病,但频繁的上呼吸道感染可能会影响幼儿的食欲和睡眠质量,进而影响其生长发育。严重的上呼吸道感染还可能导致并发症,如中耳炎、支气管炎、肺炎等,进一步加重病情。通过有效的预防措施减少幼儿急性上呼吸道感染的发生率,不仅能够保护幼儿的健康,还能减轻家庭和医疗资源的负担,维护幼儿家庭正常的生活秩序。

　　要帮助幼儿增强体质。经常带他们进行户外活动和体育运动,如跳绳、跑步等,有助于增强体质和提高免疫力。注意饮食均衡,确保摄入足够的营养素,多吃新鲜的水果和蔬菜。保证充足的睡眠时间,良好的睡眠有助于增强幼儿免疫力。

　　保持幼儿个人卫生。勤洗手,尤其是在饭前便后、触摸公共物品后,以及咳嗽或打喷嚏之后。教育幼儿不要用手接触眼睛、鼻子和嘴巴。家长对常用玩具和餐具定期消毒。

　　避免让幼儿与已知患有上呼吸道感染的人密切接触。在流感季节或其他呼吸道疾病高发期,尽量减少前往人群密集的地方,去公共场所要佩戴幼儿专用口罩。幼儿专用口罩根据他们的面部轮廓制作,确保更好的密封性和防护效果。口罩可爱的图案和色彩设计,可以减少幼儿对于佩戴口罩的抵触情绪。在家要保持室内空气流通,经常开窗通风,维持适宜的室内温度,避免过度穿衣或脱衣,必要时使用空气净化设备改善空气质量。

(二)肺炎的预防

　　比较常见的肺炎主要是由于上呼吸道感染而引起的。幼儿上呼吸道感染要及时科学护理,帮助幼儿尽快恢复健康。肺炎的预防与急性上呼吸道感染的预防较为相似,坚持适当的身体活动、合理的饮食与作息、保持良好的个人卫生、营造清洁的家庭环境等。家中的空气质量对幼儿的呼吸健康有直接影响。应定期打扫室内环境,保持通风,减少空气中灰尘和污染物的浓度。避免在室内吸烟,因为二手烟会严重损害幼儿的呼吸系统,增加患肺炎的风险。在流感或感冒季节,尽量避免让幼儿接触病人。幼儿的免疫系统较弱,容易感染疾病。若家庭成员感冒或患有呼吸道感染,应采取隔离措施,并在咳嗽或打喷嚏时用纸巾掩住口鼻,防止病毒通过空气传播给幼儿。接种疫苗是预防肺炎的最有效手段之一,目前针对幼儿常见的肺炎病原体如肺炎链球菌、流感嗜血杆菌和流感病毒,都有相应的疫苗。家长应按时带幼儿接种这些疫苗,

减少患病风险。特别是在流感季节之前,及时接种流感疫苗可以有效防止并发症,降低肺炎发生的概率。

(三)腹痛的预防

幼儿腹痛的原因多种多样,包括消化不良、感染、食物过敏、便秘等。虽然大多数腹痛并不严重,但腹痛会导致植物神经系统功能紊乱,出现呼吸加速、心跳变快、手脚发凉、情绪异常等症状。

良好的饮食习惯是预防幼儿腹痛的基础。家长应为幼儿提供均衡的膳食,包括适量的蛋白质、纤维、维生素和矿物质,特别是蔬菜和水果中的纤维素有助于预防便秘,减少腹痛的发生。家长也应帮助幼儿养成定时排便的习惯,尤其是在早晨或饭后鼓励他们尝试排便。避免幼儿食用过量的油腻、辛辣或含糖量高的食物,这些食物容易引起消化不良和腹部不适。某些食物可能引起幼儿过敏,因而导致腹痛。例如,牛奶、坚果、鸡蛋或某些海鲜等都是常见的过敏原。家长应密切关注幼儿的饮食反应,若发现某些食物引发了不良反应,应立即停止摄入并寻求医生的建议。另外,家长应确保幼儿食用新鲜、干净的食物,避免吃变质或过期的食品。在准备食物时,注意生熟分开,避免交叉感染,尤其是处理生肉和蔬菜时要使用不同的刀具和砧板。同时,幼儿的餐具也要定期清洗消毒,防止细菌滋生。

幼儿的胃容量有限,过量进食可能导致胃部胀气和不适,甚至引发腹痛。因此,应根据幼儿的食量合理安排每餐的量,并鼓励他们细嚼慢咽,避免进食过快。特别是在幼儿过度饥饿的情况下,更应控制其进食速度,避免一次性吃得过多。幼儿常常因好奇而乱吃东西,如小玩具、植物叶子或地上的食物,这些都有可能引发腹痛。应教育幼儿不随意将不明物体放入口中,并且在家中和户外活动时密切关注幼儿的行为,避免误食有害物质。

适度的身体活动可以促进幼儿的消化功能,减少腹痛的发生。家长应鼓励幼儿进行户外活动或简单的室内运动,如散步、跑跳等。适度的运动不仅能帮助消化,还能增强体质,提高免疫力。在剧烈运动前后,幼儿的消化系统需要时间恢复。如果此时立即进食,可能导致胃肠道供血不足,进而引发腹痛。因此,家长应在幼儿运动后给他们一些休息时间,再安排进餐。

幼儿的心理健康与腹痛有时也存在关联。例如,压力、焦虑或情绪波动可能导致功能性腹痛。家长应关注幼儿的情绪变化,创造一个温暖、舒适的家庭环境,让幼儿感受到安全和关爱。适当的放松和游戏时间有助于缓解幼儿的紧张情绪,减少因心理因素引发的腹痛。

(四)呕吐的预防

呕吐和腹痛属于消化系统疾病,在饮食方面的注意要点一致,如健康卫生的饮食、合理的进食时间、良好的卫生习惯。鼓励幼儿细嚼慢咽,避免进食过快或进食过量,这样可以减轻胃的负担,减少呕吐的风险。另外,应确保幼儿每天饮用足够的水,但要避免让幼儿在短时间内摄入过量的液体,尤其是在饭前和饭后。适量的水分可以帮助消化,但过量饮水可能导致胃胀,诱发呕吐。此外,家长应关注幼儿的情绪变化,帮助他们处理压力和负面情绪,创造温馨、安全的家庭环境。避免幼儿在情绪波动较大时立即进食,以免因为心理因素诱发呕吐。

(五)腹泻的预防

腹泻不仅影响幼儿的营养吸收和健康,还可能导致严重的脱水和其他并发症。腹泻通常由病毒、细菌、寄生虫感染、食物不耐受或其他因素引起。幼儿接触传播病毒和细菌也是导致腹泻的重要原因之一。家长应定期清洁和消毒幼儿经常接触的玩具、奶瓶、餐具以及家中的其他物品,特别是在幼儿生病或出现腹泻症状时。此外,避免幼儿与患有腹泻的人员密切接触,以减少感染的风险。益生菌有助于维持肠道菌群的平衡,增强肠道健康,从而减少腹泻的发生。根据医生的建议,适量为幼儿补充益生菌,这可以通过食用含益生菌的酸奶、发酵食品或益生菌补充剂来实现。然而,应注意不要过量补充,且益生菌的选择应适合幼儿的年龄和健康状况。

二、2～3 岁幼儿安全教育指导与家长咨询

预防伤害是家长的基本责任。2 岁的幼儿开始理解并遵守一些简单的指令,有一定的危险感知,是开始养成安全意识和行为习惯的时期。家长树立预防幼儿伤害的意识,牢记幼儿不能离开养育人的视线范

围;养成安全看护的行为习惯,提升环境安全水平;掌握常用急救技能,预防幼儿伤害发生。

(一) 溺水的预防

溺水是幼儿意外伤害的主要原因之一,家长需要时刻保持警惕性,建立安全的环境,避免幼儿危险行为,加强急救知识和准备等,防止悲剧的发生。

① 时刻保持警惕性。幼儿在水边时,家长必须时刻监督,无论是游泳池、浴缸还是其他水体,如河流、湖泊或海滩。溺水事故通常发生在几秒钟内,因此一刻的疏忽都可能带来危险。尤其是在家中,幼儿洗澡时必须有大人在场,不可将幼儿单独留在浴缸或水盆中。

② 建立安全的环境。浴缸、洗手盆和水桶等应及时清空,不要留下积水。在家中使用浴缸时,避免将幼儿独自留在浴缸中,即便是短时间。使用婴儿浴椅时,切勿将其视为替代看护的手段,因为可能会倾倒。使用防滑垫,防止幼儿在浴缸中滑倒。家中或社区的水体周边应设置安全标志,警示可能存在的风险。避免幼儿在没有安全防护的水体周围玩耍。

③ 避免幼儿危险行为。避免让幼儿参与可能导致危险的水中游戏,如推拉、跳水等。这些行为容易导致失控,并增加溺水的风险。幼儿在水中时,应始终保持秩序和安全。在户外进行水上活动时,要穿戴好救生衣,需时刻关注天气变化。雷雨、强风等恶劣天气会增加水体的不稳定性,如果天气突然变坏,应立即将幼儿带离水体,并寻找安全的避难场所。

④ 加强急救知识和准备。家长应掌握急救技巧,特别是心肺复苏(CPR)。在溺水事故发生时,快速、正确的急救能够挽救生命。在有水体的地方玩耍时,始终带上手机,以便在紧急情况下迅速拨打急救电话。

(二) 触电的预防

幼儿对世界充满好奇,常常喜欢探索周围的事物,而家庭中的电器和电源插座无疑会吸引他们的注意。由于触电可能引发严重的伤害甚至致命事故,因此家长需要从电气设备的布置与保护、基本的电气安全知识教育、电器设备的定期检查几方面预防幼儿触电。

1. 电气设备的布置与保护

家庭中的电气设备应合理布置,避免电线随意拖放在地面或靠近幼儿活动的区域。特别是厨房、浴室等地方,电器设备应尽量远离水源,以避免水与电接触引发触电事故。电源插座是幼儿容易接触到的危险点,为防止幼儿将手指或金属物件插入插座,可以在所有插座上安装安全插座盖。家长在使用电器时,应注意电器的状态,如电线是否有破损、电器是否有漏电等。如果发现电器有异常,应该立即停止使用,并联系专业人员修理或更换。此外,尽量避免在幼儿能够触及的范围内使用延长线或多孔插座,这些设备可能会引发幼儿的好奇,并增加触电风险。

在家中布置家具时,应考虑到电器设备和电源插座的安全性。例如,将电器放置在高处或幼儿不易触及的地方,将电线隐藏在家具后方或用电线收纳管固定,以减少幼儿接触的机会。同时,避免在幼儿活动区域放置容易触电的电器设备,如台灯、取暖器等。家庭中的所有电器设备应远离水源,特别是在浴室和厨房,使用电器时要格外小心,避免水溅到电器上。此外,电器插座应尽量安装在远离水源的高处,并使用防水插座,以减少触电的风险。

2. 基本的电气安全知识教育

在幼儿能够理解的范围内,应向他们解释电的危险性。例如,告诉幼儿电源插座、电线和电器设备是危险的,不能触摸、插入或玩弄。通过日常的监督和引导,帮助幼儿养成安全的行为习惯。例如,教导幼儿在洗手或沾水后,不要立即触碰电器或插座;在拔插电器插头时,要先关闭电源;并且在插拔插头时,应该用手握住插头部分,而不是拉扯电线。应逐步引导他们学会应对突发事故的基本技能。例如,如果有人触电,幼儿应避免直接接触受害者,而是应立即告知大人或拨打急救电话。

3. 电器设备的定期检查

定期检查家中的电器设备、电源插座和电线,确保处于良好状态。应特别留意电线是否有磨损、裸露或老化的情况,发现问题,须及时修理或更换。对于长时间不使用的电器,应断开电源或将其收纳到幼儿无法触及的地方。家中应安装漏电保护装置,这种装置能够在检测到电流异常时迅速切断电源,避免触电事故的发生。漏电保护装置应安装在家庭的主要电源电路中,并定期测试其工作状态,以确保其功能正常。

(三)烧伤烫伤的预防

幼儿对危险的预见能力偏低,且皮肤非常娇嫩,对高温的耐受能力较弱,稍有不慎就可能导致严重的烧伤烫伤事故。家长要保证厨房、浴室、客厅与家庭其他区域,以及户外安全,确保幼儿远离烫伤风险。

1. 厨房安全

厨房是家中发生烫伤事故的高危区域,在烹饪过程中,幼儿不应进入厨房。可以通过设置安全门或围栏,将厨房与幼儿活动区域隔离开来。即使幼儿进入厨房,也应确保他们远离炉灶、烤箱、微波炉等高温设备。在使用炊具时,应将锅柄、铲柄朝内,避免幼儿抓住并拉下热锅。此外,热水壶、电饭煲等电器设备应放置在幼儿无法触及的地方,并在使用后及时拔掉电源,以防幼儿意外触碰导致烧伤烫伤。在给幼儿准备热饮或食物时,应先将温度降到安全范围后再给予幼儿食用。

2. 浴室安全

给幼儿洗澡时,应先调节好水温,理想的洗澡水温在 37～38℃之间。成人对高温的耐受力要高于幼儿,因此很多家长觉得不烫的水温对于幼儿来说是很烫的。使用婴儿专用的水温计来精确测量水温,防止水温过高烫伤幼儿。同时,浴缸中的水不应过深,以免幼儿意外跌入水中造成烫伤或溺水。为了防止水温骤变导致烫伤,可以考虑安装恒温水龙头。这种设备可以自动调节水温,确保出水温度始终保持在安全范围内。此外,家中的热水器温度应设定在 50℃以下,以减少烫伤的风险。

浴室中的吹风机、卷发棒等电器在使用后应立即收好,远离水源,并确保电源已断开。这些电器在加热时表面温度很高,容易对幼儿造成烧伤烫伤。洗澡过程中也应避免使用这些电器,以减少意外发生的可能性。

3. 客厅与家庭其他区域的安全

家中的热饮、热汤、咖啡等应放在幼儿无法接触的地方,避免因幼儿好奇或不小心触碰而导致烧伤烫伤。使用有盖子的杯子和保温瓶可以进一步降低风险。在享用热饮时,家长应注意幼儿的活动,防止他们靠近或触碰。

在冬季,取暖设备如电暖器、暖风机、热水袋等可能会造成烧伤烫伤事故。这些设备应放置在幼儿触不到的地方,或在使用时有大人看护。对于壁挂暖气或地暖设备,家长应定期检查,确保其温度控制在安全范围内。在家中高温物体较多的区域,如炉灶、壁炉等,可以安装防护栏杆,避免幼儿靠近。

4. 户外活动的安全

在阳光强烈的天气里,长时间暴露在阳光下会导致幼儿晒伤。应为幼儿准备遮阳帽、太阳镜和防晒霜,并尽量避免在阳光最强烈的时段(10:00～16:00)进行户外活动。使用防晒霜时,选择适合幼儿皮肤的温和产品,减少皮肤刺激或皮肤过敏。在进行户外烧烤或露营时,幼儿应远离火源和炙热的烤架。家长应确保幼儿在安全范围内活动,并时刻监督他们的行为。此外,携带热饮或热食物时,应确保其存放在安全容器中,以防幼儿受伤。

三、2～3 岁幼儿常见传染病预防指导与家长咨询

传染病是由各种病原体(如细菌、病毒、真菌和寄生虫等)引起的疾病,这些病原体可以通过不同的途径在人与人之间传播。预防传染病的核心就是控制传染源、切断传播途径、保护易感人群。幼儿的抵抗力较弱,是传染病的易感人群。幼儿期常见的传染病有流感、手足口病、水痘、荨麻疹、轮状病毒感染、流行性腮腺炎等。

(一)百日咳

百日咳是一种由百日咳杆菌引起的高度传染性呼吸道疾病,可能引发肺炎、脑病等严重并发症,因此需高度重视。

在初期,百日咳的症状类似于普通感冒,体现为轻微咳嗽、流鼻涕、打喷嚏以及低热或没有发热。这个阶段通常持续 1～2 周,传染性最强,但由于症状与感冒相似,容易被家长忽视或误诊。

进入痉咳期后,幼儿咳嗽会明显加重,出现典型的百日咳症状,如阵发性剧烈咳嗽,表现为连续多次短

促咳嗽,接着一次深长的吸气,由于幼儿气道较窄容易发出鸡鸣样回声。剧烈咳嗽还可能导致呕吐,幼儿在咳嗽时可能因缺氧而面部发红或发紫。此外,咳嗽在夜间往往更为频繁,严重影响睡眠。发现幼儿有其中某一病症,家长应该提高警惕,及时带幼儿就医。医生可能会通过鼻咽拭子检测确诊,并使用抗生素(如阿奇霉素、红霉素等)治疗。家长需严格按照医生的处方给孩子用药,确保疗程完整,并注意观察孩子服药后是否有不良反应,及时与医生沟通。痉咳期通常持续2~6周,是症状最为严重的阶段。在治疗期间,应保持空气湿润,让孩子少量多次饮水,避免接触烟雾、灰尘等刺激性物质,来缓解孩子的咳嗽症状。确诊后,孩子应避免与其他儿童接触,直到医生确认不再具有传染性。家长需细心护理,确保孩子充足的休息,并密切观察孩子的呼吸、咳嗽频率和精神状态,如有呼吸困难或嘴唇发紫等严重症状,应立即送医。最后,进入恢复期后,咳嗽的频率和强度会逐渐减轻,但仍可能持续数周甚至数月。在此期间,幼儿可能因感冒或其他呼吸道感染而再次诱发咳嗽。家长应给予孩子足够的心理支持,因为频繁咳嗽可能会让孩子感到不适或烦躁,家长的安抚和陪伴对孩子的康复非常重要。

按时接种百日咳疫苗(如百白破疫苗 DTaP)是最有效的方法,家长应确保孩子按照免疫规划完成接种,并根据医生建议适时接种加强针。同时,避免让孩子接触咳嗽或疑似百日咳的患者,尤其是在百日咳高发季节,尽量减少带孩子去人群密集的场所。家庭卫生也很重要,家长应教导孩子勤洗手,尤其是在吃饭前和外出后,并定期清洁家中的玩具、门把手等高频接触物品。此外,家长和其他家庭成员应注意咳嗽礼仪,咳嗽或打喷嚏时用纸巾或肘部遮挡,以减少病菌传播。为了增强孩子的免疫力,应保证孩子摄入均衡的营养,确保充足的睡眠,并鼓励他们进行适度的户外活动。

(二)蛔虫病

蛔虫病是一种常见的肠道寄生虫病,蛔虫卵通过受污染的食物、水或土壤进入人体,在肠道内孵化并发育成成虫,寄生在肠道中,吸收宿主的营养。蛔虫外形细长,形似蚯蚓,颜色为乳白色或淡粉色,成虫长度可达 15~35 cm。幼儿感染蛔虫病后,可能会出现消化系统方面的症状,例如腹痛,尤其是肚脐周围的疼痛,食欲不振或食欲异常增加,腹泻或便秘,有时甚至在大便中可见成虫。此外,幼儿还可能出现恶心、呕吐的症状,严重时甚至可能吐出蛔虫。其次,由于蛔虫会抢夺宿主的营养,所以幼儿吃了很多食物仍会出现营养不良的表现,体重下降,发育迟缓,面色苍白等。

除了消化系统和营养不良的问题,幼儿还可能出现免疫反应,例如皮肤瘙痒、荨麻疹等过敏反应。部分幼儿还会表现出烦躁、哭闹、夜惊、磨牙等行为变化。如果蛔虫数量较多,可能会引起肠梗阻。蛔虫迁移至其他器官,如胆道或肺部,还可能引发胆道蛔虫病或肺炎,导致发热、咳嗽、黄疸等更严重的健康问题。

家长发现幼儿有这类的异常表现,切勿自行给孩子服用驱虫药物,应及时就医。医生通常会通过粪便检查来确诊,并开具驱虫药物治疗。在治疗期间,需密切观察孩子的排便情况,看是否有蛔虫排出,并注意孩子的身体状况。如果孩子出现腹痛或不适,可以用热敷或轻柔按摩缓解症状。由于蛔虫病可能导致营养不良,家长应给孩子提供富含蛋白质、维生素和矿物质的食物,帮助孩子恢复健康。

为了预防蛔虫病,家长应帮助孩子养成良好的卫生习惯,比如教导他们在饭前、便后、玩耍、接触动物后用七步洗手法彻底洗净双手。在户外玩耍时,尽量让孩子穿鞋,减少赤脚接触泥土或沙地的机会,从而降低感染虫卵的风险。定期修剪孩子的指甲,避免污垢和虫卵藏在指甲缝中。同时,帮助孩子改掉吸吮手指或咬指甲的习惯,减少感染的风险。在饮食卫生方面,水果和蔬菜食用前应清洗干净,肉类、鱼类等食物要完全煮熟,避免进食生食或半生不熟的食物。此外,确保孩子饮用煮沸的水或经过消毒的纯净水,不饮用未经处理的水。在医生指导下定期进行驱虫预防。通过早期发现和干预,可以有效控制蛔虫病,保障幼儿的健康成长。

(三)蛲虫病

蛲虫病是一种由蛲虫寄生在人体肠道内引起的寄生虫病。蛲虫是一种小型线虫,成虫长约5~10 mm,形似细小的白色线头,因此也被称为线头虫。雌虫通常在夜间移动到宿主肛门周围产卵,导致肛门瘙痒。如果孩子出现肛门瘙痒(尤其是夜间)、睡眠不安、食欲不振、腹痛等症状,家长应警惕可能是蛲虫感染。

如果家长怀疑幼儿被蛲虫寄生，可以在孩子入睡后1～2小时，用透明胶带轻轻粘贴肛门周围，检查是否有蛲虫或虫卵，并及时带孩子就医。医生会通过粪便检查或肛门周围取样确诊蛲虫病，并开具驱虫药物。家长需严格按照医生的处方用药，通常需要重复服药以彻底清除虫卵。如果家中多人感染，可能需要全家人同步治疗，以避免交叉感染。

为了缓解孩子的不适，家长可以在每晚睡前用温水清洗孩子的肛门区域，保持清洁，可涂抹医生开具的止痒药膏，减轻瘙痒感。

应教导孩子饭前、便后以及玩耍后正确洗手，使用肥皂和流动水，并提醒孩子不要用手抓挠肛门，防止虫卵粘在手上传播。每天帮助孩子洗澡，重点清洁肛门区域。此外，家长还需将孩子的内衣、睡衣、床单、毛巾等用热水（至少60℃）清洗，并在阳光下晾晒，同时每天更换孩子的内衣和床单（可以另外铺设小床单，以便清洁），直到病情完全好转。此外，用消毒液擦拭孩子常接触的玩具、桌椅、门把手等，并定期吸尘和拖地，尤其是孩子的活动区域，以清除可能掉落的虫卵。为了防止重复感染，全家人都应接受检查和治疗，避免共用物品，如毛巾、牙刷等，并教育孩子不要将手放入口中，养成良好的卫生习惯。

（四）荨麻疹

荨麻疹俗称风疹块，是一种常见的皮肤病，表现为皮肤上突然出现红色或苍白的瘙痒性风团。荨麻疹的发作常由过敏反应引起，因此预防的关键在于识别并避免潜在的过敏原，以及加强幼儿的免疫力。

荨麻疹通常由某些过敏原引发，如食物、药物、环境因素或感染等。了解和识别幼儿的过敏原是预防荨麻疹的第一步，见表4-2-1。

表4-2-1 引起荨麻疹的常见过敏原

过敏类型	常见过敏原
食物过敏	鸡蛋、牛奶、坚果、海鲜等
药物过敏	抗生素（如青霉素）、解热镇痛药（如布洛芬）等
环境过敏原	花粉、尘螨、动物毛发、霉菌等

应注意观察幼儿在食用食物和药物后是否出现皮疹或其他过敏反应。如果发现幼儿荨麻疹，应立即停止给幼儿食用，并送往医院。如果是环境过敏原，需保持家中环境清洁，定期清扫，减少幼儿接触这些过敏原的机会。在春季花粉高发季节，尽量避免带幼儿去花草茂盛的地方。

幼儿的皮肤娇嫩，容易受到外界刺激，引发荨麻疹。因此，家长应注意保护幼儿的皮肤，避免过度清洁或使用刺激性化学品。为幼儿选择无香料、无添加剂的温和洗浴产品，避免使用含有强碱性或刺激成分的肥皂。洗浴时间不宜过长，水温应适中，以免皮肤过于干燥。洗浴后及时为幼儿涂抹润肤乳，保持皮肤的滋润，防止干燥引发皮肤瘙痒和荨麻疹，冬季应特别注意皮肤保湿。选择柔软、宽松、透气的棉质衣物，避免穿着羊毛、尼龙等可能刺激皮肤的材质。新衣物在穿着前应先清洗，去除可能残留的化学物质。

增强免疫力可以帮助幼儿更好地抵御过敏原和其他疾病，减少荨麻疹的发作概率。可以通过均衡饮食、适量运动、充足的睡眠等方式增强幼儿的免疫力。

（五）轮状病毒感染

轮状病毒感染是引起婴幼儿急性胃肠炎的主要原因之一。轮状病毒通常通过粪口途径传播，感染后会引发严重的腹泻、呕吐和发热，容易导致脱水，严重时可能危及生命。轮状病毒传染性极强，且没有特效药物治疗，需要家长预防。

接种疫苗是预防轮状病毒感染的最有效方法。轮状病毒疫苗通常在婴儿时期接种，建议在2个月龄时开始，通常分为两剂或三剂，具体时间和剂量根据疫苗种类有所不同。疫苗接种能够显著降低轮状病毒感染的风险，并且即使感染，症状也会较为轻微。

良好的卫生习惯是预防轮状病毒感染的重要基础。由于轮状病毒主要通过粪口途径传播，家长应帮助幼儿养成良好的卫生习惯，比如勤洗手，定期清洗、消毒幼儿的玩具、餐具、奶瓶和其他可能被污染的物品,保持清洁卫生,特别是厨房和卫生间,防止食物被污染等。

应注重饮食卫生,确保幼儿饮用干净、经过消毒处理的水,避免饮用生水。外出时应自带水壶,避免饮用公共场所的水源。为幼儿提供经过充分煮熟的食物,避免食用生冷或不洁净的食物。水果应在食用前彻底清洗。夏季高温时,食物容易腐败,家长应妥善保存食物,尤其是容易变质的奶制品和肉类,避免幼儿食用过期或变质的食物。

(六)流行性腮腺炎

流行性腮腺炎是由腮腺炎病毒引起的急性传染病,主要表现为耳下腮腺肿胀疼痛,伴随发热等症状,腮腺炎在幼儿中较为常见。腮腺炎虽然大多数情况下是自限性疾病,但可能引发并发症,如脑膜炎、睾丸炎或卵巢炎。因此,预防腮腺炎对幼儿健康至关重要。

接种疫苗是预防腮腺炎的最有效方法。腮腺炎疫苗通常与麻疹和风疹疫苗联合使用,称为 MMR 疫苗(麻疹-腮腺炎-风疹三联疫苗)。世界卫生组织和各国公共卫生机构建议,儿童应在 12～15 个月大时接种第一剂 MMR 疫苗,并在 4～6 岁时接种第二剂加强针。疫苗能够有效预防腮腺炎,极大降低感染和传播的风险。

腮腺炎通过飞沫传播,患者在咳嗽、打喷嚏或说话时,病毒会通过空气传播到他人。因此,良好的卫生习惯是预防腮腺炎的重要环节。增强幼儿的免疫力可以帮助抵御腮腺炎病毒的侵袭。腮腺炎具有高度传染性,患者在出现症状前后的数天内都具有传染性,家长要让幼儿避免接触感染者。

如果幼儿不幸感染腮腺炎,家长应密切关注病情发展,并采取适当的护理措施。可以使用温水敷在腮腺肿胀处,减轻疼痛和不适。让幼儿多喝水,保持口腔卫生,吃一些容易消化的软食,避免酸性食物刺激腮腺。必要时可根据医生建议使用退热药和镇痛药物。此外,要密切观察病情,如发现有并发症迹象,应立即就医。

育儿宝典

感冒/发热

案例 孩子流清鼻涕、打喷嚏,体温升至 38.5℃。

处理 物理降温。用温水擦拭腋下、脖子、大腿根,贴退热贴。

药物 体温＞38.5℃且精神差时,按医嘱服用布洛芬(如美林)或对乙酰氨基酚(如泰诺林)。

补水 多喝温水或稀释果汁,避免脱水。

就医信号 高热持续 3 天不退、呼吸急促、抽搐、昏睡。

预防 保持室内通风,避免接触感冒人群,勤洗手,接种流感疫苗。

腹泻

案例 孩子一天腹泻 5 次,大便稀水状,轻微脱水。

处理 补液盐。口服补液盐(ORS)补充电解质,少量多次喂服。

饮食 暂停牛奶和油腻食物,可吃米粥、苹果泥等易消化食物。

就医信号 腹泻持续 3 天未缓解、血便、严重脱水(尿少、眼窝凹陷)。

预防 注意餐具消毒,避免生冷食物,饭前便后洗手。

任务思考

1. 简述 2～3 岁幼儿常见疾病有哪些。

2. 简述 2～3 岁幼儿意外事故的预防措施。

3. 简述 2～3 岁幼儿常见传染病指导要点。

任务三 指导 2～3 岁幼儿的家庭亲子游戏与咨询

案例导入

　　2 岁半的妞妞是个爱看绘本的小女孩,每天睡前都要拉着妈妈讲《小金鱼逃走了》的故事。妈妈发现,妞妞对这本绘本情有独钟,连续好几天都要求读同一本,甚至能把每一页的内容都背下来。当妈妈尝试换新书时,妞妞就会摇头拒绝:"不要新的,要小金鱼!"

　　起初,妈妈很欣慰妞妞这么喜欢阅读,但渐渐地产生了困惑:为什么妞妞看了这么久的绘本,语言能力却不见明显进步? 别的同龄孩子已经开始说简单句子,妞妞却还是停留在重复绘本里的几个单词。更让妈妈担心的是,妞妞在日常生活中很少主动运用这些词汇。

　　一次亲子活动时,妈妈注意到其他家长在读绘本时会拓展内容:"看,小熊在刷牙,我们宝宝也刷牙对不对? 牙刷是什么颜色的呀?"而自己只是机械地照着文字朗读。这才意识到,可能是自己的互动方式需要调整……

　　家长在与幼儿进行亲子游戏要注意什么? 如何开展有趣又能促进幼儿发展的亲子游戏?

一、2～3 岁幼儿亲子动作游戏指导与家长咨询

　　2～3 岁的幼儿在大动作方面,已经能够完成坐、立、行、走、爬、钻等基本动作。能够平稳地走路,甚至可以跑一小段距离,独立扶栏杆,两脚交替上下楼梯,能够原地跳起,但可能还不能双脚同时离地跳跃,可以尝试用手投掷轻球,并开始学习接住轻轻扔来的球。

　　在精细动作方面,2～3 岁的幼儿手眼协调的能力也有了较快的发展。幼儿可以同时一手捧碗一手拿匙,还会进行串珠等活动。此时,幼儿的手部动作更加灵巧,能够穿脱短裤,使用匙吃饭,叠起 8 块方积木,临摹画直线和水平线。到了 3 岁左右,手的动作更加精细,能够用剪刀剪东西,扣纽扣,使用筷子、折纸、两手配合应用比较协调。

　　根据这一阶段幼儿的特点,亲子动作游戏不仅能够促进他们的身体发育,还能增强亲子关系,帮助幼儿在愉快的互动中学习和发展。因此,设计适合 2～3 岁幼儿的亲子动作游戏,需要兼顾他们的身心发展需求,确保游戏具有趣味性、互动性和教育性。

(一) 亲子动作游戏的指导原则

　　① 安全性:2～3 岁幼儿活泼好动,但危险识别能力和规避风险的能力有限。游戏环境和游戏内容应确保安全。

　　② 趣味性:游戏应充满乐趣,吸引幼儿的注意力。多样的游戏内容和生动的互动方式能够激发幼儿的参与兴趣。考虑到幼儿的理解能力,游戏规则要简单明了,动作要易于模仿和执行。

　　③ 互动性:游戏应鼓励亲子之间的互动,通过共同完成任务、合作或竞争等方式,增强亲子关系。

　　④ 教育性:游戏设计应兼顾幼儿的认知发展和身体发育,帮助他们在游戏中学习新的动作、语言和社交技巧。即使幼儿尚未完全掌握某项技能,也应该鼓励他们去尝试,从而促进其发展。

(二) 2～3 岁幼儿的家庭亲子动作游戏与咨询

（1）小动物模仿秀

　　游戏目标 增强幼儿的身体协调性和模仿能力,提升认知能力。

　　游戏内容 家长可以扮演不同的小动物,示范它们的动作和声音,例如跳跃的兔子、慢慢爬行的乌龟、挥动翅膀的小鸟等。然后,鼓励幼儿模仿这些动物的动作和声音。

游戏指导

① 家长在示范时,尽量生动有趣,吸引幼儿的注意力。

② 通过夸张的动作和表情让幼儿更容易理解和模仿。

③ 在幼儿模仿成功时,给予适当的表扬和鼓励,增强他们的信心。

④ 逐步增加动物的种类,延长游戏时间。

教育意义 通过模仿动物的动作,幼儿不仅锻炼了大肌肉群,还能增强身体的协调性和平衡能力。此外,模仿不同动物的行为,也能帮助幼儿提高观察力和认知能力。

（2）彩色圈圈跳

游戏目标 发展幼儿的平衡能力和腿部肌肉力量,提升对颜色的认知。

游戏内容 在地板上摆放不同颜色的圈圈,家长可以根据幼儿的能力调整圈圈之间的距离。家长指定一个颜色,幼儿需要跳到相应颜色的圈圈里。

游戏指导

① 家长可以先示范如何跳进圈圈,以确保幼儿理解游戏规则。

② 开始时圈圈之间的距离可以较短,随着幼儿能力的提升,逐渐增加难度。

③ 如果幼儿感到困难,可以牵着他们的手一起完成跳跃。

④ 可以变换不同颜色和指令,让幼儿在游戏中学习颜色。

教育意义 有助于幼儿发展腿部肌肉力量和身体的协调性,跳跃动作还能增强他们的平衡感。此外,通过指令和颜色的配合,幼儿能够在游戏中巩固对颜色的认知。

（3）搓萝卜

游戏目标 锻炼幼儿搓的精细动作,提升力量的控制和手眼协调能力。

游戏内容 家长准备橙色橡皮泥每人一条,塑料垫板每人一块,塑料萝卜玩具一个,小兔手偶一个。教幼儿用橡皮泥搓长的动作,能初步根据萝卜形状搓出上粗下细的样子。

游戏指导

① 家长出示小兔手偶和萝卜玩具,说"兔子肚子饿了,请幼儿用橡皮泥帮助兔子做萝卜",引起幼儿兴趣。

② 让幼儿观察萝卜的形状,一头粗,一头细,家长用橡皮泥示范搓萝卜。

③ 将搓好的萝卜喂兔子,边喂可以边跟兔子对话。

教育意义 用橡皮泥搓成上粗下细的胡萝卜可以增强幼儿手指的力量和灵活性,提高幼儿的手眼协调能力。喂兔子吃胡萝卜发展了幼儿的想象力和爱心,让幼儿体验喂食的乐趣。

（4）气球大战

游戏目标 提高幼儿的手眼协调能力,增强社交互动能力。

游戏内容 在房间里放飞几个气球,家长和幼儿的任务是尽量不让气球落地。通过拍打或轻推的方式,让气球始终悬浮在空中。

游戏指导

① 家长先示范如何拍打气球,并鼓励幼儿模仿。

② 通过控制拍打的力度和方向,引导幼儿保持气球在一定范围内。

③ 随着幼儿技能的提升,增加气球的数量或要求幼儿同时控制多个气球。

④ 游戏过程中可以增加互动,比如互相传递气球,增强亲子之间的合作和默契。

教育意义 拍打气球的动作能帮助幼儿发展手眼协调能力和反应速度,同时,通过与家长的互动,幼儿可以学习合作和分享的基本社交技能。

二、2～3 岁幼儿语言游戏指导与家长咨询

2～3 岁是幼儿语言发展迅速的时期。这个阶段的幼儿逐渐从单词阶段过渡到复合句阶段,并开始使用能用大约 5 个单词组成句子与他人交流。他们的词汇量迅速增长,能够理解并使用更多的词语表达需求和感受。

由于 2～3 岁幼儿的语言发展尚未完全成熟,他们在词汇量、发音、语法和表达能力等方面还存在一定的局限性。因此,亲子语言游戏对于促进幼儿语言发展具有重要意义。通过互动游戏,家长不仅可以帮助幼儿扩展词汇量,还能培养他们的表达能力和语言理解能力。

(一)亲子语言游戏的指导原则

① 互动性:语言游戏应强调亲子互动,通过问答、对话等形式,激发幼儿的语言表达欲望。家长需要创造幼儿应答的机会,关注幼儿的反应,与幼儿进行双向交流。

② 重复性:对于 2～3 岁的幼儿来说,语言学习需要通过大量的重复来巩固记忆。因此,游戏中的语言表达应具有一定的重复性,家长应帮助幼儿在熟悉中掌握新词汇和表达方式。

③ 趣味性:游戏应充满趣味,能够吸引幼儿的注意力。通过生动的内容和有趣的形式,激发幼儿的语言学习兴趣。

④ 简易性:语言游戏的内容和规则应简单明了,适合幼儿的理解能力。家长应使用简短、清晰的语言进行互动,避免过于复杂的长句和句式表达。

⑤ 针对性:根据幼儿的语言发展水平和兴趣,选择适合的游戏内容。对于刚开始学习语言的幼儿,可以选择简单的、贴近生活的词汇和短句,而对于语言能力较强的幼儿,则可以逐步增加难度,学习形容词、副词、数词和复杂句。

(二)2～3 岁幼儿的家庭亲子语言游戏与咨询

(1)看图说话

游戏目标　促进幼儿的词汇积累和表达能力,提升语言描述能力。

游戏内容　可以准备一些图画书或带有简单图案的卡片,展示给幼儿看,并引导他们用语言描述图中的内容。例如,家长可以指着一张图片问:"图上的小狗在做什么?"

游戏指导

① 家长应选择颜色鲜艳、图案清晰的图片,内容可以是日常生活中的物品、动物、自然景象或者有简单的情节。

② 在幼儿描述时,家长可以适时地引导,帮助他们使用更准确的词语或短句。例如,幼儿说"狗",家长可以补充"这是一只大狗"。

③ 鼓励幼儿描述更多细节,如颜色、大小、动作等,帮助他们扩展表达内容。

④ 可以通过提问的方式,激发幼儿的思考和表达,例如"这朵花是什么颜色的?""这只狗拿着小红花做什么?"

教育意义　看图说话游戏能够帮助幼儿积累日常词汇,增强他们的描述能力和语言组织能力,同时提高观察力和注意力。

(2)词语接龙

游戏目标　增强幼儿的词汇量,训练他们的记忆力和语言思维能力。

游戏内容　家长与幼儿轮流说出与某一主题相关的词语,如水果或动物。例如,家长说"苹果",幼儿接着说"香蕉",以此类推,直到无法再说出相关词汇为止。

游戏指导

① 选择幼儿熟悉的主题开始,如常见的食物、玩具、家居用品等。

② 可以在游戏开始前给出几个示例词,帮助幼儿理解规则。

③ 应避免给幼儿施加压力,鼓励他们自由发挥。

④ 当幼儿无法继续时,家长可以提供一些提示或引导,例如"还有什么水果是黄色的?"

教育意义　词语接龙游戏有助于幼儿词汇量的扩展,同时通过轮流接词的形式,训练他们的记忆力和语言思维能力。

(3)猜谜语

游戏目标　提高幼儿的语言理解能力和思维能力,激发语言表达兴趣。

游戏内容 家长向幼儿描述某个物体或动物的特征,幼儿根据描述猜出答案。例如,家长说"我有两只大耳朵,喜欢吃胡萝卜,跳得很高。猜猜我是谁?"幼儿回答"兔子"。

游戏指导

① 谜语的难度应适合幼儿的理解能力,描述应尽量具体、清晰。

② 家长可以通过夸张的语调或手势增加谜语的趣味性,吸引幼儿的注意力。

③ 对于年幼的幼儿,可以在谜语中加入一些提示,帮助他们更容易猜出答案。

④ 游戏过程中,家长应对幼儿的努力给予肯定,并鼓励他们积极参与。

教育意义 猜谜语不仅能够锻炼幼儿的语言理解能力,还能增强他们的逻辑思维能力和听力,同时激发他们对语言的兴趣。

(4)听故事,回答问题

游戏目标 提升幼儿的听力理解能力和语言表达能力,培养他们的专注力和记忆力。

游戏内容 家长讲述一个简单的小故事,然后根据故事内容提出几个问题,幼儿根据记忆回答。例如,家长讲完《小红帽》故事后,可以问"谁带了篮子去看外婆?"幼儿回答"小红帽"。

游戏指导

① 故事的内容应简短,情节简单,易于理解,符合幼儿的年龄特点。

② 在讲故事时,家长应注意语速和语调的变化,吸引幼儿的注意力。

③ 提问时,可以从简单的问题开始,例如"故事里有谁?"后逐步增加问题的难度,如"为什么小红帽要去看外婆?"

④ 家长应鼓励幼儿用完整的句子回答问题,帮助他们提高语言表达能力。

教育意义 通过听故事并回答问题,幼儿不仅能够提高听力理解能力,还能学会从语言中提取信息并表达。同时,这个过程也有助于培养他们的记忆力和专注力。

(5)我说你做

游戏目标 增强幼儿的语言理解能力和执行力,促进听从指令的习惯培养。

游戏内容 家长向幼儿发出简单的指令,如"拍手""转圈"或"跳起来",幼儿根据指令进行相应的动作。家长可以逐渐增加指令的复杂性,例如"先拍手,然后转圈"。

游戏指导

① 指令应简短、清晰,并与幼儿的能力相匹配。

② 家长可以通过示范帮助幼儿理解指令的含义,然后让幼儿独立完成。

③ 游戏过程中,家长应及时给予反馈,对幼儿的正确执行给予表扬。

④ 随着游戏的进行,可以尝试组合多个动作,训练幼儿的理解和执行能力。

教育意义 不仅能帮助幼儿理解和执行语言指令,还能培养他们的专注力和反应能力。在完成指令的过程中,幼儿的自信心得到提升,同时学会了遵守规则和指令的重要性。

三、2~3岁幼儿情感游戏指导与家长咨询

这阶段幼儿逐渐从婴儿期的情感依赖过渡到初步的自我意识和独立意识的形成。他们开始能够更好地感知和表达自己的情感,如快乐、愤怒、恐惧、焦虑等,同时也开始理解他人的情感。这一时期的幼儿对亲密关系尤其敏感,他们渴望得到父母的关注、支持和认可,通过亲子互动,他们的安全感、自信心和社交能力逐渐发展。

情感游戏是促进幼儿情感发展的重要方式,通过与父母的互动,幼儿可以在游戏中学习识别和表达情感,理解他人的情感,并在情感互动中获得支持和满足。设计适合2~3岁幼儿的亲子情感游戏,不仅能够促进他们的情感发展,还能增强亲子之间的情感联系。

(一)亲子情感游戏的指导原则

① 安全感的建立:游戏应在幼儿感到安全和放松的环境中进行。家长要保持耐心和包容,给予幼儿充分的关注和支持,让他们在游戏中感受到被爱和被理解。

② 互动性和参与性:情感游戏应强调亲子之间的互动,通过共同参与游戏,增进彼此之间的情感联系。家长在一旁玩手机或者同别人聊天算不上与共同参与游戏。

③ 鼓励情感表达:游戏应鼓励幼儿自由表达他们的情感,无论是快乐、兴奋,还是生气、难过,家长都应以接纳和理解的态度对待幼儿的情感表达;幼儿产生负面情绪时,家长应该教会幼儿以适合的方法排解,而不是压制幼儿的情感。

④ 适龄性:游戏的内容和形式应适合幼儿的年龄特点,避免复杂的规则和情感表达方式,保持游戏的简单性和易操作性。

⑤ 正面引导:通过游戏,引导幼儿理解和管理自己的情感,学习积极的情感表达方式,如用语言表达需求、寻求帮助或通过适当的行为表达情感。

(二) 2～3 岁幼儿的家庭亲子情感游戏与咨询

(1) 抱抱游戏

游戏目标　增强幼儿的安全感和亲子之间的情感联系,促进身体接触和情感表达。

游戏内容　可以在特定的时刻,如早晨起床、睡前,或是幼儿感到焦虑时,进行"抱抱和亲亲"游戏。家长紧紧拥抱幼儿,并轻轻地亲吻他们,让幼儿感受到父母的爱和安全感。

游戏指导

① 家长在抱抱、亲亲、抚摸幼儿时应保持温柔和耐心,通过肢体接触传递爱意和关怀。

② 可以在抱的过程中轻声说出一些鼓励和安慰的话语,如"妈妈/爸爸爱你""你是我的宝贝"等。鼓励幼儿表达他们对父母的爱,如让幼儿回抱父母。

③ 在幼儿感到害怕或不安时,家长可以通过这种方式安抚幼儿的情绪,帮助他们恢复平静。

教育意义　通过身体接触和情感交流,幼儿不仅能够增强对父母的依恋和信任,还能学会通过肢体语言和言语表达爱意和情感,促进情感发展的同时,也增强了亲子关系。

(2) 情感表情游戏

游戏目标　帮助幼儿识别和理解不同的情感,增强他们的情感表达能力。

游戏内容　家长可以和幼儿一起做情感表情游戏,通过做出不同的表情,让幼儿猜测和模仿。例如,家长可以先做出微笑、皱眉、惊讶等表情,然后让幼儿说出这是在表达什么情感,并尝试模仿这些表情。

游戏指导

① 可以先示范常见的情感表情,如高兴、生气、害怕、惊讶等,并用简单的语言描述这些表情背后的情感。

② 让幼儿观察和模仿这些表情,帮助他们在游戏中练习识别和表达不同的情感。

③ 可以通过提问引导幼儿思考:"当你感到高兴时,你的脸是什么样的?""当你感到害怕时,会做出什么表情?"

④ 在幼儿正确识别和模仿情感表情后,给予表扬和鼓励,增强他们的信心。

教育意义　情感表情游戏帮助幼儿通过观察和模仿学习识别不同的情感,并通过表达练习增强他们的情感表达能力。这种游戏不仅促进了幼儿的情感认知发展,还为他们今后的社交和情感交流奠定了基础。

(3) 角色扮演游戏

游戏目标　通过角色扮演,帮助幼儿体验和表达不同的情感,增强共情能力。

游戏内容　家长可以和幼儿一起进行"假装游戏",例如扮演不同的角色,如医生和病人、老师和学生、妈妈和宝宝等。在游戏中,家长可以通过情境设计,帮助幼儿体验不同角色的情感,并鼓励他们表达这些情感。

游戏指导

① 家长可以根据幼儿的兴趣选择角色和情境,确保游戏内容简单易懂。

② 在游戏中,家长应引导幼儿表达角色的情感,例如:"病人感到哪里不舒服?""妈妈抱着宝宝时会说什么?"

③ 家长可以适时加入自己的情感表达,如"我是医生,我要照顾好你"或"我是妈妈,我很爱我的宝宝",以示范情感表达。

④ 鼓励幼儿在游戏中自由发挥,表达他们对角色的理解和情感。

教育意义　通过角色扮演帮助幼儿体验不同的情感,增强他们的共情能力和情感表达能力。通过这种互动,幼儿可以学习如何在不同的情境中表达和管理自己的情感,提升社交能力。

(4)情感故事时间

游戏目标　通过听故事,帮助幼儿理解和管理情感,增强他们的情感认知。

游戏内容　可以选择一些情感主题的故事书,与幼儿一起阅读。在故事中,家长可以引导幼儿讨论故事中的人物情感,例如:"这个小女孩为什么感到难过?""如果你是她,你会怎么做?"

游戏指导

① 家长应选择内容简单、情感表达明确的故事,适应幼儿的理解能力。

② 家长讲故事时,要用恰当的语速、语调、语气来刻画角色形象和描述故事情节,确保幼儿理解角色情感和故事内容。

③ 通过提问和讨论,帮助幼儿分析故事中的情感,理解人物的行为和情感动机。

④ 鼓励幼儿分享自己的情感体验,如"你有没有过像故事里狐狸一样的经历?""你当时是怎么做的?"

教育意义　通过情感故事时间,幼儿能够在故事情境中学习识别和理解不同的情感,并通过讨论和分享学习如何管理自己的情感。这种游戏形式不仅增强了幼儿的情感认知,还促进了语言表达能力的发展。

四、2～3岁幼儿艺术游戏指导与家长咨询

2～3岁阶段的幼儿对颜色、形状、声音和动作表现出强烈的兴趣,喜欢用自己的方式探索和表达这些元素。幼儿的艺术活动不仅限于绘画,还包括手工、音乐、舞蹈等多种形式。通过艺术类游戏,幼儿能够发展他们的感知能力、手眼协调能力、创造力和想象力,同时增强自信心和表达能力。

由于2～3岁幼儿的认知能力和动手能力还处于早期发展阶段,他们的艺术表现往往是无意的、自由的和自发的。因此,亲子艺术类游戏应注重为幼儿提供丰富的感官体验和创作机会,鼓励他们在游戏中大胆尝试和表达自己的感受。

(一)亲子艺术类游戏的指导原则

① 自由表达原则:艺术类游戏应鼓励幼儿自由表达自己的感受和想法,无需过多强调结果或技巧。家长应尊重幼儿的独特创意和表达方式,不以像不像评价幼儿作品,避免过多干预。

② 感官体验原则:游戏应提供丰富的感官刺激,通过颜色、形状、声音、触感等多方面的体验,激发幼儿的艺术感知和兴趣。

③ 互动性原则:家长应积极参与到艺术游戏中,与幼儿共同创作和探索,通过互动增进亲子关系,同时给予适当的引导和支持。

④ 材料的多样性原则:游戏材料应多样化,富有变化性。家长可以使用各种安全且适合幼儿的材料,如蜡笔、颜料、黏土、纸张、自然材料等,让幼儿通过不同媒介创作。

⑤ 过程重于结果原则:艺术类游戏更关注创作的过程而非最终作品。家长应鼓励幼儿享受创作的乐趣,而不是追求完美的作品。

(二)2～3岁幼儿的家庭亲子艺术游戏与咨询

(1)彩色手指画

游戏目标　培养幼儿的色彩感知能力和动手能力,鼓励他们自由表达和创作。

游戏内容　家长可以为幼儿准备一些安全的手指颜料和纸张,让他们用手指蘸取颜料在纸上自由涂鸦。幼儿可以用手掌、手指甚至手背来涂抹,创造出各种形状和图案。

游戏指导

① 家长应选择无毒、可水洗的手指颜料,确保安全性。

② 在开始游戏前,可以向幼儿展示如何用手指蘸取颜料并在纸上涂抹,鼓励他们自由探索。

③ 游戏过程中,家长应避免过多干预,让幼儿根据自己的想象力和兴趣创作。

④ 通过观察幼儿的作品,家长可以与幼儿讨论颜色的搭配、形状的形成等,帮助他们认识不同的艺术元素。

教育意义　彩色手指画不仅能够提升幼儿的色彩感知和手眼协调能力,还通过自由创作培养了他们的创造力和自信心。这种游戏形式让幼儿在玩耍中体验艺术的乐趣,发展了早期的艺术表现力。

（2）自然材料拼贴画

游戏目标　培养幼儿的观察力和想象力,增强他们对自然的感知和艺术创作的兴趣。

游戏内容　可以带幼儿到户外采集一些自然材料,如树叶、花瓣、小石头、树枝等,然后在家中使用这些材料进行拼贴创作。幼儿可以将这些材料粘贴在纸上,创造出各种有趣的图案或场景。

游戏指导

① 在户外采集材料时,家长可以引导幼儿观察和选择不同形状、颜色和质地的自然物品。

② 回到家中后,家长可以为幼儿提供胶水、纸张和剪刀等工具,展示如何将自然材料进行拼贴。

③ 游戏过程中,鼓励幼儿根据自己的想象力设计和创作,不需要遵循特定的规则或模板。

④ 通过提问引导幼儿思考,例如"你觉得这个叶子像什么?""我们可以用这些石头拼出什么形状?"

教育意义　将自然与艺术创作结合,帮助幼儿发展观察力和想象力,同时增强了他们对自然界的兴趣和理解。这种游戏形式也培养了幼儿的动手能力和空间感知能力。

（3）亲子音乐会

游戏目标　培养幼儿的音乐感知能力和节奏感,增强亲子之间的情感交流。

游戏内容　家长可以与幼儿一起举办"亲子音乐会",使用家中的日常物品或简单的乐器即兴演奏。幼儿可以用敲打锅碗瓢盆、摇晃铃铛、拍手或跺脚等方式制造声音,家长可以为幼儿伴奏或一起演奏。

游戏指导

① 首先展示如何使用不同的物品发出不同的声音,引导幼儿探索和尝试。

② 鼓励幼儿随意地创造节奏和声音,一开始不用强调固定的旋律或节拍。

③ 家长可以加入游戏,与幼儿一起合奏,或轮流表演,增强互动性。

④ 可以尝试让幼儿跟随音乐节奏拍打或舞动,增强他们的节奏感和身体协调性。

教育意义　帮助幼儿通过声音和节奏表达自己,培养了他们的音乐感知能力和创造力。通过与父母的互动,幼儿的情感表达和沟通能力也得到了提升。

（4）黏土创作

游戏目标　培养幼儿的动手能力和空间想象力,增强他们的创造力和细致观察能力。

游戏内容　提供彩色黏土,让他们用手揉捏、捏造各种形状和物体,如冰糖葫芦、油条、煎蛋等。家长可以与幼儿一起制作,并进行创作分享。

游戏指导

① 家长应选择柔软且易于塑形的安全黏土,适合幼儿操作。

② 在开始时,家长可以示范如何将黏土揉捏成不同形状,然后鼓励幼儿独立创作。

③ 鼓励幼儿自由发挥他们的想象力,创造自己喜欢的物体或场景。

④ 创作完成后,可以与幼儿一起讨论和欣赏作品,帮助他们表达对作品的感受和想法。

教育意义　通过手工制作帮助幼儿发展动手能力和空间想象力,同时增强了他们的创造力和自信心。通过这种互动,家长可以更好地理解幼儿的兴趣和想法,促进亲子沟通。

（5）亲子涂鸦墙

游戏目标　为幼儿提供自由创作的空间,培养他们的艺术表达能力和创造性思维。

游戏内容　家长可以在家中设置一面"涂鸦墙",为幼儿提供可水洗的彩色蜡笔或马克笔,让他们在墙上自由涂鸦。幼儿可以在墙上画画,创造自己的故事场景,家长可以参与其中,与幼儿共同创作。

游戏指导

① 选择一面易于清洁的墙面或设置专用涂鸦板,确保安全和便捷。

② 提供多种颜色的绘画工具,让幼儿自由选择和搭配。

③ 家长可以与幼儿一起创作,鼓励他们大胆表达自己的想法和情感。

④ 可以在涂鸦墙上进行主题创作,如"我们的家庭""梦中的乐园",引导幼儿进行有意义的艺术表达。

教育意义 亲子涂鸦墙为幼儿提供了一个自由表达的空间,培养了他们的艺术表达能力和创造性思维。通过与家长的共同创作,幼儿不仅能够体验艺术创作的乐趣,还能在互动中增进亲子感情。

育儿宝典

2~3 岁幼儿的社交圈

2~3 岁的社交能力发展是一个关键时期,这一阶段的幼儿开始从家庭的小圈子逐渐向外扩展社交圈,学习如何与同龄人和其他成年人互动。2 岁后幼儿对社交的需求会变得越来越强烈,更加渴望和同龄人一起玩耍。幼儿更能相互协调,围绕任务表现出一定的合作行为。但这个阶段幼儿还是以平行游戏为主,幼儿各玩各的,较少一起讨论、游戏。家长可以鼓励幼儿与同龄人一起完成任务或者一起游戏,但幼儿想一个人游戏时家长也要给予理解。

首先,家长要做好榜样。幼儿主要通过观察父母等家人的行为来学习社交技能。他们会模仿大人的动作、语言和情感反应,从而学会基本的社交礼仪和行为规范。随着幼儿自我意识的发展,幼儿开始认生,害怕和陌生人交流。家长要理解幼儿,先打招呼,再鼓励幼儿模仿。其次,帮助幼儿理解社交规则。这个阶段是幼儿自我意识的发展的重要时期,有物权意识,喜欢自我掌控的感觉。在与同龄人游戏时可能会有抢玩具的行为。家长要帮助幼儿理解和遵守一些基本的社会规则,例如轮流、等待和分享等。让幼儿意识到社会规则是为了更好地游戏和生活,愿意以恰当的方式社交,同时帮助幼儿学习识别和管理自己的情绪。最后,支持幼儿拓展社交圈。家长多带领幼儿到户外游戏,增加幼儿与同龄人认识的机会,尝试参与合作性的游戏。幼儿玩耍产生矛盾或冲突时,家长不用急于出面解决,也不能置之不理,要给予幼儿关注的目光,支持他自己解决问题,幼儿解决不了的,家长再帮忙。

任务思考

1. 简述 2~3 岁幼儿亲子动作游戏有哪些。
2. 简述 2~3 岁幼儿言语游戏指导要点。
3. 简述 2~3 岁幼儿情感游戏指导要点。
4. 简述 2~3 岁幼儿艺术类游戏指导要点。

实训 实践

实训实践任务书

任务名称 家庭游戏教育咨询指导记录

任务内容 记录实习期间指导幼儿家长亲子活动的案例,观察幼儿发展情况,了解幼儿、家长需求,设计相应的亲子游戏。

任务要求

① 真实客观记录指导过程,内容简要,信息丰富。

② 针对幼儿特点、幼儿和家长需求和环境支持设计亲子游戏。

任务目标　能够根据多方需求设计亲子游戏。

任务准备　笔、记录本、手机。

实施步骤

① 复习项目内容，选择记录对象。

② 整理资料，形成文本，见表1。

表 1　家庭游戏教育咨询指导记录

幼儿名字：		幼儿年龄：		参与家长：
指导时间：		指导时长：		指导地点：
基本情况：				
预期目标：				
亲子游戏设计：				
家长指导：				
幼儿、家长反馈：				

赛证 链接

一、单选题

1. 幼儿在受到过度表扬或被要求在陌生人面前表演时,会明显感到不好意思,这反映了幼儿(　　)。(2024 年上半年教师资格证考试《保教知识与能力》)

A. 自我意识的发展　　　　　　　　　B. 自我控制的发展

C. 积极情绪体验的发展　　　　　　　D. 合作行为的发展

2. 免疫时间较短,可多次感染的传染病是(　　)。(2023 年下半年教师资格证考试《保教知识与能力》)

A. 流感　　　　　B. 水痘　　　　　C. 麻疹　　　　　D. 腮腺炎

二、论述题

请按题目要求论述。(2022 年上半年教师资格证考试《保教知识与能力》)

有家长说,这一家幼儿园天天让孩子玩,什么都没有教,不教拼音,不教写字,孩子连字都不认识几个。为什么说家长的说法是错误的,请说明理由。

三、材料分析题

阅读材料,回答问题。(2022 年下半年教师资格证考试《保教知识与能力》)

材料　3 岁半的蒙蒙,很喜欢和小伙伴一起玩耍,可是奶奶却说:"你还小,出去玩会被别的孩子欺负的,就在家玩多好。"有时,邻居家的小朋友想到家里来找蒙蒙玩,大人常嫌添乱,而替蒙蒙婉言谢绝,于是蒙蒙就只能在家独自玩耍……

问题　试运用同伴对幼儿发展的作用的相关知识,对蒙蒙家长的做法进行评析。

项目五 评析 0～3 岁婴幼儿家庭教养指导

项目导读

0～3 岁是人生发展的关键阶段,大脑可塑性最强,早期教养质量直接影响儿童未来的认知、情感和社会适应能力。随着脑科学研究的突破和家庭教育观念的更新,科学育儿已成为社会共识。然而,现实中家庭面临诸多挑战:双职工父母时间有限、隔代养育观念冲突、早教市场信息混杂等。此外,政策层面虽已重视 0～3 岁早期发展(如《家庭教育促进法》),但普惠性指导服务仍待完善。因此,系统评析家庭教养指导的科学性、实践性和社会影响,对优化学前教育政策、提升家庭养育质量具有重要意义。

本项目学习每个年龄段婴幼儿家庭教养指导评析的方法,理解 0～3 岁婴幼儿家庭教养指导的评析指标,提升科学指导的素养。

学习目标

1. 知识目标:熟悉 0～3 岁婴幼儿家庭教养指导评价的原则;领会 0～3 岁婴幼儿家庭照护、穿衣出行、亲子游戏的指导方法;理解 0～3 岁婴幼儿家庭教养指导的评析指标。

2. 能力目标:熟知每个年龄段婴幼儿家庭教养指导的常见现象;掌握每个年龄段婴幼儿家庭教养指导评析的方法;能够识别婴幼儿个性差异,根据婴幼儿家庭教养指导的评价指标,提供个性化的教养策略;能够准确评析婴幼儿家庭教养中常见的现象。

3. 素养目标:理解婴幼儿身心发展规律,营造安全、温馨的家庭教养氛围,实施有效的家庭教养策略,提升家长的专业素养。

知识导图

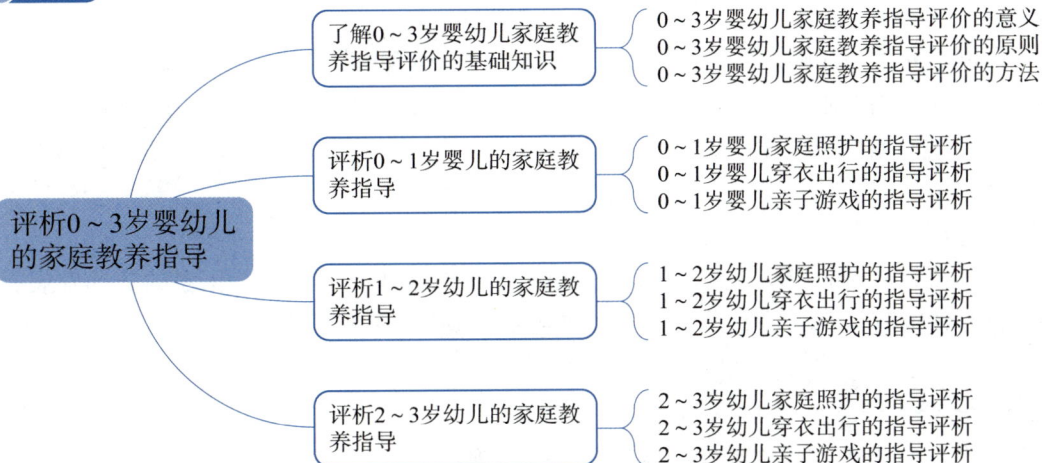

任务一　了解 0～3 岁婴幼儿家庭教养指导评价的基础知识

案例导入

> 宝宝在玩夹子,他拿起一个夹子看了看,放进篮子里,又拿起另外一个颜色的夹子却放了回去。妈妈对宝宝说:"我们来夹夹子吧。"妈妈拿起一个夹子夹住宝宝的衣服,宝宝却把它扯下来,丢在一旁。这时老师拿起一个夹子,一边夹一边说:"夹子夹子张开嘴,张开嘴巴咬住他。"说完便把夹子夹住杯口。宝宝也照着老师的样子,用夹子去夹杯口,因为杯口太厚,试了几次都没有成功。就在宝宝打算放弃的时候,老师拿来一根小草,让宝宝来夹,宝宝试了试,一下就成功了,她高兴地笑了。

这是一个老师的观察记录,通过上述片段可以看到,妈妈示范动作过快,以致儿童看不清楚。宝宝每次在要夹住东西时,手指不再用力,夹子就会合上,东西没被夹住。而当老师放慢速度时,宝宝就能很快地模仿起来,感受到夹子的一张一合。

针对儿童对夹子一开一合的混淆情况,可以将两个动作分开示范,先引导儿童用拇指和食指、中指捏住夹子尾部,把夹子取下来;再示范夹子先张开"嘴巴",夹住儿童衣服,使儿童建立用手捏夹子就会张开"嘴"的概念。夹东西时要有一定的选择性,先选择薄的、硬的,如硬纸板等,然后再选择有一定厚度和软度的塑料、手帕、衣服等东西让儿童夹。家长要注意发现和充分利用日常生活中的各种锻炼机会,训练儿童精细动作,培养独立的生活自理能力①。

一、0～3 岁婴幼儿家庭教养的指导评价的意义

1. 促进婴幼儿全面发展

科学的家庭教养指导能够提供丰富的感官刺激和良好的语言环境,促进婴幼儿大脑神经元的连接和发育,提高认知能力。通过家庭教养指导,家长能够学习如何创造丰富的语言环境,鼓励婴幼儿倾听和表达,从而有效提高其语言能力和沟通能力。家庭教养指导有助于培养婴幼儿的安全感、情绪管理能力、同情心、合作意识和良好的人际交往能力,为他们的社会情感发展奠定基础。

2. 预防儿童问题行为

科学的家庭教养指导能够有效地减少儿童早期的问题行为,预防由于家庭的忽视或虐待而导致的儿童早期心智、情绪和行为等问题。这有助于婴幼儿形成健康的心理和性格特质,为他们未来的成长和发展打下坚实的基础。

3. 提升家长教养能力

科学的家庭教养指导能够帮助家长树立正确的教养观念,理解婴幼儿身心发展的特点和规律,从而采取更加适宜的教养方式。通过家庭教养指导,家长可以学习并掌握有效的育儿方法和技巧,改善教养行为,提高养育效能感。家庭教养指导鼓励家长与婴幼儿之间的亲密互动和沟通,有助于增强亲子关系,建立稳定的家庭环境。

4. 推动社会进步与发展

婴幼儿家庭教养指导的普及和提升,有助于提高整个社会的人口素质,为国家的长远发展提供有力的人才保障。良好的家庭教养环境有助于家庭和谐与稳定,减少家庭矛盾和冲突,从而推动社会的和谐与进步。

---

① 赵洲红,陈君贤,马梅. 婴幼儿教养活动(19～24 个月)[M]. 上海:复旦大学出版社,2010.

综上所述,0～3 岁婴幼儿家庭教养指导评价的意义不仅在于促进婴幼儿的全面发展,提升家长的教养能力,预防儿童问题行为,还在于推动社会的进步与发展。因此,应高度重视婴幼儿家庭教养指导工作,为婴幼儿家庭提供科学、有效的教养指导服务。

二、0～3 岁婴幼儿家庭教养指导评价的原则

(一) 科学性原则

在 0～3 岁婴幼儿家庭教养指导中,对婴幼儿的观察、分析、评价必须以婴幼儿实际发展为基础,运用科学的方法,得出客观、真实的结果。评价者最好由婴幼儿熟悉的人员担任,以减少对婴幼儿活动和表现的影响。科学性原则要求家长和教育者在实施教养策略时,必须遵循婴幼儿身心发展的客观规律,采用科学的方法和手段,以确保教养的有效性和安全性。主要体现在以下几个方面:

1. 科学依据

科学性原则强调,要了解并尊重 0～3 岁婴幼儿在生理、心理、认知和情感等方面的发展特点。这些特点包括他们的感知觉发展、运动能力、语言能力、社交技能以及情感表达等。只有深入了解这些特点,才能制定出符合婴幼儿实际需求的教养策略。

家庭教养指导应基于心理学、教育学、儿科学等科学领域的研究成果,遵循婴幼儿身心发展的客观规律。这包括了解婴幼儿大脑发育、认知发展、情感与社会性发展的科学原理,以及这些原理在家庭教养中的应用。

2. 科学方法

根据每个婴幼儿的独特性和发展差异,制定个性化的教养计划。这包括针对婴幼儿的认知能力、情感需求、性格特点等制定相应的教育目标和活动。

家庭教养应涵盖认知、情感、社交、运动等多个方面,实现全面发展。通过游戏、互动、音乐、绘画等多种方式,为婴幼儿提供丰富的感官刺激和学习机会。

在教养过程中,既要给予婴幼儿足够的自由和探索空间,又要适时进行引导和干预。这包括教会婴幼儿如何正确表达情感、处理冲突、与他人合作等社交技能,以及如何通过游戏和活动来培养认知能力和创造力。

3. 科学评估

对婴幼儿的成长和发展进行定期评估,了解他们在各个方面的发展情况。这有助于家长和教育者及时发现问题并调整,确保教养策略的有效性和针对性。

采用多种评估方法和工具,包括观察记录、问卷调查、家长访谈等,以全面了解婴幼儿的发展状况。这有助于避免单一评估方法的局限性,提高评估的准确性和可靠性。

根据评估结果,及时对教养策略进行调整和优化。这包括根据婴幼儿的发展阶段和需求变化,调整教育目标和活动内容,以及根据家长的反馈和建议,改进教养方法和手段。

4. 科学保障

寻求专业机构或专家的指导和支持,确保家庭教养指导的科学性和有效性。这包括参加育儿讲座、咨询育儿专家、阅读专业育儿书籍等。

家庭成员之间应相互支持、理解和配合,共同为婴幼儿的成长和发展创造良好的家庭环境。这包括提供足够的关爱和陪伴、尊重婴幼儿的个性和需求、营造和谐的家庭氛围等。

总之,科学性原则在 0～3 岁婴幼儿家庭教养指导中具有重要意义。要求家长和教育者遵循婴幼儿身心发展的客观规律,采用科学的方法和手段进行教养和评估,以确保婴幼儿在认知、情感、社交和运动等方面得到全面发展。

0～3 岁婴幼儿家庭教养指导评价的客观性原则是指,在评价家庭对 0～3 岁婴幼儿的教养效果时,应以客观、真实、科学的态度和方法为依据,确保评价结果的公正性和准确性。这一原则对于婴幼儿家庭教养指导的改进和提升具有重要意义。以下是对该原则的具体阐述。

（二）客观性原则

① 评价标准客观。评价标准应基于婴幼儿心理、生理发展的客观规律和特点，确保评价内容的科学性和合理性。评价标准应具有明确性、可操作性和可衡量性，以便对婴幼儿的教养效果进行准确评估。

② 评价方法客观。评价方法应科学、规范，能够全面、准确地反映婴幼儿的教养效果。应采用多种评价方法相结合，如观察法、问卷法、访谈法等，以获取更全面的评价信息。

③ 评价过程客观。评价过程应严格遵守评价程序，确保评价步骤的规范性和一致性。评价者应保持客观、中立的态度，不受个人情感、偏见或利益关系的干扰。

（三）全面性原则

0～3岁婴幼儿家庭教养指导的全面性原则，强调的是在教养过程中要全面关心、关注、关怀婴幼儿的成长，具体体现在以下几个方面。

1. 身心健康的全面发展

婴幼儿的身心健康是其发展的基础。家庭教养应把儿童的健康、安全及养育工作放在首位，坚持保育与教育紧密结合的原则，保中有教，教中重保，自然渗透，教养合一。这要求家长在提供适宜的生活环境的同时，也要关注婴幼儿的心理健康，如通过亲子互动、游戏等方式，增进亲子关系，培养婴幼儿的情感和社会性发展。

2. 多元智能的全面发展

婴幼儿在发育过程中，会展现出不同的智能特点和发展差异。家庭教养应尊重这些差异，提供多样化的刺激和经验，以促进婴幼儿多元智能的全面发展。例如，提供丰富的视听刺激、玩具和材料，鼓励婴幼儿进行探索和学习；同时，也要关注婴幼儿在感知与运动、认知与语言、情感与社会性等方面的发展，为其提供适宜的教育和训练。

3. 生活技能的全面发展

婴幼儿期是生活技能形成的关键时期。家庭教养应注重培养婴幼儿的基本生活技能，如自我照顾、自我表达、社交互动等。通过日常生活中的实践活动，如穿衣、吃饭、如厕等，家长可以逐步引导婴幼儿学会独立完成这些任务，从而培养其自主性和自信心。

4. 个性品质的全面发展

每个婴幼儿都有独特的个性和品质。家庭教养应尊重婴幼儿的个性差异，鼓励其展现自己的特点和优势。同时，也要通过正面的引导和教育，帮助婴幼儿形成良好的品质，如勇敢、诚实、善良等。这些品质将伴随婴幼儿的一生，对其未来的成长和发展产生深远的影响。

5. 教育环境的全面性

家庭应为婴幼儿提供一个安全、舒适、富有教育意义的生活环境。这个环境应包含丰富的感官刺激、适宜的学习材料和玩具，以及和谐的家庭氛围和亲子关系。在这样的环境中，婴幼儿可以自由地探索、学习和成长。

（四）发展性原则

婴幼儿是不断发展的人，应用发展变化的眼光看待婴幼儿，在动态中认识婴幼儿各项指标的发展。不应因为婴幼儿目前的某项不良发展而轻易判断其综合发育水平差，而应根据婴幼儿发展情况，制定具体可行的计划和改进建议。同时，观察与评价的方法要具有科学性、教育性，不能以伤害婴幼儿为代价获得评价结果。具体来说，这一原则包括以下几个方面的要求。

1. 注重阶段性与连续性的统一

0～3岁是婴幼儿身心发展的关键时期，每个阶段都有其特定的发展特点和需求。家庭教养应根据婴幼儿的年龄阶段和发展水平，制定相应的教育目标和计划，同时保持教育的连续性，确保婴幼儿在不同阶段都能得到适宜的支持和引导。例如，在0～1岁阶段，应重点培养婴儿的基本生活技能和感知能力；在1～2岁阶段，应注重培养幼儿的语言表达能力和自我意识；在2～3岁阶段，则应关注幼儿的社交技能和初步的学习能力。

2. 提供丰富多样的学习机会

婴幼儿通过感知、运动和探索来认识世界,家庭教养应为其提供丰富多样的学习机会。这包括提供适宜的玩具和材料,鼓励婴幼儿进行自由探索和操作;创设富有教育意义的环境,如阅读角、游戏区等,激发婴幼儿的学习兴趣和好奇心;同时,家长也应积极参与婴幼儿的学习过程,通过示范、引导和互动,促进其认知、语言和社交等方面的发展。

3. 关注个体差异与因材施教

每个婴幼儿都是独一无二的个体,具有不同的兴趣、特长和发展速度。家庭教养应关注婴幼儿的个体差异,因材施教,为其提供个性化的教育支持。这要求家长了解婴幼儿的兴趣和特长,尊重其选择和发展方向,同时根据婴幼儿的发展水平和需求,调整教育策略和方法,以促进其全面发展。

4. 培养婴幼儿的学习能力和习惯

家庭教养应注重培养婴幼儿的学习能力和习惯,这是其未来学习和发展的基础。家长可以通过日常生活中的实践活动,如阅读、游戏、观察等,引导婴幼儿学会学习、学会思考;同时,也要注重培养婴幼儿的注意力、记忆力和想象力等认知能力,以及良好的学习习惯和态度,如主动学习、积极探索、勇于尝试等。

5. 鼓励自主性与创造性的发展

婴幼儿具有天生的好奇心和探索欲,家庭教养应鼓励其自主性和创造性的发展。家长可以为婴幼儿提供自由探索的空间和机会,鼓励其自主选择和决定;同时,也要关注婴幼儿的创造性表现,如绘画、手工、音乐等方面的创作,给予积极的反馈和鼓励,以激发其创造力和想象力。

三、0~3 岁婴幼儿家庭教养指导评价的方法

在 0~3 岁婴幼儿家庭教养指导中,评价是为了全面、客观、科学地评估婴幼儿的发展状况和家庭教养效果,因此评价方法的选择和应用至关重要。

1. 观察法

观察法是最直接、最常用的评价方法之一。家长或教师可以通过日常观察,记录婴幼儿的行为表现、情绪变化、兴趣爱好等,从而了解其发展水平、个性特点以及家庭教养环境对其的影响。观察法可以细致入微地捕捉婴幼儿的成长瞬间,为家庭教养提供有针对性的指导。

2. 问卷调查法

问卷调查法是通过设计问卷,向家长收集关于婴幼儿发展、家庭教养情况等信息的方法。问卷可以包含关于婴幼儿认知、语言、社交、情感、运动等多方面的问题,以及家长对家庭教养的看法和期望。通过问卷分析,可以了解婴幼儿在各方面的发展情况,以及家庭教养中存在的问题和改进的方向。

3. 访谈法

访谈法是通过与家长进行面对面的交流,深入了解婴幼儿的发展状况、家庭教养环境以及家长的教育观念和方法。访谈可以更加深入地挖掘家长对婴幼儿发展的看法和期望,以及家庭教养中的经验和困惑。通过访谈,可以为家长提供更加具体、个性化的指导建议。

4. 成长记录袋评价法

成长记录袋评价法是通过收集婴幼儿在不同发展阶段的作品、照片、视频等资料,建立个人成长记录袋,以此评估其发展水平。这种方法可以直观地展示婴幼儿的成长轨迹,帮助家长和教师更加全面地了解婴幼儿的发展状况。同时,成长记录袋也可以作为家庭教养效果的一种反馈机制,让家长和教师看到教养策略的成效。

5. 标准化测验法

标准化测验法是通过使用标准化的测验工具,对婴幼儿进行认知、语言、社交等方面的评估。这种方法可以提供客观、量化的评估结果,有助于家长和教师了解婴幼儿在特定领域的发展水平。然而,需要注意的是,标准化测验法可能无法全面反映婴幼儿的发展状况,因此应结合其他评价方法共同使用。

6. 情境模拟法

情境模拟法是通过模拟特定的生活场景或任务,观察婴幼儿在其中的表现,以此评估其适应能力、解

决问题的能力等。这种方法可以更加真实地反映婴幼儿在实际生活中的表现,有助于家长和教师了解其在实际生活中的发展状况。

0～3岁婴幼儿家庭教养指导的评价方法多种多样,应根据具体情况选择适合的方法进行评估。同时,评价过程应注重客观性、全面性和科学性,确保评估结果的准确性和有效性。通过合理的评价方法,可以为家长提供更加具体、个性化的指导建议,促进婴幼儿的全面发展。

育儿宝典

0～3岁婴幼儿家庭个别指导与咨询

针对婴幼儿教养中存在的问题可以开展入户个别指导。通过家庭教育指导者对家长所做的个别指导,深入讨论问题,提出的建议也富有针对性和可操作性。这种一对一的沟通方式更容易调动家长的参与意识,满足家长的指导需要,解决具体的家庭教育问题,实效性强。在指导过程中,指导者可以较好地落实了家长主体和理论联系实践的原则,指导者循循善诱,通过"谈谈最近的情况""请说具体的事""你们是如何处理的""你们是怎么和孩子交流的"等问题有效激发家长主动反思自己在家庭教育中的行为以及家庭教育中的问题,然后围绕孩子家庭教养中经常出现的问题,如"扔瓶子""爱去厨房有危险""与孩子说话注意什么""不收拾东西哭闹"等家长面临的问题,从原因分析和参考建议两方面做出指导,让家长能举一反三,合理利用婴幼儿发展的理论寻找问题的解决方式。指导者按照引发家长反思→述说→认真倾听,准确理解家长的意思,了解家长的做法→分析问题原因和婴幼儿发展特点→肯定家长的合理做法,提出改进建议的程序帮助家长查找家庭教育的各种问题,并逐一解决。以平等的身份就事论事,阐明处理的原理,以理服人,便于家长采纳实施。

这类个别指导一般具有延续性,会定期(1周或1个月)进行,指导者可能根据孩子发展的情况制定未来教育计划。为了全面促进婴幼儿的发展,指导者可以通过发放不同年龄阶段的《幼儿家庭教育操作手册》《××阶段家庭教育要领》《教育××阶段宝宝家长须知》等材料补充指导内容。同时,也可以通过网络指导、电话指导、书信指导等方式弥补交流不够、时间不便等问题,增强指导者与家长沟通的灵活性。

任务思考

1. 简述0～3岁婴幼儿家庭教养指导评价的原则。
2. 简述0～3岁婴幼儿家庭教养指导评价的方法。
3. 简要说明0～3岁婴幼儿家庭教养指导评价的意义。

任务二　评析 0～1 岁婴儿的家庭教养指导

案例导入

　　小张是一位初为人父母的新手爸爸,在孩子出生后,面临着如何科学育儿的难题。小张和妻子都希望给予孩子最好的照顾,但由于缺乏相关知识和经验,他们在育儿方面遇到了一些问题。孩子晚上经常哭闹,难以入睡,导致父母疲惫不堪。孩子挑食、偏食,不愿意尝试新食物,导致营养不均衡。孩子经常哭闹、打闹,难以控制情绪,导致家庭氛围紧张。小张和妻子对婴幼儿时期的生理、心理发展了解不足,无法为孩子提供科学的照顾。缺乏育儿经验,面对孩子的各种问题束手无策。不知道如何寻求专业指导,导致问题无法得到及时解决。

　　那么该如何进行科学的养育? 本任务的学习将为广大父母一一解答。

一、0～1 岁婴儿家庭照护的指导评析

　　0～1 岁是人生发展的关键时期,这一阶段的照护质量直接影响婴儿的生理健康、认知发展和情感建立。随着现代育儿理念的不断更新,家庭照护已经从单纯的生理需求满足转变为全面关注婴儿的身心发展。然而,许多新手父母在面对新生儿照护时仍感到手足无措,缺乏系统、科学的指导。

1. 0～1 岁婴儿的发展特点

　　0～1 岁是婴儿生长发育最为迅速的阶段,这一时期的生理和心理变化极为显著。在生理发展方面,婴儿从出生时的完全依赖逐渐发展为具备基本运动能力。0～3 个月时,婴儿主要发展颈部肌肉控制能力;4～6 个月开始尝试翻身和坐立;7～9 个月可以爬行;10～12 个月则可能站立甚至行走。同时,感官系统也快速成熟,视觉从最初的模糊状态发展到能够清晰辨认人脸和物体,听觉、触觉等感官能力也不断增强。

　　心理发展方面,婴儿的认知能力和情感社交能力逐步形成。0～6 个月是建立基本信任感的关键期,婴儿通过照护者的及时回应获得安全感;6～12 个月则开始发展客体永久性概念,并表现出对主要照护者的明显依恋。语言发展方面,从最初的哭声交流逐渐过渡到牙牙学语,并开始理解简单指令。了解这些发展特点对于提供适龄照护至关重要,照护者应根据婴儿不同阶段的能力和需求调整照护方式,既不超前也不滞后,以促进其自然发展。

2. 营养喂养指导

　　营养喂养是 0～1 岁婴儿照护的核心内容之一。母乳喂养是最理想的喂养方式,世界卫生组织建议纯母乳喂养至 6 个月。母乳不仅提供全面营养,还含有抗体和免疫因子,能有效降低婴儿患病风险。哺乳时应注意采取正确的含接姿势,确保婴儿能有效吸吮,同时母亲要保持均衡饮食和充足休息。对于无法母乳喂养的,应选择适合的配方奶粉,并严格按照说明进行配制和喂养。

　　6 个月后需要逐步添加辅食,这是婴儿营养供给的重要转折点。辅食添加应遵循由少到多、由稀到稠、由单一到多样的原则。首先引入铁强化米粉、蔬菜泥等易消化食物,随后逐渐增加食物种类和质地。喂养过程中要密切观察婴儿对食物的接受程度和过敏反应。建立规律的喂养时间和良好的进食习惯同样重要,这有助于婴儿形成健康的饮食行为模式,为今后的自主进食打下基础。

3. 睡眠管理与日常护理

　　良好的睡眠对婴儿的生长发育至关重要。新生儿每天需要 16～20 小时的睡眠,随着年龄增长,睡眠时间逐渐减少但仍保持较长。建立规律的睡眠习惯应从区分昼夜开始,白天保持适当光线和活动,夜间营造安静昏暗的环境。睡前仪式如洗澡、抚触、轻柔音乐等有助于婴儿放松入睡。安全睡眠姿势建议采用仰

卧位,床上避免放置松软物品,以防窒息风险。

日常护理包括沐浴、更衣、尿布更换等基本内容。沐浴时水温应保持在 37～38℃,时间不宜过长,特别注意清洁皮肤皱褶处。尿布应及时更换,预防尿布疹发生。口腔护理从出生后就应该开始,用干净湿纱布清洁牙龈和舌头。随着牙齿萌出,应使用适合年龄的牙刷清洁。此外,适当的户外活动和日光浴有助于维生素 D 的合成,促进钙吸收,但需避免强烈阳光直射。

4. 健康监测与疾病预防

定期健康监测是保障婴儿健康成长的重要手段。应按照预防接种计划及时完成各类疫苗接种,这是预防传染病的有效方法。同时,定期测量和记录婴儿的身高、体重、头围等生长指标,绘制生长曲线图,及时发现生长偏离情况。常见疾病如感冒、腹泻、湿疹等在婴儿期较为多见,照护者应学会基本识别和初步处理,如测量体温、物理降温等方法,同时掌握就医指征,避免延误治疗。

家庭应准备基本的急救用品和常用药物,照护者还需学习婴儿心肺复苏等急救技能。特别要注意的是,任何用药都应在医生指导下进行,切勿自行给药。保持居住环境清洁通风,避免接触病患,培养良好的卫生习惯,这些都是预防疾病的重要措施。当婴儿出现持续高热、拒食、精神萎靡等警示症状时,应立即就医寻求专业帮助。

5. 安全防护与环境创设

婴儿安全防护是家庭照护中不可忽视的重要环节。随着运动能力的发展,婴儿的活动范围不断扩大,安全隐患也随之增加。家庭环境应进行全面的安全评估和改造,如安装防护栏、覆盖电源插座、固定家具等,防止跌落、触电、碰撞等意外发生。小件物品应远离婴儿,避免误吞风险。洗澡时永远不要将婴儿单独留在水中,即使水位很低也可能发生溺水。

玩具选择应符合年龄特点和安全标准,避免有小零件或尖锐边缘。乘汽车出行必须使用符合标准的婴儿安全座椅。此外,要注意防止烫伤、中毒等家庭常见意外。照护者应时刻保持警觉,因为婴儿的意外伤害往往发生在短暂的疏忽间。除了物理环境的安全,还要注意营造适宜的温度、湿度和光线,保持空气新鲜但避免直接吹风,为婴儿创造一个舒适、安全的成长空间。

6. 情感交流与早期教育

情感交流和早期教育对婴儿的心理发展具有深远影响。积极的亲子互动能促进婴儿安全感的建立和大脑发育。从出生开始,照护者就应通过眼神交流、温柔触摸、回应性语言等方式与婴儿建立情感连接。随着月龄增长,可以引入适合发展水平的游戏和活动,如摇铃游戏、躲猫猫、图画书阅读等,这些活动不仅能增进亲子关系,还能刺激感官发展和认知能力。

语言输入对婴儿的语言发展至关重要,照护者应多与婴儿"对话",即使他们还不能用语言回应。描述日常活动、命名周围物品、唱歌谣等都是促进语言发展的好方法。运动发展方面,应提供安全的空间和适度的引导,让婴儿自由探索和练习新技能,如俯卧时间有助于强化颈部肌肉,爬行空间促进运动协调性发展。重要的是要尊重每个婴儿的发展节奏,避免过度干预或揠苗助长,在提供适当刺激的同时给予充分的爱与支持。

7. 当前家庭照护中存在的问题与改进建议

尽管育儿知识日益普及,当前 0～1 岁婴儿家庭照护中仍存在一些普遍问题。首先是过度保护现象,部分家长因担心安全问题而过度限制婴儿的活动,这反而可能阻碍其运动能力和探索精神的发展。其次是喂养问题,包括过早添加辅食、强迫进食或过度依赖奶瓶等不当做法。睡眠方面,常见问题有睡眠环境不安全、哄睡方式不当导致睡眠依赖等。此外,部分家庭忽视情感交流和早期刺激的重要性,仅关注生理需求的满足。

针对这些问题,改进建议包括:加强科学育儿知识的宣传教育,帮助照护者理解婴儿发展的自然规律;建立社区支持网络,为新手父母提供经验分享和专业指导的机会;鼓励照护者观察和回应婴儿的个体需求,避免生搬硬套育儿"标准";提倡平衡的保护策略,在确保安全的前提下给予适度的探索自由。医疗机构和社区服务中心应提供更多的育儿指导资源,帮助家庭提升照护能力,为婴儿创造最优的成长环境。

0～1 岁婴儿的家庭照护是一项复杂而细致的工作,需要照护者具备科学知识、实践技能和敏锐的观察力。每个婴儿都是独特的个体,照护者应在掌握普遍原则的基础上,灵活调整以适应婴儿的个体特点和家庭环境。随着研究的深入和社会的进步,婴儿照护理念和方法也将不断更新发展。家庭、医疗机构和社会各界应共同努力,持续提升婴儿照护质量,让每个孩子都能在生命最初的关键阶段获得最好的开始。

二、0～1 岁婴儿穿衣出行的指导评析

穿衣出行是 0～1 岁婴儿日常照护中最频繁也最易被忽视的环节之一。恰当的穿衣方式不仅能维持婴儿体温平衡,保护娇嫩皮肤,还能促进其感官发展和运动能力;而科学的出行安排则关系到婴儿的安全与健康体验。然而,许多新手父母在这一领域面临诸多困惑:如何判断婴儿冷暖? 不同季节该如何搭配衣物? 出行时需要特别注意哪些安全问题? 这些日常抉择背后实际上蕴含着丰富的科学知识。

(一) 0～1 岁婴儿的生理特点与穿衣基础

0～1 岁婴儿的体温调节系统和皮肤结构与成人存在显著差异,这是制定穿衣策略的生理学基础。新生儿体温调节中枢尚未发育完善,皮下脂肪层较薄,体表面积相对较大,这些特点导致其散热快、保温能力差。特别是早产儿,棕色脂肪组织含量不足,更易出现体温过低。随着月龄增长,到 6 个月左右,婴儿的体温调节能力才逐渐接近成人水平。婴儿皮肤角质层比成人薄 30%,皮脂分泌少,屏障功能弱,易受外界刺激和过敏原侵袭。

基于这些特点,婴儿穿衣应遵循适度保暖、透气排汗、柔软防护三大原则。判断婴儿冷暖不应仅凭手脚温度,而应触摸其后颈和背部:温暖干燥表示适宜,潮湿发热说明过热,凉则需加衣。值得注意的是,婴儿对过热的风险大于稍凉,过热可能诱发痱子、湿疹甚至婴儿猝死综合征(SIDS)。因此,合理的穿衣应当帮助婴儿维持 36.5～37.5℃ 的核心体温,同时避免汗液积聚刺激皮肤。材质选择上,100% 纯棉是最佳基础选项,其吸湿透气性好,对皮肤刺激小;羊毛适合低温环境但可能引起过敏;应避免合成纤维直接接触皮肤。洗涤时应使用中性洗涤剂,充分漂洗,避免化学残留。

(二) 季节性与场合性穿衣策略

季节变化对婴儿穿衣提出不同要求,需要照护者灵活调整。夏季穿衣以防晒降温为主,选择浅色、宽松的短袖连体衣或纱布衣,搭配宽檐帽和透气袜。户外活动时,应使用 UPF 50＋ 的专业防晒衣或轻薄长袖衣物进行物理防晒,避免在 10～16 点紫外线强烈时段外出。空调环境下,建议采用洋葱式穿法:薄内衣＋开衫,方便根据温度调节,保持室温在 24～26℃ 为宜,注意保护腹部和脚部不受凉。

冬季穿衣重在保暖防寒,推荐三层法则:内层吸湿排汗(纯棉内衣)、中层保暖(摇粒绒或薄棉袄)、外层防风防水(羽绒服或棉外套)。特别注意保护头部(保暖帽)、颈部(围巾或高领)和手足(连指手套和保暖袜)。室内供暖时避免过度包裹,定期检查是否出汗。春秋季温差大,建议采用便于穿脱的分体式服装,随身携带马甲或薄外套应对气温变化。值得强调的是,无论何种季节,婴儿睡觉时应避免过多衣物和厚重被子,使用睡袋更为安全,可防止口鼻被遮盖的风险。

特殊场合穿衣需考虑实用性和安全性。医疗检查时选择前开扣的连体衣,便于快速穿脱;拍照场合避免有绳带、小饰物的服装,以防意外;正式场合,也应优先考虑舒适度,避免厚重复杂的礼服。雨天出行需准备防水材质的连体雨衣和雨靴,但不宜长时间穿着,以防闷热。所有场合都应避免有抽绳、小珠子等可能造成缠绕或误吞的装饰,领口和袖口不宜过紧,裤脚最好有弹性收口以防绊倒。

(三) 月龄发展特点与穿衣调整

0～1 岁婴儿的穿衣需求随月龄增长而动态变化,照护者应及时调整策略。0～3 个月新生儿期,婴儿活动能力有限,体温调节能力弱,适合选择前开扣或系带的连体衣(和尚服),方便穿脱和尿布更换。材质需特别柔软,接缝处最好为平缝或外缝,减少摩擦。由于新生儿颈部无力,应避免套头式衣服,如需穿着,选择肩部有纽扣或宽松领口的款式。这个阶段建议比成人多穿一层,但包裹不宜过紧,需保留活动空间。

4～6 个月婴儿开始翻身和坐立,活动量增加,体温调节能力有所提升。此时可逐渐过渡到分体式服装,便于肢体活动,但腰部应宽松柔软,避免松紧带过紧。材质仍需以纯棉为主,可尝试略厚实的针织面料。随着手部抓握能力发展,避免长袖口下垂妨碍活动,可选择七分袖或弹性收口设计。此阶段穿衣可比

成人多穿半层,特别注意保护活动时暴露的腹部和背部。

7～12个月婴儿进入爬行和学步期,活动范围扩大,产热能力增强。服装应注重活动便利性和防护性,选择耐磨的爬行服或护膝设计裤装。学步期最好穿防滑袜或软底学步鞋,避免厚底鞋影响平衡。此时穿衣可与成人相当,甚至略少,但需随活动状态灵活调整。随着自主意识萌芽,可提供简单的穿衣选择,如不同颜色的袜子,培养自主性。

所有阶段都应定期检查衣物是否合身,过小会影响发育,过大可能造成安全隐患,可选择偏襟款、中开款、套头款等连体衣,这些款式不勒腰,手脚活动不受限,且能保护肚子不受凉。当宝宝开始学坐、爬、扶站时,上下分体的衣裤相较于连体衣,能给予宝宝更大的活动自由度。

(四)安全出行装备与使用指南

婴儿出行安全是照护工作的重中之重,需要专业装备和正确使用方法。1岁以内的宝宝免疫力较弱,应避免前往人群密集、空气不流通的地方,如大型商场、拥挤的旅游景点等。最好选择公园等开阔、空气清新的地方游玩,以减少病菌感染的风险。

乘车出行时,小于2岁的婴幼儿必须使用后向安全座椅,并反向安装在汽车的后排座位上,以确保行车安全。乘汽车出行必须使用符合国家安全标准的儿童安全座椅,0～13 kg(约0～15个月)的婴儿应使用反向安装的婴儿专用座椅,这种设计能在碰撞时有效保护脆弱的头颈部。安装位置绝对避免安置在装有安全气囊的前排。使用时要确保安全带紧绷,肩带从肩部中间穿过,胸夹位于腋下水平,婴儿背部与座椅间不能有空隙。据研究,正确使用安全座椅可降低71%的死亡率,但我国适龄儿童安全座椅使用率仍不足30%,这一现状亟需改变。

婴儿车选择应考虑安全性、舒适性和便利性的平衡。0～6个月应选用可平躺的车型,保证脊柱有支撑;6个月后可使用坐式推车,但需配备五点式安全带和防翻装置。推车应有良好的减振系统,遮阳篷最好能全覆盖,并配有防紫外线涂层。使用时随时刹车,避免在斜坡处停留,不悬挂过重物品以防倾倒。乘公共交通工具出行,使用折叠推车应避开高峰时段,地铁站内尽量使用升降梯而非扶梯。

户外防护装备根据环境特点配置。夏季必备防晒帽(帽檐宽度＞7 cm)、婴儿专用防晒霜(物理性、SPF 30＋)和蚊帐;冬季需要防风保暖的连体雪服、手套和全封闭式婴儿车保暖套。高污染天气应配备PM 2.5防护罩,但需注意透气性,避免二氧化碳积聚。所有出行都应携带应急包,内含备用衣物、尿布、湿巾、围嘴、小毯子、常用药品和紧急联系卡,卡片上注明婴儿基本信息、过敏史和监护人联系方式。

(五)特殊环境下的穿衣出行策略

特殊环境对婴儿穿衣出行提出更高要求,需要照护者提前做好充分准备。航空旅行时,婴儿穿衣应考虑机舱温度变化,推荐穿便于穿脱的分层服装,随身携带薄毯。起飞降落时让婴儿吸吮奶瓶或安抚奶嘴,缓解耳压不适。航空公司通常允许2岁以下婴儿不占座,但专家建议购买单独座位并使用经认证的航空安全座椅(CRS),这能显著提升安全性。国际旅行还要考虑目的地气候差异,准备过渡性衣物应对时区和温度变化。

极端天气出行需格外谨慎。高温天气(＞32℃)尽量避免外出,必须出行时选择透气性极佳的竹纤维或特殊降温面料衣物,使用便携小风扇和冷却贴,每15～20分钟检查一次是否过热。严寒天气(＜－5℃)采用"三明治"穿法:内层排汗、中层保暖、外层防风,暴露部位涂抹凡士林防冻伤,在外时间不超过30分钟。雨雪天气需防水鞋套和推车雨罩,但要注意内部通风,防止湿气积聚。

医疗出行如疫苗接种或体检,穿衣应考虑便捷性和舒适度。选择前开扣的宽松衣物,便于医生检查;疫苗接种最好穿上下分体式,露出大腿而非手臂(6个月以下婴儿大腿注射更安全)。住院期间衣物应以柔软、无刺激为主,避免套头式,方便连接监护设备。特殊检查如核磁共振需准备无金属衣裤和袜子,提前与医护人员沟通要求。

(六)常见误区与科学建议评析

在当前婴儿穿衣出行实践中存在若干常见误区,需要基于科学证据澄清和指导。最普遍的误区是"婴儿比成人怕冷",导致过度包裹。实际上,婴儿新陈代谢旺盛,单位体重产热量高于成人,过度穿衣反而阻碍散热,增加过热风险。研究显示,过热是婴儿猝死综合征的危险因素之一,合理做法是参照健康成人的穿衣厚度,通过触摸后颈判断冷暖,而非一味加衣。

另一个突出问题是安全座椅使用不当。调查显示,约60%的家庭存在安全座椅安装错误或使用不规范,如反向安装时间不足、安全带过松、冬季穿着厚重外套乘坐等。科学建议强调:安全座椅应反向安装至2岁或达到座椅重量上限;乘坐时脱掉厚重外套,改用小毯子覆盖;胸夹位置必须正确,安全带紧绷至只能插入一根手指。社会层面应加强立法和宣传教育,提高安全座椅使用率和正确使用率。

在材质选择上,许多家长偏爱纯天然但可能刺激皮肤的材质,如未经处理的羊毛或粗糙亚麻。实际上,婴儿皮肤需要的是柔软度和安全性,经过特殊处理的合成纤维可能比天然材质更合适。洗涤方面,过度使用消毒剂和柔顺剂反而可能残留有害物质,建议选择无添加洗涤剂,用60℃热水洗涤即可有效杀菌。

出行防护也存在认知偏差,如过度依赖防晒霜而忽视物理防晒,或认为阴天不需要防晒。事实上,婴儿应优先采用衣物、遮阳篷等物理防晒手段,6个月以内不宜使用防晒霜,6个月以上也应选择氧化锌或二氧化钛为主的物理性防晒霜。紫外线指数>3时即需防护,而非仅凭阳光强弱判断。

(七) 文化差异与个性化考量

婴儿穿衣出行实践受到文化传统、气候环境和经济条件等多重因素影响,需要尊重差异并寻求科学平衡。在寒冷地区如北欧国家,普遍接受婴儿在低温环境中小睡的做法,但会配备专业的户外睡袋和温度监测;而热带地区更关注防暑降温和蚊虫防护。我国传统中的"蜡烛包"束缚婴儿肢体的做法已被现代医学否定,但适度的襁褓包裹对0~3个月婴儿确有安抚作用,关键是要保证髋关节能自由活动。

家庭经济条件也影响穿衣出行选择,但安全底线不应妥协。预算有限时,应优先投资关键安全装备(如合格的安全座椅),衣物可以精减数量但保证质量,选择可调节、使用时间长的款式。二手衣物需注意消毒和安全性检查,但安全座椅不建议购买二手,因其可能隐含损伤或已过使用期限。

个性化需求也不容忽视。过敏体质婴儿需特别选择有机棉或抗过敏处理的面料;特殊需求婴儿如早产儿可能需要更小的尺寸或更方便医疗护理的设计;皮肤敏感婴儿应避免所有可能摩擦的标签和接缝。随着环保意识增强,越来越多的家庭开始关注衣物的生态影响,选择可生物降解的竹纤维或回收材料制成的衣物,这既是对婴儿健康的保护,也是对可持续发展的贡献。

科学的穿衣策略应顺应婴儿发展规律,随月龄、季节和环境动态调整;安全出行则依赖于合格装备的正确使用和风险意识的培养。值得重视的是,穿衣出行不仅是满足基本需求的手段,也是婴儿认识世界、发展感知的重要途径,过于限制性的保护反而可能阻碍发展。未来研究应进一步探索新型智能材料在婴儿服装中的应用,如温敏变色面料、透气防水科技等;出行安全领域则需要加强立法执行和公共教育,提高安全座椅使用率。医疗机构和社区服务中心应提供更多实操指导,帮助照护者将理论知识转化为日常实践。最终目标是让每个婴儿都能在安全舒适的环境中自由探索,健康快乐地成长。

三、0~1岁婴儿亲子游戏的指导评析

亲子游戏是0~1岁婴儿早期发展的重要载体,对大脑神经回路的建立、安全依恋的形成以及各项基础能力的发展具有不可替代的作用。现代发展心理学研究表明,生命第一年的亲子互动质量直接影响婴儿的认知架构、情绪调节能力和社会性发展。然而,许多新手父母对如何开展适龄的亲子游戏存在困惑:什么是适合新生儿的游戏?不同月龄的游戏重点有何差异?游戏过程中如何把握互动强度?这些问题反映出当前亲子游戏指导的系统性和科学性有待提升。

(一) 0~3个月新生儿期亲子游戏指导

新生儿期的亲子游戏以感官刺激和基本信任感建立为主要目标。这一阶段婴儿的视觉聚焦距离为20~30 cm,恰好在哺乳时母亲面孔与婴儿眼睛的距离范围内。基于这一特点,面对面凝视游戏成为最自然的亲子互动:父母在适当距离内与婴儿温柔对视,做出夸张的表情变化,这种看似简单的互动能有效刺激婴儿的视觉追踪和面部识别能力发展。研究表明,新生儿对人脸图案的关注时间显著长于其他图形,这种偏好为早期社会性发展奠定了基础。

触觉刺激游戏对此阶段婴儿尤为重要。温柔的抚触按摩不仅促进血液循环和消化功能，更能帮助婴儿建立身体意象和安全感。系统化的婴儿抚触操应包括面部、胸部、四肢和背部按摩，使用适量婴儿油，力度轻柔，边按摩边与婴儿进行语言交流。美国儿科学会建议，每天至少进行15分钟抚触互动，可显著减少婴儿哭闹时间。另一类重要游戏是听觉刺激，如摇铃游戏：使用不同声响的摇铃在婴儿视线外轻轻摇动，引导其转头寻找声源，这有助于听觉定位能力的发展。所有游戏都应遵循婴儿的"清醒-睡眠"周期，选择在安静清醒状态进行，每次持续时间不宜超过3～5分钟，避免过度刺激。

（二）4～6个月婴儿亲子游戏指导

4～6个月婴儿的感官协调能力和运动能力显著提升，亲子游戏的内容和形式应相应丰富。这一阶段婴儿开始发展手眼协调能力，抓握游戏成为发展重点：提供不同质地、形状的安全玩具（如软布书、牙胶、摇铃等），鼓励婴儿主动伸手抓握。游戏过程中，父母可将玩具放在婴儿视线范围内但稍远的位置，激励其通过翻身或移动身体来获取，这有助于大运动能力的发展。值得注意的是，此阶段婴儿开始将物品放入口中探索，所有游戏材料必须符合安全标准，避免小零件脱落风险。

躲猫猫游戏在此阶段具有特殊发展价值。通过用手或布巾遮住面部然后重新出现的简单互动，婴儿开始理解"客体永久性"概念，即物体即使看不见也依然存在。瑞士心理学家皮亚杰认为，这一认知突破为后续符号思维和问题解决能力奠定了基础。在游戏实施时，父母应注意保持表情生动活泼，出现时使用一致的愉悦语调，停顿时间不宜过长（2～3秒最佳），以维持婴儿的兴趣和期待。随着婴儿熟悉游戏规则，可逐渐增加变化，如改变隐藏位置、使用不同遮挡物等。

语言启蒙游戏也应在此阶段系统引入。对话游戏鼓励父母模仿婴儿的咿呀声，创造类似对话的互动节奏。这种语音网球式的交流能有效提升婴儿的发声频率和音素多样性，为语言发展奠定基础。同时，应大量开展指认游戏：抱着婴儿在室内走动，指着常见物品清晰命名（如"这是灯，灯亮了"）。这种互动能扩大婴儿的词汇储备，尽管他们还不能表达，但已开始形成词汇的心理表征。游戏过程中应密切观察婴儿反应，当其出现转头、眨眼频率改变等注意力分散信号时，需及时调整或暂停活动。

（三）7～9个月婴儿亲子游戏指导

7～9个月婴儿的运动能力和认知水平显著提升，亲子游戏应侧重支持其探索行为和发展因果关系理解。这一阶段婴儿通常掌握了坐立和爬行能力，探索性游戏成为主导：在安全环境中设置多样化的探索区域，如不同材质的爬行垫、装有安全家居物品的低矮抽屉等，允许婴儿自主选择感兴趣的对象进行探索。研究表明，在成人安全守护下的自主探索能显著促进婴儿的问题解决能力和空间认知发展。父母在此类游戏中应扮演"安全基地"角色，保持适度距离但随时可及，当婴儿回头确认时给予微笑或语言回应，这有助于安全依恋的形成。

因果游戏对此阶段婴儿具有特殊吸引力。简单的开关游戏（如按按钮弹出玩偶的玩具）、容器游戏（将物品放入取出容器）能帮助婴儿理解动作与结果的联系。在家庭环境中，可利用日常用品自制游戏材料，如不同大小的碗勺、带盖的塑料盒等，示范将小球放入盒中摇动发出声响，然后鼓励婴儿模仿。这类游戏不仅能提升手眼协调能力，还初步培养了逻辑思维和问题解决能力。游戏过程中，父母应注意观察婴儿的挫折反应，在其遇到困难时提供适当的帮助，但避免完全代劳，保持支架式支持原则。

音乐互动游戏在此阶段可系统引入。节奏游戏鼓励父母与婴儿共同敲打鼓点或摇晃简单的打击乐器，培养基本的节奏感。更为发展适宜的是动作歌曲：如《拍手歌》《小飞机》等配合简单动作的儿歌，这种多感官整合的游戏能促进运动协调和语言发展。值得注意的是，音乐游戏不应追求"正确"表演，而应注重互动过程和愉悦体验，允许婴儿以自己的方式参与和回应。每次游戏时间可延长至10～15分钟，但仍需密切观察婴儿的疲劳信号，如揉眼、转头或烦躁等。

（四）10～12个月婴儿亲子游戏指导

10～12个月婴儿即将迎来发展的多个重要里程碑，亲子游戏应支持其站立、行走尝试和语言爆发期的准备。这一阶段运动游戏尤为重要：在安全环境中设置适当的支撑物（如稳固的矮桌、推车玩具），鼓励婴儿练习扶站和移步。研究表明，自主运动探索对婴儿的前庭觉和本体觉发展至关重要。父母可设计有趣的追逐游戏:在婴儿爬行或扶走时,以夸张的表情和语调表示要"抓住"他们,这种游戏既能激励运动尝试,又充满情感互动。游戏过程中需特别注意环境安全,移除尖锐物品,在硬质地板上铺设软垫,避免摔伤。

象征游戏的雏形在此阶段开始显现,父母可通过简单假扮游戏加以引导。如用玩具电话模仿通话、给玩偶"喂食"等,这些看似简单的动作实际上标志着婴儿符号思维的发展。在游戏过程中,父母应使用简单的平行描述语言(如"小熊饿了,我们给它吃香蕉"),帮助婴儿建立动作与意义的联系。随着游戏进行,可逐渐增加复杂性,如引入两个玩偶的简单互动,但情节应保持极其简单,符合婴儿的认知水平。

语言互动游戏应更加丰富,多采用响应式。图画书共读成为此阶段的重要活动:选择厚纸板、图像简单的图画书,与婴儿一起指认图画。不同于简单的命名,此时可采用扩展对话策略:当婴儿发出声音或指向某图画时,父母给予语言扩展(如婴儿指狗并说"啊",父母回应"是的,这是小狗,小狗汪汪叫")。这种及时回应并丰富婴儿表达的方式,被证实能显著促进语言发展。另一类重要游戏是指令游戏:通过简单的动作指令(如"把球给妈妈")帮助婴儿理解语言和行为的关系。游戏过程中应给予充分反应时间,指令保持简短一致,成功后立即给予积极反馈。

(五)亲子游戏的环境创设与材料选择

适宜的物理环境是高质量亲子游戏的重要保障。游戏区域应安全、整洁且富有适当刺激:铺设软垫或地毯保护爬行婴儿;电源插座加盖防护罩;危险物品放置在婴儿无法触及的高度。理想的游戏空间应有明确边界但不完全封闭,允许婴儿自由探索的同时便于成人看护。光线应充足但不刺眼,自然光为佳;温度保持在 22～24℃ 范围内,避免过热影响婴儿专注力。环境噪声水平需适度控制,背景音乐如需要应选择轻柔的古典乐或自然声音,音量低于正常对话水平。

游戏材料的选择应符合发展适宜性原则。0～6 个月婴儿适合高对比度视觉卡片(黑白或红黑图案)、不同质地的触摸布书、易抓握的摇铃和牙胶;6～12 个月则可引入嵌套杯、软积木、弹出式玩具等简单因果玩具。值得强调的是,最好的游戏材料往往是日常生活物品:不同大小的木勺、不锈钢碗、丝巾等安全家居物品同样能激发婴儿的探索兴趣。所有材料应定期检查,确保无小零件脱落风险、边缘光滑无毛刺、材质无毒易清洁。避免电子屏幕类玩具,美国儿科学会建议 18 个月以下婴儿完全不接触电子屏幕。

材料的摆放和组织方式也影响游戏质量。建议采用轮换展示策略:每次提供 4～5 件玩具,定期更换保持新鲜感,而非一次性呈现过多选择。游戏结束后可引导大月龄婴儿参与简单收拾,培养初步秩序感。随着婴儿年龄增长,可逐步设置专门的游戏角,帮助其建立"这里是玩耍地方"的空间概念。环境创设的核心原则是"安全但不限制,丰富但不杂乱",在保护婴儿安全的前提下最大化其探索自由。

(六)成人参与策略与互动原则

成人在亲子游戏中的参与方式和互动质量直接影响游戏效果。基础性原则是敏感回应:密切观察婴儿的信号(表情、声音、动作),及时给予恰当回应。研究表明,成人对婴儿信号的敏感回应与安全依恋的形成呈正相关。具体而言,当婴儿表现出兴趣(如紧盯某物、伸手)时,成人应提供相关描述和探索机会;当出现不适信号(如转头、皱眉)时,则应及时调整或暂停活动。这种"服务-回报"式的互动模式能帮助婴儿建立对环境的控制感和基本信任。

互动节奏的把握尤为关键。游戏过程中应遵循三分之二原则:成人引导三分之二时间,留出三分之一等待婴儿反应。例如,在摇铃游戏中,成人先摇两下,然后停顿等待婴儿通过眼神、声音或动作表示继续的意愿。这种节奏给予婴儿处理信息和组织反应的时间,避免了单向灌输式互动。随着婴儿年龄增长,等待时间可适当延长,鼓励其更主动地参与。语言互动应采用儿向语(节奏慢、音调高、发音清晰、句子简短),但内容应真实丰富,避免无意义的咿呀模仿。

游戏深度比持续时间更重要。研究表明,3～5 分钟高质量的专注互动远比长时间但分散注意力的互动更有价值。成人应避免在游戏过程中频繁查看手机或与他人长谈,真正的"在场"不仅指物理存在,更包括情感和注意力的投入。当成人无法专注时,宁可暂停游戏,也不要进行低质量的敷衍互动。随着婴儿注意力持续时间增长,游戏时间可自然延长,但始终以婴儿的兴趣和状态为导向,避免机械地追求"达标时间"。

（七）常见误区与科学建议评析

当前0～1岁婴儿亲子游戏实践中存在若干值得关注的误区。最普遍的是超前教育倾向：许多家长热衷于让婴儿接触超出其发展水平的游戏内容，如让3个月婴儿看复杂识字卡，或强迫8个月婴儿进行精细的拼插游戏。这种违背发展规律的做法不仅无效，还可能造成挫败感。科学建议强调最近发展区原则：游戏难度应略高于婴儿现有水平，但通过适当支持能够完成，通常表现为婴儿能完成70%左右的任务，需要帮助完成剩余30%。

另一个突出问题是电子媒体的过早引入。尽管市场上有大量宣称"益智"的婴儿电子产品和App，但神经科学研究表明，0～18个月婴儿的大脑无法从被动屏幕时间中学习，反而可能影响注意力发展和睡眠质量。美国儿科学会明确建议避免18个月以下婴幼儿接触电子屏幕（视频聊天除外）。真正有益的学习只能通过真人互动和实物操作发生。家长应警惕商业宣传，回归最基本的面对面游戏和实物探索。

游戏互动中的过度干预也值得关注。部分家长在游戏中过度指导和纠正，如不断告诉婴儿"应该这样拿""不对，应该放这里"，这种干预剥夺了婴儿自主探索的机会。发展适宜的做法是积极但不干预：提供安全环境和适当材料，允许婴儿以自己的方式和节奏探索，仅在明显受挫时提供最小必要帮助。研究表明，自主探索中出现的"错误"对婴儿认知发展同样重要，它们帮助建立对物体属性的准确理解。

文化差异导致的游戏观念差异也需要调和。一些传统文化强调婴儿应安静乖巧，限制其探索行为；而现代育儿理念则鼓励主动探索。科学建议采取平衡态度：在保证安全和基本行为规范的前提下，最大化婴儿的探索自由。例如，可以设立"可以探索"和"不可以碰"的明确区域，用转移注意力而非禁止的方式引导婴儿行为，这种策略既能保护婴儿安全，又不扼杀其好奇心。

优质的亲子游戏应顺应婴儿自然发展轨迹，既不过于简单失去发展价值，也不过度挑战造成挫败；成人角色应从最初的游戏主导者逐渐过渡为支持者和共同探索者，最终培养婴儿的自主游戏能力。亲子游戏不应成为新的压力源，家长无需追求"完美游戏"，真诚的互动和共同的快乐才是最重要的元素。最终目标是让游戏成为亲子沟通的自然语言，在愉悦的互动中促进婴儿全面发展，建立深厚的亲子纽带，为终身学习和人际关系奠定坚实基础。

育儿宝典

案例一　呦呦的家庭教养案例

1. 家庭环境布置

安全防护　家中所有尖锐边角都装上了防撞条，电线和插座都使用了安全盖，确保呦呦在探索世界时不会受到伤害。

空气质量　家里每天早晨都会打开窗户通风换气，还准备了空气净化器，随时保持室内空气清新。

适宜温湿度　通过调节室内温度和湿度，确保呦呦的居住环境既不太热也不太冷，避免因温差引起的不适。

2. 营养摄入

母乳喂养　呦呦的妈妈坚持母乳喂养，为呦呦提供最天然、最全面的营养。

辅食添加　在呦呦6个月大时，逐步添加适合其年龄段的辅食，从单一口味到多样化，确保营养均衡。

定时定量　按照呦呦的生长发育需要，合理安排喂养时间和食量。

3. 健康护理

日常清洁　呦呦的衣物、床单和玩具都定期清洗消毒，保持清洁卫生。

皮肤护理　使用适合婴儿的温和护肤品，保护呦呦娇嫩的皮肤。

定期体检　按照儿童保健手册的指导,带呦呦定期进行体检和疫苗接种。

4. 亲子互动

语言交流　尽管呦呦还不会说话,但家人经常与呦呦进行语言交流,讲故事,唱儿歌,刺激其语言发展。

触觉体验　提供不同材质的玩具,让呦呦通过触摸来认识世界。

视觉刺激　家中布置了色彩鲜艳的图画和玩具,吸引呦呦的注意力,促进视觉发展。

案例二　如如的家庭教养转变案例

问题描述　如如在幼儿园表现出缺乏交流和互动的能力,经常沉浸在自己的世界里,不参与集体活动。通过与老师沟通,了解到如如在家的陪伴情况并不理想,父母工作忙碌,缺乏足够的陪伴时间。

家庭教养转变　幼儿园老师加强了与如如父母的沟通,传递了科学的家庭教育方式。如如的父母开始重视陪伴孩子的重要性,并尝试调整工作安排,增加陪伴时间。实施了具体的陪伴计划,如每天陪伴孩子在小区内玩耍一个小时以上,进行亲子阅读、亲子谈话等。

转变效果　如如在很多方面都有了较明显的进步,如吃饭时不会随意离开椅子,能够适当参与集体游戏并表达自己的想法。在与小朋友相处中,如如也变得更加主动和友好,能够清晰地表达自己的想法。

案例分析与启示

① 家庭环境的重要性:提供一个安全、舒适、适宜婴儿成长的环境是至关重要的。这包括物理环境的安全防护、空气质量的保障以及适宜温度湿度的调节。

② 营养与健康护理:合理的营养摄入和健康的护理习惯是婴儿健康成长的基础。母乳喂养、辅食添加以及定期体检等都是必不可少的环节。

③ 亲子互动的关键性:亲子互动对于婴儿的身心发展同样重要。通过语言交流、触觉体验和视觉刺激等方式,可以促进婴儿的语言、感官和认知发展。

④ 父母陪伴的不可或缺性:父母的陪伴对于婴儿的成长具有深远的影响。缺乏陪伴可能导致婴儿在社交和情感方面出现问题。因此,父母应尽可能增加陪伴时间,与婴儿建立亲密的情感联系。

任务思考

1. 如何评价 0～1 岁婴儿家庭照护的指导?

2. 0～1 岁婴儿家庭教养中的穿衣出行指导需要注意哪些方面?

3. 0～1 岁婴儿的亲子游戏有哪些?

任务三　评析1~2岁幼儿的家庭教养指导

案例导入

王女士是一位年轻的职业母亲,她的儿子小明即将满2岁。由于工作繁忙,王女士大部分时间将小明交由保姆照顾,导致亲子互动不足。同时,王女士对婴幼儿教育知之甚少,往往采取简单命令的方式与小明交流,忽视了孩子的个性和发展特点。

针对王女士在家庭教养中存在的问题,应该提供哪些科学的教养策略? 又应该如何判断这些指导是否有利于小明的成长? 本任务我们将学习1~2岁幼儿的家庭教育指导方法,针对不科学的方法给予科学合理的评析。

一、1~2岁幼儿家庭照护的指导评析

1~2岁是幼儿发展历程中一个极具挑战性又充满惊喜的阶段。这一时期,幼儿从蹒跚学步到自由行走,从牙牙学语到简单表达,从完全依赖到初步独立,各方面能力都发生着质的飞跃。世界卫生组织将这一阶段定义为关键发展窗口期,适当的照护和刺激对幼儿的长期发展具有深远影响。然而,许多家长在面对这一"学步儿"阶段时常常感到力不从心:如何应对幼儿日益增强的自主意识? 如何平衡安全防护与探索自由? 如何处理挑食与营养需求的矛盾? 这些现实问题反映出对1~2岁幼儿科学照护指导的迫切需求。

(一)1~2岁幼儿的发展特点与照护需求

1~2岁幼儿在生理、心理和社会性方面呈现出独特的发展轨迹。生理发展上,这一阶段最显著的标志是运动能力的飞速提升:从独立行走到小跑、攀爬,再到尝试双脚跳,大肌肉群控制能力不断增强;同时,精细动作也日趋协调,能够完成搭积木、翻书页、使用简单餐具等任务。生长速度较婴儿期有所放缓,但仍保持稳定增长,平均每年身高增长约10~12 cm,体重增加2~3 kg。脑发育进入关键期,到2岁时脑重量已达到成人的80%,神经突触连接极为活跃。

心理发展方面,1~2岁是认知能力和语言能力爆发的阶段。12个月时词汇量可能仅有几个单词,到24个月时通常能表达50个以上的单词,并能组合成简单短语。皮亚杰将这一阶段称为感知运动阶段后期,幼儿开始发展象征性思维,能够进行简单的假装游戏。注意力持续时间有所延长,但仍以无意注意为主,容易分散。记忆力显著增强,能够记住简单指令和日常流程。

社会性和情感发展呈现出典型的矛盾性特征:一方面渴望独立探索,表现出强烈的"我自己来"意愿;另一方面又对主要照护者保持高度依恋,在陌生环境中容易焦虑。情绪表达直接而强烈,但调节能力有限,常通过哭闹、发脾气等方式宣泄挫折感。自我意识开始萌芽,能够识别镜中的自己,使用"我的"等所有格词汇。

基于这些特点,1~2岁幼儿的照护需求呈现出4个核心特征:一是需要提供安全但富有挑战的环境,支持运动能力发展;二是需要丰富而适度的语言刺激,促进认知和语言进步;三是需要建立稳定的日常生活规律,提供安全感;四是需要尊重逐渐觉醒的自主性,同时提供适当引导。理解这些发展特点和需求,是制定科学照护方案的基础。

(二)饮食营养与喂养指导

1~2岁是饮食习惯养成的关键期,科学的饮食安排对幼儿的健康成长至关重要。这一阶段,幼儿的消化系统逐渐成熟,可以接受更多样化的食物,但消化功能仍较成人弱。营养需求方面,每日热量需求约为1000~1400 kcal,蛋白质需求13~20 g,钙需求500~700 mg,铁需求7~10 mg。值得注意的是,

这一阶段生长速度相对减缓,食欲可能不如婴儿期旺盛,家长应避免过度焦虑。

食物选择应遵循多样化、天然化、适量化原则。每日饮食应包括五大类食物:谷物(2～3 份)、蔬菜水果(各 2～3 份)、蛋白质(2 份,包括肉、鱼、蛋、豆类)、乳制品(2～3 份)和健康脂肪(适量)。食物质地应从碎末状逐步过渡到小块状,锻炼咀嚼能力。需特别注意铁和锌的补充,红肉、动物肝脏、深绿色蔬菜等都是良好来源。限制高糖、高盐、高脂肪的加工食品,避免整颗坚果、爆米花等窒息风险食物。

喂养方式上,应逐步从喂食过渡到自主进食。12～15 个月大时,可鼓励幼儿用手抓食,15 个月后引入适合儿童使用的勺子和叉子,允许适度的进食探索。建立规律的进餐时间(3 顿主餐＋2～3 次点心),每餐控制在 20～30 分钟内。进餐环境应安静愉悦,避免电视、手机等干扰。家长需树立责任分工理念:决定提供什么食物、何时何地进食是家长的责任;吃多少、是否吃则是孩子的选择,避免强迫喂食或过度关注进食量。

针对常见的喂养挑战,如挑食、拒食等,建议采取以下策略:保持耐心,新食物可能需要 8～15 次尝试才会被接受;将新食物与熟悉食物一起提供;让幼儿参与简单的食物准备过程;家长以身作则,展示对各种食物的喜爱。特别提醒避免使用食物作为奖励或惩罚,这可能导致不健康的饮食态度。

(三) 睡眠管理与日常作息

良好的睡眠对 1～2 岁幼儿的生长发育至关重要。这一阶段,大多数幼儿每天需要 11～14 小时睡眠,包括 1～2 次白天小睡(1～3 小时)。随着月龄增长,白天小睡次数通常会从 2 次减为 1 次,这一过渡一般在 15～18 个月完成。睡眠不足会影响情绪调节、免疫功能和认知发展,家长应重视睡眠质量的保障。

睡眠环境设置应遵循"安全、舒适、一致"原则。婴儿床应保持简洁,避免松软寝具和玩具,降低窒息风险。室温维持在 20～22℃为宜,湿度 40％～60％。使用遮光窗帘营造适合昼夜节律的睡眠环境,必要时可使用白噪音机掩盖环境噪声。建立稳定的睡前仪式(如洗澡、换睡衣、读故事、轻柔音乐等),帮助幼儿平静下来,预期睡眠时间。睡前 30 分钟应避免激烈活动和电子屏幕暴露,以免影响褪黑素分泌。

常见的睡眠问题包括抗拒入睡、夜间觉醒和早醒等。应对策略包括:保持一致的睡眠时间表,即使在周末也尽量不变;白天提供充足的运动和认知刺激,但避免过度疲劳;夜间觉醒时给予适度安抚但避免形成依赖(如不需要立即抱起或喂食);早醒时可提供安全的安抚玩具,培养自主重新入睡能力。

日常作息安排应兼顾规律性和灵活性。理想的作息应包括固定的进餐时间、小睡时间、户外活动时间和亲子互动时间,但也需根据幼儿当天的状态适当调整。活动安排应注意动静交替,避免长时间静坐或过度刺激。建立可预测的日常生活流程有助于幼儿建立安全感,减少焦虑和抗拒行为。

(四) 卫生护理与健康监测

科学的卫生护理是保障 1～2 岁幼儿健康的基础。这一阶段,随着活动范围扩大和自主性增强,卫生习惯的培养显得尤为重要。皮肤护理方面,每日或隔日洗澡即可,水温保持在 37～38℃,使用温和无泪配方的婴幼儿沐浴露。特别注意清洁皮肤皱褶处(颈部、腋下、腹股沟等),浴后及时擦干并涂抹无香料保湿霜,预防湿疹。尿布区域应保持清洁干燥,每次更换尿布后使用温水清洗或专用湿巾擦拭,出现红疹时可使用含氧化锌的护臀霜。

口腔护理进入关键期。乳牙陆续萌出,应使用适合年龄的软毛牙刷(刷头约两颗牙大小)和微量含氟牙膏(米粒大小)每日刷牙两次。避免奶睡或长时间含奶瓶,预防"奶瓶龋"。12 个月后应逐渐戒除夜奶,15 个月后可尝试改用杯子喝奶。建议在 1 岁左右进行首次牙科检查,之后每半年复查一次。

健康监测应包括定期体格测量、发育筛查和预防接种。每月测量并记录身高、体重、头围,绘制生长曲线,及时发现生长偏离。关注大运动、精细动作、语言、认知和社会性等发展里程碑,如 18 个月应能独立行走、说 15～20 个单词,24 个月能跑、组合两个单词等。按时完成国家免疫规划疫苗接种,如 18 个月的百白破疫苗、麻腮风疫苗加强针等。同时,了解常见疾病的早期症状,如发热超过 38.5℃、持续呕吐腹泻、呼吸急促、精神萎靡等应及时就医。

家庭药箱应备有基础医疗用品:电子体温计、生理盐水鼻喷、退热药(对乙酰氨基酚或布洛芬,遵医嘱使用)、口服补液盐、消毒纱布、创可贴等。家长应掌握基本急救技能,如处理轻微创伤、高热物理降温、海姆利希急救法等。特别提醒任何用药都应在医生指导下进行,切勿自行给药。

(五)安全防护与环境创设

1～2岁幼儿活动能力增强而危险意识不足,安全防护是家庭照护的重中之重。家庭安全评估应覆盖所有活动区域,采取"从幼儿视角"的检查方式,跪地爬行全面排查隐患。家具固定是首要措施,特别是电视机、书架等重物必须固定在墙面,防止倾覆。电源插座安装安全盖,电线隐藏或固定;尖锐桌角加装防撞条;楼梯上下口安装安全门;窗户设置限位器或防护栏,防止跌落。

厨房和浴室是高风险区域,需特别防护。厨房应设置安全锁,禁止幼儿独自进入;锅柄转向炉台内侧;清洁剂等化学品存放在高处或上锁柜中。浴室保持地面干燥防滑,马桶盖关闭,水龙头热水温度不超过49℃,避免烫伤。全屋应避免放置小物件(硬币、纽扣电池、磁铁等)、塑料袋和绳索类物品,防止误吞或缠绕窒息。

户外安全同样不容忽视。儿童推车应配备五点式安全带,避免在斜坡处停留;游戏场地选择适合年龄的设施,检查是否有破损或过热表面;游泳池、池塘等水域必须设置隔离栏,即使浅水也可能造成溺水。乘汽车出行必须使用后向式或前向式儿童安全座椅(根据体重身高选择),避免穿着厚重外套乘坐,确保安全带紧绷。

安全教育的种子可在这一阶段开始播撒。通过简单语言和示范,教导烫、危险等基本概念,但不可依赖幼儿的自我防护能力。照护者应保持主动监护原则:在可能危险的环境下,与幼儿保持一臂以内的距离,随时可及。环境创设的核心是"既保障安全,又不限制探索",在消除重大风险的同时,允许适度的冒险和挑战,支持幼儿能力发展。

(六)早期教育与亲子互动

1～2岁是早期教育的重要奠基期,科学的亲子互动能有效促进幼儿全面发展。认知发展方面,这一阶段幼儿通过感官探索和实际操作认识世界。适宜的活动包括:简单拼图(2～3片)、形状分类盒、嵌套杯等玩具,培养空间关系和问题解决能力;玩水、玩沙等感官游戏,促进科学思维萌芽;图画书共读,每天15～20分钟,提升语言和注意力。避免电子屏幕时间,美国儿科学会建议18～24个月幼儿如接触媒体,应仅限于高质量节目,且与父母共同观看讨论。

语言刺激对词汇爆发期至关重要。有效的策略包括:使用儿向语(语速慢、音调高、发音清晰),但语法和词汇应正确丰富;采用扩展对话方式,当幼儿说出单词时,家长扩展为短语或句子(如幼儿说"车",家长回应"是的,红色的大汽车");日常活动中进行运动评论,描述幼儿的动作和周围事件;避免过度纠正发音错误,而是示范正确说法。研究表明,与幼儿的对话数量和质量直接影响语言发展水平。

大运动发展需要安全的空间和适度的挑战。室内可设置软垫、隧道、低矮台阶等;户外每天至少1小时活动时间,包括推拉玩具、踢球、攀爬小型设施等。精细动作活动包括大蜡笔涂鸦、大颗粒积木、简单乐器(如鼓、摇铃)、玩面团等,锻炼手眼协调。所有活动应注重过程而非结果,允许幼儿以自己的方式探索和创造。

社交情感培养是这一阶段的重点。通过简单假装游戏(如给玩偶喂饭)、模仿日常活动(如打电话),促进象征思维和社会理解。情绪管理方面,帮助幼儿用简单词汇标识感受(如"你生气是因为……"),提供替代攻击行为的表达方式(如拍打枕头而非打人)。建立简单明确的规则(如不打人、不咬人),保持一致执行。自主性培养方面,提供有限选择(要苹果还是香蕉?),允许适当的自我决定,减少权力斗争。

亲子互动应遵循敏感回应原则:观察幼儿的兴趣和信号,及时给予适当回应;游戏时采用轮流模式,等待幼儿反应;避免过度指导,允许自主探索;每天安排专属的地板时间,全身心投入互动。研究表明,这种尊重幼儿节奏的互动方式最有利于安全依恋和自信心的建立。

(七)常见问题与改进策略

1～2岁幼儿家庭照护中常见若干典型问题,需要科学认识和妥善应对。饮食方面,挑食和进食波动最为普遍。调查显示,约50%的1～2岁幼儿会出现阶段性挑食。改进策略包括:保持轻松的就餐氛围,避免施压;提供多样化的健康选择,允许幼儿决定吃多少;将新食物与熟悉食物搭配;创造性地呈现食物(如切成有趣形状）；家长以身作则展示对健康食物的喜爱。需注意的是，除非生长曲线出现异常，否则不必过度干预正常的进食波动。

睡眠问题主要表现为抗拒午睡和夜间频繁觉醒。研究表明，18 个月左右，约 30% 的幼儿会出现睡眠回归现象。应对措施包括：保持一致的睡前仪式；白天提供充足运动但避免过度疲劳；夜间觉醒时给予适度安抚但避免形成依赖习惯；如放弃一次小睡，可将晚间入睡时间适当提前。特别提醒：避免采用惩罚性方式处理睡眠抗拒，这会造成负面睡眠联想。

行为挑战集中表现为发脾气和抗拒指令。1～2 岁幼儿平均每天可能发怒 6～8 次，这是自主性发展的正常表现。管理策略包括：提前预告活动转换（如"再玩 5 分钟就要吃饭了"）；提供有限选择增强控制感；保持简单明确的规则；发脾气时确保安全前提下冷静陪伴，避免在情绪高潮时说教；事后帮助用简单语言描述感受。家长应理解这是发展阶段特性，而非故意作对。

安全防护中最大的风险是照护者的过度自信。调查显示，1～2 岁幼儿意外伤害多发生在被认为"已经安全"的环境中。防范措施包括：定期更新安全评估，随幼儿能力变化调整防护措施；避免因幼儿表现懂事而放松警惕；学习基本急救技能；高危场所（如厨房、浴室）坚持主动监护原则。特别警惕"就离开一分钟"的心态，多数意外发生在短暂疏忽间。

早期教育中最大的误区是超前教育倾向。部分家长过早引入识字、算术等内容，违背发展规律。科学建议强调：1～2 岁幼儿的学习应通过游戏和日常互动自然发生；重点发展基础能力（语言、运动、社交）而非特定知识技能；尊重个体发展节奏，避免与其他幼儿过度比较。优质的早期教育不在教什么，而在如何创造丰富的互动环境。

优质的照护应顺应婴幼儿的发展轨迹，在满足生理需求的同时，支持其认知、语言、运动和社会情感的全面发展。1～2 岁是充满挑战也充满喜悦的阶段，幼儿每一点进步都凝聚着照护者的心血。科学的家庭照护不是追求完美，而是在理解发展规律的基础上，为幼儿提供安全、健康、充满关爱的成长环境。当照护者以知识为引导，以爱心为动力，以耐心为支撑，就能帮助幼儿顺利度过这一重要发展阶段，为未来的健康成长奠定坚实基础。

二、1～2 岁幼儿穿衣出行的指导评析

1～2 岁幼儿正处于从婴儿期向幼儿期过渡的关键阶段，运动能力日新月异，活动范围不断扩大。这一时期的穿衣出行既需要满足基本保护功能，又要兼顾日益增强的自主活动需求，对家庭照护提出了独特挑战。适宜的穿衣方式能促进 1～2 岁幼儿的体温调节能力发展和运动技能掌握，而不当的穿衣选择则可能限制活动自由度，甚至造成安全隐患。同时，随着出行场景的多样化，如何在不同环境中确保婴幼儿的安全与舒适，也成为现代家庭关注的重点问题。

（一）1～2 岁幼儿生理特点与穿衣基础

1～2 岁幼儿的生理特点决定了其穿衣需求的特殊性。体温调节系统方面，虽然较新生儿期有所成熟，但汗腺发育仍不完善，单位体表面积散热快，在高温环境下更易出现体温过高，在低温环境中则散热迅速。皮肤结构上，角质层厚度仅为成人的 1/3，屏障功能弱，对化学刺激和物理摩擦更为敏感。运动系统快速发育，从蹒跚学步到稳健行走再到尝试跑跳，活动量大幅增加，代谢率比成人高 20%～30%。

基于这些特点，1～2 岁幼儿穿衣应遵循四大核心原则：安全性是第一要务，避免任何可能造成缠绕、窒息或中毒风险的装饰和材质；舒适性要求服装柔软透气，不妨碍自然活动；功能性需适应不同环境和活动需求；便利性则体现在易于穿脱更换，适合频繁的尿布更换和如厕训练。材质选择上，贴身衣物应以 100% 精梳棉为主，吸湿透气性好；中层保暖优选轻薄保暖的天然材质如羽绒、羊毛；外层防护则需要防风防水功能。所有材质应符合婴幼儿用品安全标准，阻燃性能良好，甲醛、重金属等有害物质含量达标。

判断幼儿冷暖不应依赖传统的手脚温度，而应触摸其后颈和背部：温暖干燥表示适宜，潮湿发热说明过热，凉则需加衣。值得注意的是，1～2 岁幼儿活动时产热量大，穿衣可比成人少半件至一件，避免因过度包裹导致散热不畅。服装设计应便于活动，肩部、膝部等关节处留有足够活动余量，避免紧身或束缚设

计。领口、袖口、裤脚等部位应柔软不紧绷,避免摩擦损伤娇嫩皮肤。

(二)季节性穿衣策略与功能服装选择

1～2 岁幼儿的季节性穿衣需要针对不同气候特点调整。夏季穿衣以防晒降温为主,选择浅色、宽松的短袖连体衣或分体装,材质以透气性好的精梳棉或竹纤维为佳。上衣可选择短袖 T 恤或轻薄的长袖,裤子可选择短裤或轻薄的长裤,以适应不同天气。尽量避免连体裤,选择上衣下裤分开的款式,以便于在外护理婴幼儿。衣服要宽松一些,并有一定的弹性,这样即使流汗也不会粘在身上,同时宽松的衣服也有利于幼儿活动。户外活动时,应配备 UPF 50+的防晒衣和宽檐防晒帽,避免在 10～16 点紫外线强烈时段长时间暴露。空调环境下建议采用洋葱式穿法:纯棉内衣+薄开衫,方便根据温差调节,室温维持在 24～26℃为宜。特别要注意保护腹部和足部不受凉,可穿着透气袜子和护肚兜。

冬季穿衣需兼顾保暖与活动自由,推荐科学的三层穿衣法:内层选择吸湿排汗的纯棉内衣,中层为轻薄保暖的摇粒绒或薄羽绒马甲,外层为防风防水的外套。特别注意保护头部(保暖帽覆盖耳朵)、颈部(高领或围巾)和手足(连指手套和加厚袜子)。室内供暖时应避免过度包裹,定期检查是否出汗。羽绒服不宜过厚重,以免影响行走平衡,充绒量在 100～150 g 之间即可满足大多数地区需求。雨雪天气需配备防水材质的连体雪服和防滑靴,但连续穿着时间不宜超过 2 小时,防止闷热不适。

春秋季昼夜温差大,建议采用便于灵活调整的分层穿衣方案。基础层为长袖纯棉内衣,中层根据温度选择薄马甲或针织开衫,外层配备防风外套。随身携带备用衣物应对天气突变,特别注意活动时减衣、静止时加衣的及时调整。材质选择上,春季可侧重防过敏材质,秋季则需考虑防风性能。过渡季节易发过敏,新购衣物应充分洗涤去除加工残留,避免使用柔顺剂。幼儿体温调节能力较差,应根据天气变化及时增减衣物,以防过热或过冷。幼儿衣物应经常清洗、消毒,保持整洁、卫生,以防皮肤病等疾病。逐步引导幼儿学会自己穿衣、脱衣等自理能力,有助于培养幼儿的独立性和自信心。

功能服装的选择应匹配幼儿发展需求。学步期推荐裆部宽松的学步裤或背带裤,避免束缚行走动作;如厕训练期应选择腰部易拉下的松紧裤,培养独立性。睡衣宜选择透气舒适的连体睡袋,避免被子覆盖口鼻风险。特殊场景如医疗检查,前开扣式连体衣更为便捷;拍照场合则应避免复杂装饰,以舒适简单为主。所有功能服装都应坚持安全第一原则,避免抽绳、小装饰物等潜在危险因素。

(三)出行安全装备与防护措施

1～2 岁幼儿出行安全需依靠专业装备和正确使用。乘汽车出行必须使用符合国家安全标准的后向式或前向式儿童安全座椅(根据体重身高转换),安装在后排座位。研究表明,正确使用安全座椅可降低 71%的死亡率,但我国 1～2 岁儿童安全座椅使用率不足 40%。使用时要确保安全带紧绷,肩带从肩部中间穿过,胸夹位于腋下水平。冬季应脱去厚重外套再固定安全带,防止碰撞时束缚不牢。行程超过 1 小时应适当休息,避免久坐不适。

婴儿推车选择应考虑发展阶段特点。1～1.5 岁可使用可平躺的多功能推车,1.5 岁后转向轻便型坐式推车。关键安全配置包括:五点式安全带、防翻装置、有效刹车系统和避震装置。遮阳篷应能全覆盖,并具有 UPF 50+防晒功能。使用时避免在斜坡处停留,不悬挂过重物品改变重心。公共场合应随时保持监护,避免幼儿自行站起跌落。随着幼儿体重增加(通常超过 15kg),推车使用频率可逐步减少,鼓励适量步行锻炼。

户外防护装备应根据环境特点配置。夏季必备防晒帽(帽檐宽度>7 cm)、婴幼儿专用防晒霜(物理性、SPF 30+)和防蚊用品;冬季需要防风保暖的连体雪服、手套和婴儿车保暖套。高污染天气应配备 PM 2.5 防护罩,但需确保透气性,定期检查呼吸是否通畅。雨天出行需准备防水材质的连体雨衣和雨靴,避免使用伞具可能造成的戳伤风险。所有防护装备应定期检查,确保无破损或安全隐患。

特殊出行环境需要额外防护。航空旅行时,尽量选择幼儿睡眠时段航班,随身携带换洗衣物和安抚物品。机舱内温度变化大,应采用分层穿衣,备好薄毯。起飞降落时可通过哺乳或使用安抚奶嘴缓解耳压不适。公共场所应避免使用学步带限制自然活动,可选用防走失背包(家长握带)在拥挤区域提供保护。所有出行都应携带应急包,内含备用衣物、尿布、湿巾、小零食、常用药品和紧急联系卡。

（四）常见误区与改进建议

1～2 岁幼儿穿衣出行实践中存在若干值得关注的误区。最普遍的是"多穿比少穿好"的传统观念，导致过度包裹。实际上，幼儿新陈代谢旺盛，过度穿衣会阻碍散热，增加不适和哭闹。科学建议是比健康成人少穿半件至一件，通过触摸后颈判断冷暖。特别要避免"手脚凉就加衣"的错误判断，婴幼儿末梢循环尚未完善，手脚温度不能准确反映核心体温。

安全座椅使用中存在多种不规范现象。调查显示，超过 60% 的家庭存在安装或使用错误，如转向时间过早（建议 2 岁或达到座椅上限再转前向）、安全带过松、冬季不脱厚重外套等。改进措施包括：参加专业安装培训课程；定期检查座椅固定情况；严格遵守使用说明；不购买来源不明的二手座椅（可能隐含损伤）。社会层面应加强立法和宣传教育，提高正确使用率。

服装选择上，家长常被外观吸引而忽视功能性。常见问题包括：追求时尚选择复杂装饰（如小珠子、亮片）增加安全隐患；尺码偏大影响活动，或偏小限制发育；材质选择不当（如不透气的化纤材料）导致皮肤问题。科学建议是优先考虑安全标识齐全、设计简单、材质天然的功能性服装，尺码主要参考身高，预留 3～5 cm 生长空间。新购衣物应充分洗涤晾晒后再穿着。

出行防护中存在过度依赖产品的倾向。如认为高价推车或安全座椅就绝对安全，放松实时监护；或过度使用防走失装备限制探索自由。科学的防护策略是"适度装备＋主动监护"：选择合格的安全产品，同时保持密切观察，在安全范围内允许适度探索。随着幼儿能力提升，逐步调整防护强度，培养自我风险意识。

文化差异导致的实践冲突也需要关注。如传统观念强调保暖第一而限制活动自由，或认为孩子不能娇气而忽视合理防护。改进策略是通过科学证据展示适宜穿衣对运动发展的促进作用，以及安全防护对意外伤害预防的效果，帮助不同文化背景的照护者建立科学认知。最终目标是找到安全防护与发展需求的平衡点。

1～2 岁是充满探索和发现的发展阶段，科学的穿衣出行方案能为幼儿提供安全保障，同时不限制其探索的自由。当照护者以知识为指导，以观察为基础，以爱心为动力，就能帮助幼儿顺利度过这一重要发展阶段，在安全舒适的环境中自由探索，健康成长。

三、1～2 岁幼儿亲子游戏的指导评析

1～2 岁幼儿从蹒跚学步到自由奔跑，从单词表达到简单句子，从被动接受到主动探索，各方面能力都呈现出爆发式增长。现代发展神经科学研究表明，生命第二年的游戏体验直接影响大脑神经回路的塑造，尤其是前额叶皮层的发展，这一区域与语言、执行功能和情绪调节密切相关。亲子游戏作为婴幼儿早期学习的主要形式，不仅促进特定能力的发展，更在互动过程中构建了安全依恋关系，培养了积极的学习态度。

然而，许多家长在面对这一阶段的亲子游戏时存在诸多困惑：如何选择适合快速变化发展需求的游戏？如何平衡安全防护与探索自由？如何处理游戏中的挫折和冲突？这些现实问题反映出对 1～2 岁幼儿亲子游戏科学指导的迫切需求。

（一）1～2 岁幼儿发展特点与游戏需求

1～2 岁幼儿的发展呈现出快速而不均衡的特点，了解这些特点是设计适宜亲子游戏的基础。运动发展方面，这一阶段经历了从行走不稳到自由奔跑、从简单抓握到精细操作的飞跃。12～15 个月幼儿大多能独立行走但容易跌倒，18 个月左右行走已相当稳健并开始尝试跑动，24 个月时多数能双脚跳离地面。精细动作从笨拙的全掌抓握发展到能用拇指和食指捏取小物品，能摆起 4～6 块积木，尝试使用餐具和转动门把手。

语言发展在这一阶段呈现词汇爆炸现象。12 个月时平均词汇量为 5～10 个单词，18 个月增至 50 个左右，24 个月时通常能达到 200～300 个词汇，并能组合 2～3 个单词的简单句子。语言理解能力远超过表达能力，能遵循简单指令和识别常见物品名称。认知发展上，幼儿开始理解物体恒存性、简单因果关系和功能关系，出现象征性思维的萌芽，如用积木当电话假装通话。

社交情感发展表现出典型的矛盾性：既渴望独立探索又需要安全基地的支持。自主意识明显增强，

"不"和"我自己"成为高频词汇,情绪表达强烈但调节能力有限,常因挫折而发脾气。以平行游戏为主,开始对同龄儿童表现出兴趣但互动有限。注意力持续时间有所延长但仍较短,通常为3～10分钟,易受新异刺激吸引。

基于这些特点,1～2岁幼儿的亲子游戏需求呈现4个核心特征:一是需要提供丰富多样的运动机会,促进大肌肉和精细动作协调发展;二是需要充足而适度的语言输入,支持语言能力爆发;三是需要简单但富有启发性的认知挑战,激发问题解决能力;四是需要敏感而稳定的情感回应,帮助建立安全感和情绪调节能力。游戏设计应顺应这些发展需求,既不过于简单失去发展价值,也不过度超前造成挫败。

(二)运动发展类游戏指导

运动游戏对1～2岁幼儿的身体协调性和空间认知发展至关重要。12～18个月是行走能力巩固期,推拉玩具是最佳选择:稳固的小推车或动物造型拖拉玩具能提供行走时的平衡支持,增强下肢力量和信心。游戏时可设置简单路线(如绕过垫子、推向某目标),增加趣味性和挑战度。研究表明,每天30分钟以上的推拉玩具游戏能显著改善步态稳定性。室内可创设安全的障碍路线(如爬过软垫、钻过隧道),室外则可利用平坦草地或沙地,不同质地表面提供多样的本体觉输入。

18～24个月运动游戏应增加复杂度和协调性要求。球类游戏是这一阶段的理想选择:开始简单的坐姿滚球,逐步过渡到站立踢大球、双手抛接沙滩球等。球的大小应从大(直径25 cm以上)逐渐减小至适中(15 cm左右),材质选择柔软防滑的泡沫或布料。这类游戏不仅锻炼眼手、眼脚协调,还培养对运动轨迹的预测能力。另一类有价值的游戏是模仿动作,如学小兔跳、小鸟飞等,成人夸张的动作示范能激发模仿兴趣,促进运动学习和身体意识。

精细动作游戏应随月龄逐步精细化。12～15个月适合大块拼插游戏:如大颗粒积木、形状简单的拼图板(2～3片),重点在于成功体验而非精确度。15～18个月可引入容器游戏:将不同大小的物品放入取出容器,锻炼手眼协调和空间判断。18～24个月则适合更精细的操作,如串大珠子(直径2 cm以上)、玩面团塑形、使用粗蜡笔涂鸦等。值得注意的是,精细动作游戏持续时间应控制在5～10分钟内,避免因疲劳导致挫败,成人应示范而非代劳,允许不完美的操作方式。

所有运动游戏都应遵循安全但富有挑战的原则。环境设置需消除重大风险(如尖锐边角、小件物品),但保留适度挑战(如低矮台阶、不同质地地面)。成人角色是安全守护者而非过度保护者,在确保基本安全的前提下,允许幼儿体验轻微的失衡和跌倒,这有助于自我风险意识的建立。当幼儿成功完成挑战时,给予具体的积极反馈(如"你小心地爬过了垫子!"),而非泛泛的表扬。

(三)语言启蒙类游戏指导

1～2岁是语言发展的黄金期,科学的语言游戏能有效促进词汇爆发和语言表达。12～18个月的语言游戏以命名和指认为主:在日常生活中随时命名物品和动作("这是香蕉""妈妈在切苹果"),鼓励幼儿通过指向或发音回应。研究表明,这种"服务-返回"式的语言互动最能促进早期词汇学习。图画书共读是极佳的语言游戏,选择厚纸板、图像简单、每页1～2个物品的图画书,采用"指-说-等"的策略:指着图画清晰命名,停顿等待幼儿反应(即使只是眼神或咕哝声),然后扩展回应(如幼儿看狗并发声,成人说"对,狗狗!棕色的大狗狗")。

18～24个月语言游戏应增加互动性和复杂性。问答游戏适合这一阶段:开始时问简单的问题("球在哪里?"),逐步过渡到选择性问题("你要苹果还是香蕉?"),即使幼儿仅用单词或手势回答,成人也应完整复述("你选了香蕉")。动作歌曲是另一类有效游戏:如《头肩膀膝盖脚》《如果感到幸福你就拍拍手》等配合动作的儿歌,这种多模态输入能增强语言记忆。随着语言能力提升,可引入简单故事接龙:成人开始一个与幼儿经验相关的极短故事("小熊去公园……"),停顿让幼儿补充一个词,逐步构建完整句子。

语言环境创设比刻意游戏更为重要。日常互动中应做到多描述少提问:自然描述幼儿正在做的事情("你在搭高高的塔"),而非不断测试("这是什么颜色?");使用扩展而非纠正的策略:当幼儿说"车车"时,回应"是的,红色的大汽车"而非"不对,要说'汽车'";提供充足的消化时间:提问或对话后等待3～5秒,给幼儿组织语言的机会。研究显示,这种尊重幼儿语言节奏的互动方式最有利于语言发展。

电子媒体无法替代真人语言互动。美国儿科学会建议 18～24 个月幼儿如接触屏幕,应限于高质量节目,且必须有成人共同观看和讨论。相比之下,真实的物品操作、面部表情观察和双向互动才是语言学习的最佳途径。家长应警惕教育性媒体的过度宣传,回归最基本的面对面语言交流。

(四)认知探索类游戏指导

1～2 岁幼儿通过感官探索和实际操作构建对世界的认知,适宜的游戏能有效促进思维发展。感官探索游戏是这一阶段的基础:提供多样化的感官体验,如水游戏(用杯子倒水、海绵吸水)、沙游戏(挖、筛、装)、不同质地的触摸板(粗糙、光滑、柔软、坚硬)等。这类游戏看似简单,却帮助幼儿建立对物质属性的基本理解。关键是要允许自由的探索方式,成人避免过度指导"正确"玩法,而应观察幼儿的兴趣点并适时扩展(如当幼儿专注于倒水时,提供不同形状的容器)。

因果游戏对 18～24 个月幼儿特别有吸引力。简单的机械玩具(如按按钮弹出玩偶的玩具)、敲击乐器(鼓、木琴)、开关灯等日常活动,都能帮助幼儿理解动作与结果的联系。自制因果玩具也很有效,如在纸筒一端贴上彩带,幼儿从另一端吹气观察彩带飘动;或将小球放在斜坡轨道上观察滚动。游戏过程中,成人可用简单语言描述因果关系("你按按钮,小狗跳出来了!"),但避免冗长解释,让幼儿通过反复操作自己发现规律。

问题解决游戏应从 18 个月左右逐步引入。最初级的容器问题:将玩具放在透明容器中,观察幼儿如何取出(直接拿取、倒出或寻求帮助);够取问题:将想要的物品放在稍远需要借助工具(如棍子)才能拿到的地方;形状分类:将不同形状块放入对应孔洞。这些游戏应设计为"可解决的挑战",难度略高于幼儿当前能力但通过尝试或少量帮助能够完成。当幼儿遇到困难时,成人可示范部分动作而非完全代劳,如将容器稍微倾斜示意倒出的可能性,但仍让幼儿自己完成关键步骤。

象征性游戏的雏形在 18～24 个月开始显现,应予以鼓励和支持。简单的假装游戏:如用玩具电话模仿通话、给玩偶喂食、假装开车等,标志着符号思维的发展。成人可参与但不应主导游戏,跟随幼儿的引导,适时提供相关道具(如空杯子、玩具餐具)扩展游戏情节。研究表明,丰富的假装游戏与语言发展、情绪理解和问题解决能力呈正相关。游戏材料不必复杂,日常物品(如空盒子、毛巾、木勺)往往最能激发想象力。

(五)社交情感类游戏指导

1～2 岁是社交情感能力发展的关键期,适宜的亲子游戏能促进情绪理解和社交技能。情绪认知游戏可从 18 个月左右引入:利用玩偶或图画,简单命名基本情绪(高兴、难过、生气等),并关联日常生活事件("小熊摔倒了,好疼,它哭了")。当幼儿自身出现强烈情绪时,帮助用语言标识("你生气因为积木倒了"),这有助于情绪调节能力的培养。镜子游戏也是有效方式:与幼儿一起做各种表情,命名并讨论,增强自我认知和情绪理解。

轮流游戏培养基本的社交规则和延迟满足能力。最简单的形式如滚球游戏:成人滚球给幼儿,说"该宝宝了",然后伸手说"该妈妈了",逐步延长等待时间。其他轮流机会包括叠积木(你一块我一块)、简单棋盘游戏(掷骰子移动棋子)。开始时轮流间隔要短(3～5 秒),随着能力提高逐渐延长。研究表明,良好的轮流能力与后续的社交适应密切相关。游戏过程中,成人应明确使用"轮到""等待"等语言提示,帮助幼儿理解社交规则。

自主选择游戏满足 1～2 岁幼儿强烈的自主需求。每天安排一定时间让幼儿自由选择活动(从 2～3 个适宜选项中选择),成人跟随而非指导游戏进程。如在假装游戏中,让幼儿决定玩什么角色和情节;在艺术活动中,自主选择颜色和工具。这种有限制的选择既满足控制感又不至于无所适从。当幼儿坚持"我自己做"时,允许尝试并接受不完美结果,必要时提供最小限度的帮助(如"我们一起打开这个盒子,"成人稳住盒子,幼儿拉开盖子)。

冲突解决游戏帮助幼儿学习基本社交技能。当出现玩具争抢时,可引入交换概念("你可以用这个小车换弟弟的积木");当出现打人等行为时,用玩偶示范轻轻摸的替代行为。这类游戏最好在冲突发生前以预防性方式引入，通过角色扮演练习适当行为。家长应理解1~2岁幼儿尚无法真正分享，强制分享可能适得其反，更现实的目标是学习轮流和简单交换。

（六）游戏环境创设与材料选择

适宜的游戏环境是高质量亲子互动的重要保障。物理空间应满足安全、有序、可变三原则：消除重大安全隐患但保留适度挑战；玩具材料分类存放，帮助幼儿建立秩序感；布局定期微调，保持新鲜感而不至于过度刺激。理想的游戏区应包括大肌肉活动区（软垫、推拉玩具）、精细操作区（小桌子或地毯）、安静阅读角（低矮书架、舒适坐垫）和假装游戏区（简单道具如玩偶、餐具）。空间不必专门化，客厅一角或卧室部分区域经适当调整即可满足需求。

游戏材料选择应符合发展适宜性和安全性标准。12~18个月适合大块拼图（2~3片）、嵌套杯、形状分类盒、大蜡笔、推拉玩具、玩偶和柔软动物模型等；18~24个月可增加4~6片拼图、大珠子串线、简单乐器、玩面团工具、角色扮演道具等。优质玩具不一定昂贵，日常物品如各种容器、木勺、丝巾、空盒子等往往最受幼儿青睐。所有材料应定期检查，确保无小零件脱落、边缘光滑无毛刺、材质无毒易清洁。

材料呈现方式影响游戏质量。采用有限选择轮换制：每次提供4~5种玩具，每周轮换部分物品，保持新鲜感。玩具摆放应有逻辑性：拼图放在托盘里，积木按形状分类存放，艺术材料集中放置等，这有助于幼儿建立认知分类。避免一次性呈现过多选择，这会导致注意力分散和浅层探索。随着幼儿成长，可逐步让其参与简单的收纳工作，培养责任感和秩序意识。

需谨慎考量电子媒体在1~2岁幼儿游戏中的角色。美国儿科学会建议18个月以下避免非视频聊天的电子屏幕使用，18~24个月如引入媒体，应选择高质量内容，且父母必须共同观看解释。研究一致表明，真人互动比任何屏幕内容都更有利于幼儿发展。家长应警惕教育性App的营销宣传，回归最基本的实物操作和人际互动游戏。

（七）成人角色与互动原则

成人在亲子游戏中的参与方式和互动质量直接影响游戏效果。基础性原则是跟随幼儿的引导：观察幼儿的兴趣焦点（如反复操作某玩具的方式），在此基础上适当扩展而非强行改变游戏方向。当幼儿专注于某项活动时，避免以"教学"名义打断，如幼儿正在探索积木的堆叠方式时，不必急于展示正确的搭建方法。研究表明，这种尊重幼儿自主探索的互动方式最有利于深度学习和问题解决能力的培养。

互动语言应做到三多三少：多描述（"你搭了一座高塔"），少提问（"这是什么颜色？"）；多肯定（"你找到了！"），少否定（"不对，不是那样"）；多等待（给予充分反应时间），少代答（抢答幼儿能回答的问题）。特别有价值的语言脚手架策略包括扩展（将幼儿的单词扩展为短语）、重构（用正确语法重述幼儿的话）和补充（添加新信息）。例如当幼儿说"车"时，可回应"是的，红色的小汽车开得快！"。

游戏过程中的情绪氛围至关重要。成人应保持轻松愉悦的态度，避免将游戏变成教学任务或发展考核。当幼儿遇到困难时，提供适度的支架式帮助：将任务分解为更小步骤，示范部分动作，或调整材料难度，但保留解决问题的核心部分给幼儿完成。挫折是学习的自然部分，不必急于消除所有困难，而是帮助幼儿逐步培养坚持性和抗挫力。

互动节奏应匹配幼儿的注意力特点。1~2岁幼儿的注意力持续时间通常为3~10分钟，应根据信号（如转头、离开、烦躁）及时转换活动，避免强制延长。游戏时间安排应顺应幼儿的生物节律，选择清醒活跃时段，避开饥饿、困倦或不适时间。短时高频的游戏互动比长时间但低质量的互动更有价值，每天多次5~10分钟的专注游戏远胜于一次长时间的敷衍互动。

（八）常见误区与改进建议

当前1~2岁亲子游戏实践中存在若干值得关注的误区。最普遍的是"教育焦虑驱动"的游戏选择：许多家长过早引入识字卡、算术等学术性内容，违背幼儿发展规律。科学建议强调：1~2岁幼儿的学习应通过多感官探索和实际操作自然发生，过早的抽象符号学习不仅无效，还可能减少重要的感官运动经验。改进策略是关注基础能力（语言、运动、社交）而非特定知识技能，信任游戏本身的发展价值。

另一个突出问题是过度结构化的游戏方式：严格规定游戏规则和"正确"玩法，限制幼儿的自主探索。

研究显示,自由游戏中幼儿展现的认知投入和问题解决策略往往比结构化活动中更复杂。改进方法是采用引导式参与:提供安全环境和适当材料,观察幼儿的兴趣点,在此基础上自然扩展而非强行指导。例如当幼儿反复将积木装入盒子倒出时,可提供不同形状的容器,而非坚持要求搭建特定结构。

电子媒体的过度使用也是普遍问题。虽然市场上充斥着宣称"益智"的婴幼儿电子产品和 App,但神经科学研究表明,2 岁以下幼儿无法从被动屏幕时间中有效学习。改进建议是严格限制屏幕时间,将节省的时间用于实物操作和人际互动游戏。如使用媒体,必须共同观看讨论,帮助幼儿建立与现实的经验联系。

安全防护方面存在两种极端:一种是过度保护,限制所有可能的风险,导致幼儿缺乏必要的挑战和运动机会;另一种是防护不足,忽视环境中的真实危险。科学的安全策略是风险评估:区分可能造成严重伤害的重大风险(如未固定的家具、小件窒息物)和可能造成轻微挫败的学习机会(如低矮台阶的攀爬),对前者严格防范,对后者适度允许。成人角色是安全守护者而非风险消除者,在确保基本安全的前提下支持探索勇气的发展。

文化差异导致的游戏观念冲突也需要关注。一些传统观念认为游戏是无用的玩耍,强调早期学术训练;而现代研究证实,游戏是幼儿最自然的学习方式。改进策略是通过科学证据展示游戏对大脑发展的具体影响,如象征性游戏与前额叶发育的关系,运动游戏与小脑发展的联系等,帮助不同文化背景的照护者理解游戏的发展价值。

育儿宝典

案例一　尊重孩子的节奏与个性

背景　桐桐是一个 2 岁的女孩,她的母亲最初试图通过强迫她与其他孩子交往来培养她的社交能力。然而,桐桐并不喜欢这种方式,她变得焦虑和不安。

问题　桐桐在母亲的强迫下变得焦虑和不安,不知道如何与朋友交往。

教养策略　母亲意识到自己的问题后,开始改变策略,不再强迫桐桐交往,而是带她出去慢慢引导她自己玩。

效果　桐桐逐渐变得自信,与小朋友打招呼也很自然,朋友逐渐多起来。

案例二　避免过度赞美与批评

背景　明明很喜欢画画,但他的老师总是过度赞美他的作品,无论他画得如何都会说"画得真不错"。这导致明明对批评变得非常敏感,无法接受自己的作品有任何瑕疵。

问题　过度赞美导致明明无法接受批评,缺乏面对挫折的能力。

教养策略　家长和老师应该给予明明适当的赞美和批评,让他明白自己的作品既有优点也有需要改进的地方。同时,鼓励他多尝试、多探索,培养他的抗挫能力。

效果　通过适当的赞美和批评,明明逐渐学会了接受自己的不足,并努力改进自己的作品。

案例三　处理孩子的错误行为

背景　女儿不小心打碎了一个碗,碗里的小料溅了母亲一身。母亲不禁大喊一声,女儿看看被惊吓的母亲和被打碎的碗,惊慌失措起来。

问题　女儿打碎碗后感到惊慌失措,不知道如何应对母亲的反应。

教养策略　母亲微笑着对女儿说"妈妈原谅你了,下次可要小心哟!",然后女儿又开心地玩了起来。

效果　女儿感受到了母亲的宽容和理解,没有因为打碎碗而受到过度的责备或惩罚。这有助于培养她的自信心和应对错误的能力。

任务思考

1. 如何评价 1～2 岁幼儿家庭照护的指导？

2. 1～2 岁幼儿家庭教养中的穿衣出行指导需要注意哪些方面？

3. 1～2 岁幼儿的亲子游戏有哪些？

任务四　评析2～3岁幼儿的家庭教养指导

案例导入

　　小花今年2岁多,但语言表达能力相对较弱,不愿意主动与人交流。家长多次与小花进行互动交流,采用引导、奖励的方式鼓励她多说话。为小花提供丰富的语言环境,如读故事书、听儿歌、观看动画片等,帮助她积累词汇和语言表达能力。鼓励小花与其他小朋友一起玩耍,通过社交环境促进她的语言表达。经过一段时间的引导,小花的语言表达能力有了明显提高,愿意主动与人交流,且词汇量逐渐增加。

一、2～3岁幼儿家庭照护的指导评析

针对2～3岁幼儿家庭照护的指导评析,以下从多个方面详细分析。

1. 营养与喂养

指导内容　提供均衡膳食,包括粗粮、水果、肉类和牛奶等,确保孩子获得全面的营养。注意食物的软硬度,以适应孩子的咀嚼能力。鼓励孩子尝试自己进食,培养进餐兴趣。

评析　均衡膳食有助于孩子的健康成长,避免挑食和营养不良。适当的食物软硬度可以锻炼孩子的咀嚼能力,同时避免噎食风险。鼓励孩子自主进食可以培养他们的独立性和进餐兴趣。

2. 睡眠照护

指导内容　卧室应安静、空气新鲜,室内温度适宜。规律作息,确保孩子有足够的睡眠时间。培养孩子独自入睡的习惯,避免不良入睡方式。

评析　良好的睡眠环境有助于提高孩子的睡眠质量,促进生长发育。规律的作息有助于孩子形成良好的生物钟,提高睡眠质量。培养孩子独自入睡的习惯可以让他们更加独立,同时减轻家长的负担。

3. 生活与卫生习惯

指导内容　鼓励孩子及时表达大小便需求,形成一定的排便规律。保持生活场所的安全卫生,预防意外伤害。教会孩子正确的洗手、洗脸等卫生习惯。

评析　培养良好的排便习惯有助于孩子的身体健康和心理健康。保持生活场所的安全卫生可以预防意外伤害,保护孩子的安全。正确的卫生习惯有助于孩子养成良好的个人卫生习惯,预防疾病。

4. 安全照护

指导内容　注意保持孩子在照护人的视线范围内,避免走失或发生意外。避免孩子接触危险物品,如锐器、火源等。加强孩子的安全教育,提高他们的自我保护意识。

评析　保持孩子在视线范围内可以避免走失或发生意外,确保孩子的安全。避免孩子接触危险物品可以减少意外伤害的发生。加强安全教育可以提高孩子的自我保护意识,让他们在遇到危险时能够做出正确的应对。

5. 亲子互动与早期教育

指导内容　多与孩子进行高质量的亲子陪伴,如拥抱、亲子阅读等。创设丰富的语言交流环境,鼓励孩子积极表达。提供适宜的玩具和游戏,促进孩子的精细动作和认知发展。

评析　高质量的亲子陪伴可以增进亲子关系,让孩子感受到爱和温暖。丰富的语言交流环境有助于孩子的语言发展,提高他们的表达能力。适宜的玩具和游戏可以促进孩子的精细动作和认知发展,提高他们的智力和创造力。

2～3岁幼儿家庭照护的指导内容涵盖了营养与喂养、睡眠照护、生活与卫生习惯、安全照护以及亲子互动与早期教育等多个方面。这些指导内容科学、全面且实用，有助于家长更好地照顾和教育孩子，促进他们的健康成长和全面发展。

二、2～3岁幼儿穿衣出行的指导评析

（一）穿衣指导

1. 选择合适的衣物

指导内容　为2～3岁幼儿选择衣物时，应注重衣物的材质、透气性和舒适度。建议选择纯棉、透气性好、柔软亲肤的衣物，避免选择过于厚重或紧身的衣物。

评析　纯棉材质的衣服具有吸汗、透气、柔软等特点，适合幼儿娇嫩的肌肤。避免厚重或紧身衣物可以减少孩子的束缚感，让他们更加自在活动。

2. 根据天气变化增减衣物

指导内容　家长应根据天气变化及时为孩子增减衣物，避免孩子过热或过冷。如天气较热时，可选择短袖T恤、短裤等轻薄衣物；天气较凉时，可穿上长袖T恤、长裤或轻薄外套。

评析　幼儿体温调节能力相对较差，及时增减衣物有助于保持他们的体温稳定，避免感冒或其他疾病的发生。

3. 注意穿着的层次性

指导内容　在气温波动较大的季节，建议采用洋葱式穿衣法，即多层穿着，方便随时增减。

评析　这种穿衣方式可以根据气温变化灵活调整，保持孩子的舒适度和温度。同时，也便于家长在室内外温差较大的情况下，为孩子快速增减衣物。

（二）出行指导

1. 选择合适的出行方式

指导内容　根据出行距离、时间和孩子的身体状况选择合适的出行方式。如短途出行可选择步行或自行车，长途出行可选择汽车或公共交通工具。

评析　选择合适的出行方式有助于减少孩子的疲劳感，提高他们的出行舒适度。同时，也有助于家长更好地照顾孩子，确保他们的安全。

2. 准备必要的出行物品

指导内容　出行前应准备好必要的物品，如纸巾、湿巾、水杯、小零食等。此外，还应根据天气情况准备防晒霜、帽子、雨伞等防晒或防雨物品。

评析　准备必要的出行物品可以应对孩子在出行过程中可能出现的各种情况，如口渴、饥饿、防晒或防雨等。这有助于家长更好地照顾孩子，提高他们的出行体验。

3. 注意出行安全

指导内容　在出行过程中，家长应时刻关注孩子的安全状况，避免他们走失或发生意外。如过马路时要牵好孩子的手，避免他们独自玩耍或接近危险区域。

评析　幼儿的安全意识相对较差，家长在出行过程中应更加关注他们的安全状况。通过时刻关注、牵好孩子的手、避免危险区域等方式，可以大大降低孩子发生意外的风险。

（三）综合评析

2～3岁幼儿的穿衣出行指导应注重舒适度和安全性。在穿衣方面，家长应根据天气变化和孩子的身体状况选择合适的衣物，避免过热或过冷；在出行方面，家长应选择合适的出行方式、准备必要的出行物品，并时刻关注孩子的安全状况。这些指导内容有助于家长更好地照顾和教育孩子，促进他们的健康成长和全面发展。同时，也体现了家长对孩子无微不至的关爱和呵护。

三、2～3岁幼儿亲子游戏的指导评析

1. 亲子游戏的重要性

2～3岁是幼儿身心发展的关键时期,亲子游戏不仅有助于增进亲子关系,还能促进孩子的认知、情感、社交和身体等多方面的发展。通过亲子游戏,家长可以更加了解孩子的兴趣和需求,从而更好地进行教育和引导。

2. 亲子游戏的选择原则

① 适宜性:游戏应适合孩子的年龄特点和认知水平,避免过于复杂或过于简单的游戏。

② 安全性:游戏过程中要确保孩子的安全,避免使用尖锐或易碎的物品,同时要注意游戏场地的安全。

③ 互动性:亲子游戏应注重家长与孩子之间的互动,通过共同参与游戏来增进亲子关系。

④ 趣味性:游戏应具有趣味性,能够吸引孩子的注意力,激发他们的兴趣和好奇心。

3. 亲子游戏指导方法

尊重孩子的兴趣和特点:2～3岁的孩子正处于身心快速发展的阶段,他们有着强烈的好奇心和探索欲。家长在选择游戏时,应充分考虑孩子的兴趣和特点,选择那些能够激发孩子好奇心和探索欲的游戏。

① 注重游戏的互动性和参与性:亲子游戏应强调家长与孩子之间的互动和参与,通过共同游戏来增进亲子关系。家长应积极参与游戏,与孩子形成互动,共同完成任务或挑战。

② 关注孩子的安全和健康:在游戏过程中,家长应时刻关注孩子的安全和健康,确保游戏材料的安全性,避免使用尖锐或易碎的物品。同时,家长还要注意游戏时间的控制,避免孩子过度疲劳或沉迷游戏。

③ 适当引导和鼓励:在游戏过程中,家长应适当引导孩子,帮助他们理解游戏规则和任务。当孩子遇到困难或挑战时,家长应给予鼓励和支持,帮助他们建立自信心和勇气。

4. 亲子游戏的推荐与评析

(1) 自制望远镜游戏

玩法 准备一张纸,教孩子将纸卷成圆筒状当望远镜,然后让孩子拿着自制的"望远镜"环视周围的物体。

评析 这个游戏可以激发孩子的想象力和创造力,同时也有助于培养他们的观察能力和推理能力。通过遮挡部分视野让孩子进行想象,可以锻炼他们的思维能力和空间感知能力。

(2) 按节拍做律动游戏

玩法 播放童谣录音,让孩子随着节拍做律动,也可以跟随录音哼唱。

评析 这个游戏可以培养孩子的节奏感和音乐素养,同时也有助于提高他们的注意力和协调能力。通过跟随节拍做律动,孩子可以感受到音乐的节奏和韵律,从而培养他们的音乐感知能力。

(3) 敲水杯游戏

玩法 准备几个玻璃水杯,往杯子里添加不同量的水,让孩子拿筷子去敲击不同的杯子,听听发出的声音有什么不一样。

评析 这个游戏可以让孩子了解声音的强弱关系,提高听觉的敏锐性。通过敲击不同量的水发出的不同声音,孩子可以感受到声音的变化和差异,从而培养他们的听觉识别能力。

(4) 剪纸游戏

玩法 准备一些纸和一把安全剪刀,让孩子随意地剪。开始时,家长要先教孩子拿剪刀的正确方法。当孩子剪出不同形状的时候,可以让孩子说一说,剪得像什么。

评析 剪纸游戏可以锻炼孩子的手部精细动作和手眼协调能力。通过剪出不同形状和图案的纸,孩子可以培养他们的想象力和创造力。同时,剪纸游戏也有助于提高孩子的专注力和耐心。

(5) 认日期和时间游戏

玩法 在日常生活中,教孩子建立日期和时间的概念。比如,和孩子说:"今天是几月几日,是什么节日或纪念日,昨天我们做了什么,明天我们要去哪里玩?……"

评析 这个游戏可以帮助孩子掌握抽象的日期和时间概念,增强他们的记忆力和想象力。通过回忆过去的事情和想象将要发生的事情,孩子可以更好地理解时间和日期的概念,并培养他们的时间管理能力。

(6)蒙着眼睛猜声音游戏

玩法 用一条纱巾将孩子的眼睛蒙上,然后在旁边发出一定的声响让孩子猜。比如,拍手的声音、踩脚的声音、摇铃铛的声音,等等,看孩子能猜对多少。

评析 这个游戏可以锻炼孩子的推理能力和想象力,同时也有助于提高孩子的注意力。通过蒙上眼睛,孩子需要依靠听觉来辨别声音,这有助于培养他们的听觉识别能力。

5. 亲子游戏的注意事项

① 尊重孩子的兴趣和意愿:在选择游戏时,要尊重孩子的兴趣和意愿,避免强迫孩子参与不感兴趣的游戏。

② 关注孩子的安全:在游戏过程中,要时刻关注孩子的安全状况,避免发生意外伤害。

③ 适当引导:在游戏过程中,家长要适当引导孩子,帮助他们更好地理解和参与游戏。同时,也要鼓励孩子发挥自己的想象力和创造力。

④ 保持耐心和爱心:在与孩子进行亲子游戏时,家长要保持耐心和爱心,不要急于求成或对孩子过于苛责。

案例 东东宝宝,男,2020年5月23日出生,剖宫产,正常。2013年4月29日宝宝35个月。宝宝会回答"这是什么?",但不会回答"××到哪去了?"不会区分你我。针对东东宝宝的情况,应该如何进行正确的指导,通过哪些语言类游戏可以帮助东东宝宝语言发展呢?对照《婴幼儿语言发展顺序及年龄》评价量表(表5-4-1和表5-4-2)思考。

表5-4-1 《婴幼儿语言发展顺序及年龄》评价量表

语言发展项目	开始年龄(个月)	常模年龄(个月)	发展较晚年龄(个月)
会发 a、u、e、o 等音	0	1.5	2
笑出声	2	2.5	6
主动对人笑	1	2.5	5
逗时会回声应答	1	3	5
哭时开始有顾虑、急躁情绪	2	3.9	6
主动对玩具笑	2	4	6
会尖叫	2	4	7
会用哭声要人或要东西	2	4.5	6
会发 Da、Da、ma、ma 音,无所指	5	8.5	11
用动作表示"再见""欢迎"	4	8.9	12
懂得"不要这样"的话	4	10	11
会发 ba、ga 等音	5	10.9	14
会模仿成人发音	7	11.5	14
向他要东西知道给	7	13	15
叫妈妈有所指	8	13.9	15
叫爸爸有所指	7	14.5	16
除爸妈外,会叫其他亲人2人	8	14.6	18
除亲人称呼外,还会1~2个字	9	14.9	16

（续表）

语言发展项目	开始年龄(个月)	常模年龄(个月)	发展较晚年龄(个月)
会说"我不要"	12	15.9	18
知亲近人名字 2 人	11	16	18
知同伴名字 2 人	11	16	18
执行简单给予的命令	12	16	18
指出身体 3~4 部分	11	16.5	19
会用叠字 3 个	11	16.9	21
会说 1 个词的句子	12	18.9	20
开始辨别声音	12	19.1	21
会讲 10 个词	13	19.1	21

表 5-4-2 《婴幼儿语言发展顺序及年龄》评价量表

语言发展项目	开始年龄(个月)	常模年龄(个月)	发展较晚年龄(个月)
懂得上面、下面	14	19.1	21
能叫自己名字	15	19.9	23
懂得 3 个提问	18	21.1	25
会回答"这是什么?"	18	22.6	25
说 3~5 个词的句子	18	22.5	26
会说父母名字	18	23.5	29
会用词回答"××到哪儿去了?"	19	24.1	26
会用词回答"谁来了?"	19	24.6	28
会说出常用 4 件东西的名称	18	25.1	28
会说 3~4 句儿歌	18	25.5	28
会用代名词"我"	18	25.1	27
会用代名词"他"	18	26.1	28
会用代名词"你"	18	26.4	28
会回答"这是什么?"	20	26.6	28
会回答"××到哪儿去了?"	19	27.5	29
会回答"那是谁?"	20	28.1	30
会 4 首以上儿歌	19	29	32
用完整句子表示一件事	20	29.5	35
知道反义词 3 个	27	29.5	35
会用连接词"和、跟"	23	29.9	32
理解饿了、冷了、累了	27	30.5	34
会问与答简单生活问题	20	31.1	36
会用形容词 2 个、副词 2 个	20	29.9	35

　　2~3 岁幼儿的亲子游戏对于孩子的成长和发展具有重要意义。在选择游戏时,要遵循适宜性、安全性、互动性和趣味性的原则;在游戏过程中,要关注孩子的安全状况,适当引导孩子并鼓励他们发挥自己的

想象力和创造力;同时,家长也要保持耐心和爱心,与孩子共同享受游戏的乐趣。

育儿宝典

案例一　培养饮食习惯

背景　牛牛今年2岁半,之前总是偏食、挑食,且没有固定的饮食时间,导致身体发育相对缓慢。

家庭教养措施　家长为牛牛制定了固定的饮食时间,并坚持执行。在饮食方面,注重荤素搭配,确保牛牛摄入足够的营养。鼓励牛牛尝试不同的食物,通过奖励和表扬的方式,逐渐改变他的偏食习惯。

成效　经过几个月的调整,牛牛的饮食习惯有了显著改善,不再偏食、挑食,且身体发育逐渐恢复正常。

案例二　培养社交能力

背景　小刚今年3岁,性格内向,不愿意与其他小朋友玩耍。

家庭教养措施　家长带小刚参加一些集体活动,如亲子游戏、幼儿园活动等,让他有机会与其他小朋友互动。教会小刚一些基本的社交礼仪和规则,如分享、等待、尊重他人等。鼓励小刚邀请其他小朋友到家里玩耍,通过家庭环境促进他的社交能力。

成效　经过一段时间的锻炼,小刚的社交能力有了显著提升,愿意与其他小朋友一起玩耍,且能够遵守社交规则。

案例三　宝宝不愿与朋友分享怎么办?[①]

点点妈妈:我的女儿2岁10个月了,前两天与邻居小朋友一起玩时,我让她给小妹妹分享零食,她就是不愿意,一边哭一边还说"我的,我的",弄得我十分尴尬。而且我还发现她喜欢的玩具也不愿意别人碰,喜欢的图书也不允许别人翻。孩子怎么这么吝啬呢?以后长大了怎么办?希望老师和大家能帮我出出主意。

指导教师:"吝啬"是一种不良的性情特点,孩子"吝啬"性情的形成往往与父母及家人的溺爱有关,使孩子养成了独食、独玩等不良行为习惯,认为所有的东西都应该属于他一人,而不愿和别人分享。但是对于2岁10个月的点点,她不愿意和小朋友分享零食和玩具,是一种"吝啬"行为吗?我们其他家长是否也遇到了这样的问题?你们是怎么解决的?

在教师的引导下,从幼儿心理发展的特点来看,2岁的宝宝正处于自我意识的萌发期,这是他社会化发展的特殊时期,家长应尊重宝宝,而不能强行要求他分享,否则会适得其反。家长不必为宝宝的"吝啬"而过多担心,当宝宝认知能力和年龄到达一定阶段,当他能够体验分享的快乐时,自然也就会变得大方起来。我们可以在平时日常生活中,多创造机会让孩子与其他小朋友交往,也可以鼓励他分享玩具,肯定他的积极行为。如果宝宝不愿意接受,也可先从交换开始尝试。例如宝宝用枪去交换另一个小朋友的小汽车,玩一会儿后又交换回来,这样他就可以打消拿不回玩具的顾虑,同时还能融入朋友中,玩到新的有趣的玩具。渐渐地,宝宝懂得了这个交往规则,就会变得大方起来。家长们不妨这样去试试。

---

① 张家琼,李丹.0～3岁婴幼儿家庭教育与指导[M].北京:科学出版社,2019:23～24.

任务思考

1. 如何评价 2～3 岁婴幼儿家庭照护的指导?
2. 2～3 岁婴幼儿家庭教养中的穿衣出行指导需要注意哪些方面?
3. 2～3 岁婴幼儿的亲子游戏有哪些?

实训实践

实训实践任务书：0～3 岁婴幼儿家庭教养指导观察分析

任务名称　0～3 岁婴幼儿家庭教养指导观察、记录与分析

任务内容　到托育园选取 1～2 位婴幼儿进行为期 3 天的家庭入户观察,撰写观察记录并根据观察记录情况选取 1～2 个具有代表性的现象进行分析、提出指导建议。

任务要求

① 真实客观记录婴幼儿家庭教养全过程,内容简要,信息丰富;

② 针对婴幼儿在家庭教养过程中的表现、家长行为进行分析,分析恰当,有一定理论依据。

任务实训目标

① 知识目标:掌握 0～3 岁婴幼儿家庭教养指导方法。

② 能力目标:能够撰写观察记录、分析观察婴幼儿家庭照护、穿衣出行、亲子游戏指导方法,并评析指导方法的科学合理性。

③ 情感目标:感知到观察记录对于自身专业发展的重要性。

任务准备　0～3 岁婴幼儿家庭教养指导观察记录表(见表 1)、笔、手机、记录本等。

表 1　0～3 岁婴幼儿家庭教养观察记录表

观察时间	年　　月　　日　星期　　午　　时(分)——　　时(分)		
婴幼儿年龄		性别	
观察主题			
观察记录内容			
分析			

赛证 链接

一、单选题（2023 年高级育婴师）

1. 家居环境里,包括宝宝的周围,隐藏着很多滋长和传播(　　)的地方。

A. 细菌　　　　　　　　B. 病毒　　　　　　　　C. 寄生虫　　　　　　　　D. 灰尘

2. 2 岁 1 个月至 2 岁 6 个月婴幼儿能从众多的片卡中找出"水果"的卡片、"蔬菜"的卡片,"交通工具"的卡片等,(　　)的意识初步形成。

A. 汉字　　　　　　　　B. 类　　　　　　　　C. 阅读　　　　　　　　D. 读图

3. 婴幼儿情绪、情感和社会性行为是(　　)出现,有时需要向婴幼儿的父母和照料人了解。

A. 随时　　　　　　　　　　　　　　B. 偶尔

C. 在特定的情景中才可能　　　　　　D. 经常

4. 教养内容功利化表现在不少家长特别注重儿童早期教育中(　　),不顾孩子实际,揠苗助长。

A. 社会交往的培养　　　　　　　　B. 智力的开发

C. 知识的传授和才艺的培训　　　　D. 个性品质的培养

5. (　　)可以让婴幼儿学习与人合作,学习听从指令,服从规则。

A. 逛街　　　　　　　　B. 亲子游戏　　　　　　　　C. 体育运动　　　　　　　　D. 散步

二、设计题

制定"宝宝不配合感统训练,教师有哪些招数?"培训计划。

具体考核要求:最近发现一些感统失调的孩子刚开始训练时很不配合,不愿意参加训练,甚至哭闹得很厉害,教师在进行训练中感到困难,有的家长心疼孩子哭闹,放弃训练不来了。针对这种情况,我们拟进行"宝宝不配合感统训练,教师有哪些招数?"的培训,请拟定一份培训计划。(2023 年高级育婴师)

项目六　指导 0～3 岁特殊婴幼儿家庭教养与家长咨询

项目导读

　　随着社会对特殊群体接纳度的提升,为特殊婴幼儿创造适宜成长环境变得愈发重要。这一阶段是特殊婴幼儿身心发展的关键期,科学教养对其未来融入社会意义重大。同时,特殊婴幼儿家庭往往承受着巨大压力,专业指导与咨询能有效缓解家长焦虑,给予他们切实可行的养育方法。

　　本项目聚焦家长咨询板块,帮助他们以积极心态应对育儿挑战,为特殊婴幼儿的成长构建全方位支持体系。

学习目标

1. **知识目标**：了解不同类型的 0～3 岁特殊婴幼儿特点。
2. **能力目标**：能够指导家长制定和实施个性化教养计划。
3. **素养目标**：树立科学儿童观,体验到"爱的教育"的重要性。

知识导图

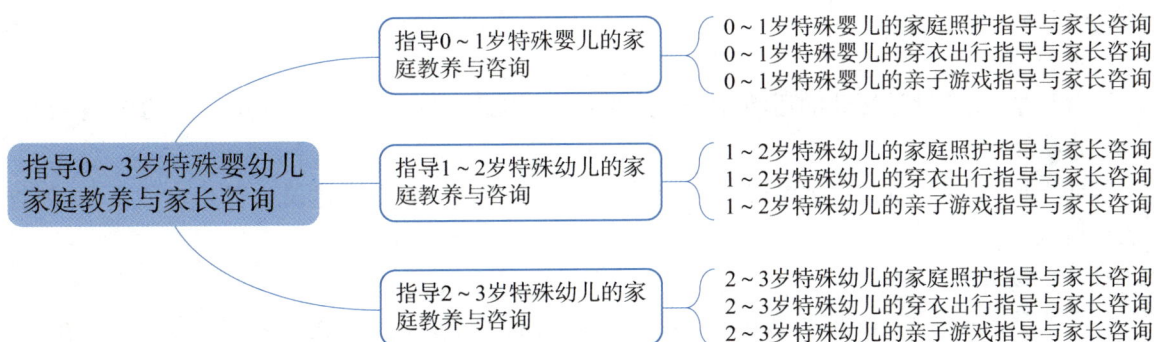

指导0～3岁特殊婴幼儿家庭教养与家长咨询
- 指导0～1岁特殊婴儿的家庭教养与咨询
  - 0～1岁特殊婴儿的家庭照护指导与家长咨询
  - 0～1岁特殊婴儿的穿衣出行指导与家长咨询
  - 0～1岁特殊婴儿的亲子游戏指导与家长咨询
- 指导1～2岁特殊幼儿的家庭教养与咨询
  - 1～2岁特殊幼儿的家庭照护指导与家长咨询
  - 1～2岁特殊幼儿的穿衣出行指导与家长咨询
  - 1～2岁特殊幼儿的亲子游戏指导与家长咨询
- 指导2～3岁特殊幼儿的家庭教养与咨询
  - 2～3岁特殊幼儿的家庭照护指导与家长咨询
  - 2～3岁特殊幼儿的穿衣出行指导与家长咨询
  - 2～3岁特殊幼儿的亲子游戏指导与家长咨询

任务一　指导 0～1 岁特殊婴儿的家庭教养与咨询

案例导入

丫丫的父母是大学教师。丫丫是经剖宫产生下的，丫丫妈妈生产期羊水浑浊。丫丫出生后经常啼哭，有声响时常常哭闹不止，声音很尖锐。一个月后逗弄时不大会笑。第 5 周时在家中突发全身抽搐，大人发现后急忙将丫丫送去医院儿科就诊。医生诊治后建议为丫丫进一步进行核磁共振检查，检查结果显示：脑部 CRI 右侧基底节软灶。医生进行了详细的介绍，丫丫的抽搐发病原因之一是，缺血缺氧等情况引起的脑组织坏死后形成的疤痕组织，暂时只能采用营养神经、改善并发症、坚持康复治疗为主。

一、0～1 岁特殊婴儿的家庭照护指导与家长咨询

1. 日常护理

① 提供安全的环境：确保婴儿的生活环境安全，避免尖锐物品和窒息危险，适当使用安全座椅和婴儿床。生活环境要尽量避免过大的噪声、鲜艳刺激的颜色、大型玩偶等刺激，减少对婴儿的感知觉压迫、刺激。在婴儿经常活动的区域安装监控，便于随时观察。

② 注意皮肤护理：使用温和、无刺激的婴儿专用洗护产品，避免使用碱性大的香皂。每次清洁后，及时为婴儿涂抹专用的保湿产品，不要让婴儿皮肤干燥导致身体不适。外出时，避免婴儿长时间暴露在强烈的阳光下，使用遮阳伞或车内遮阳篷，并注意通风，做好防晒措施。定期更换尿布，保持婴儿皮肤干燥，预防尿布疹。

③ 建立睡眠管理：为婴儿准备符合安全标准的婴儿床，床栏间距不应超过 6 cm，以防婴儿头部卡住。婴儿床远离窗户或有拉绳的位置，避免潜在危险。建立规律的睡眠时间表，建议婴儿采用仰卧睡姿，密切观察婴儿的呼吸情况，以减少猝死风险。1 岁前不建议使用枕头，周围尽量去除多余的毛绒玩具、被子等，避免窒息的风险。

2. 发育监测与支持

① 发育评估：定期评估婴儿的运动、语言、社交和认知能力，并记录发育里程碑。对于特殊婴儿，可能需要调整期望和目标。

② 早期干预：如果发现发育迟缓或异常，及时咨询专业人员，并根据建议进行相应的干预，如物理治疗、语言治疗等。

3. 饮食与营养

① 母乳喂养或配方奶：根据婴儿的具体需求，选择母乳喂养或合适的配方奶粉。如有喂养困难，可寻求专业营养师的建议。

② 辅食添加：在婴儿达到适当的年龄（通常 6 个月左右）时，逐步引入辅食，但要注意婴儿的吞咽能力和食物过敏风险。

4. 健康管理

① 定期体检：安排定期的健康检查，包括生长监测、听力和视力筛查等。

② 疫苗接种：按照医生建议，确保婴儿按时接种疫苗，并根据他们的特殊健康状况调整疫苗接种计划。

③ 药物管理：如婴儿需要药物治疗，应了解适宜、正确的给药方法、注意事项、可能产生的特殊反应及

应对措施。

5. 家长心理支持

① 情感支持：照顾特殊婴儿的家长可能面临巨大的压力，建议寻求心理咨询或支持小组的帮助，分享照护经验和感受。

② 教育与培训：通过阅读、参加讲座或咨询专业人员，了解婴儿护理的最新信息和技术，以便更好地应对各种挑战。

6. 资源与支持

① 寻求专业帮助：与儿科医生、物理治疗师、语言治疗师等建立良好的沟通渠道，以便及时获取专业建议。

② 社会资源：利用社区资源，如早教中心、特殊教育服务等，为婴儿提供更多的成长支持。

二、0～1 岁特殊婴儿的穿衣出行指导与家长咨询

1. 穿衣指导

① 选择舒适的衣物：为婴儿选择柔软无刺激、透气的棉质衣物，避免使用可能引起过敏的合成纤维或粗糙材料。衣物应松紧适度，避免过紧压迫孩子的身体，尤其是对于可能有运动障碍或肌肉张力异常的孩子。

② 针对有感官敏感或皮肤问题的婴儿：选择无标签的衣物，并避免有粗糙接缝的衣物，以减少对皮肤的刺激。选择开口宽、按扣多的衣物，方便快速穿脱，特别是对需要频繁更换尿布或有特殊护理需求的婴儿。

2. 出行指导

① 需要外出时关注天气情况：针对特殊婴儿对环境较为敏感的特质，如要带婴儿外出要事先关注气温、气候等的变化，避免在有雷电、暴雨、极寒、高温等天气状况下外出。

② 出行时要备足随行物品：出行时准备好足够的尿布、湿巾、替换衣物、奶瓶或辅食，必要时还要携带孩子的药物或医疗设备。

三、0～1 岁特殊婴儿的亲子游戏指导与家长咨询

0～1 岁是婴儿感知觉、运动及社会性发展的黄金期。特殊婴儿（如早产儿、发育迟缓、感官障碍或先天性疾病患儿）在某些方面会与正常婴儿的发展有差距，见表 6-1-1。他们更需要感受家长的爱、关注与交流，初步建立起与父母的熟悉感、信任感。在此阶段需针对性干预。0～1 岁特殊婴儿通过肢体接触、眼神交流、语言互动等能够增进与父母彼此间的情感联系，为他们提供情绪支持与安全感，激发他们后续的发育与发展。

表 6-1-1　游戏设计四维度检查清单

维度	达标标准	示例工具
感官刺激	至少激活两种感觉通道	带铃铛的纹理布书
运动支持	符合当前运动能力水平	楔形垫、抗重力悬挂装置
社交互动	包含双向交流机会	振动传声筒
认知挑战	略高于当前发展水平	因果开关玩具

（一）特殊婴儿早期发展特点与游戏干预原理

1. 0～1 岁特殊婴儿的典型发展挑战

① 感官整合障碍：触觉过敏、听觉敏感、视觉追踪困难。

② 运动功能受限：肌张力异常（低张力/高张力）、原始反射残留。

③ 社交互动延迟：目光回避、共同注意力薄弱。

④ 典型案例：早产儿（矫正月龄计算）、脑瘫高风险儿、唐氏综合征婴儿。

⑤ 科学依据:研究显示,早期干预可使发育迟缓婴儿的认知发展速度提升 40%。

2. 亲子游戏的核心干预原理

① 神经可塑性开发:通过重复性游戏强化神经通路。

② 代偿性学习:用触觉、听觉补偿视觉障碍婴儿的探索需求。

③ 情绪安全优先:通过抚触、微笑和节奏性活动建立安全依恋。

(二)不同月龄亲子游戏方案与适配策略

1. 0~3个月:感官唤醒阶段

发展目标 建立基础感知觉输入。

通用游戏方案

(1)晨光抚触操

操作 在自然光线下,用温热手掌从额头至脚趾抚触,同步哼唱固定曲调。

特殊适配 触觉过敏婴儿改用丝绸围巾,每次从30秒逐步延长。

(2)声音追视盒

材料 纸巾盒内放手机,循环播放母亲哼唱声。

训练目标 听觉定位与颈部控制。

高危信号预警 3个月仍无法追视人脸;对突然声响无惊跳反射。

2. 4~6个月:主动探索启动

发展目标 粗大运动与手眼协调奠基。

核心游戏 抗重力取物体。

材料准备

① 哺乳枕搭建15°斜坡。

② 高处悬挂黑白条纹袜(内装铃铛)。

操作步骤

① 婴儿仰卧于斜坡低处。

② 用发光玩具引导其侧身够物。

③ 婴儿成功触碰时播放预录欢呼声。

特殊需求改造指南见表6-1-2。

表6-1-2 特殊需求改造指南

障碍类型	适配方案
肌张力低下	腋下垫毛巾卷提供支撑
听觉敏感	用绒布包裹铃铛降噪

3. 7~9个月:社交启蒙关键期

明星游戏 振动对话毯。

材料制作

① 旧毯子缝入4个手机振动器。

② 准备红(砂纸)、蓝(丝绸)触感球。

干预流程

① 家长遥控激活某区域振动。

② 引导婴儿用手掌按压振动区。

③ 取出对应颜色球进行触觉配对。

自闭倾向婴儿专项适配

① 加入倒计时提示音("3-2-1,启动!")。

② 用物理开关替代遥控器,强化因果关系理解。

4. 10～12 个月:生活技能迁移

游戏与生活融合。

进食中的口腔训练

① 用冰镇不锈钢勺喂食刺激口腔肌肉。

② 侧卧姿势强化颈部抗重力伸展。

穿衣协作游戏

① 改编儿歌:"左手钻进山洞,右手也要来玩"(节奏匹配穿衣动作)。

② 让婴儿握住衣角辅助拉扯,锻炼抓握与协作。

5. 常规系统性游戏

(1) 亲子触觉探索游戏

游戏目的　通过不同材质、温度和压力的触觉刺激,帮助特殊婴儿发展触觉感知能力。

游戏玩法

① 第一阶段:妈妈将手轻轻在宝宝身体的各个部位进行上下移动抚触,并辅以轻柔的音乐或语言。可尝试将手指放置在宝宝的手掌反复摩挲,刺激宝宝抓握。

② 第二阶段:在宝宝躺着的时候,在宝宝的上方轻轻摆动柔软的布料,让宝宝能体会到脸上有风,看着宝宝的双眼边摇动边说:"风来了,轻轻吹。"逐步将布料在宝宝身上拂过,让宝宝感受布料的触感,并且让布料在宝宝手掌中停留,刺激宝宝抓握。

③ 第三阶段:宝宝躺在床上,用小颗粒按摩球轻轻地在宝宝脚底或手掌来回滚动,并看着宝宝的眼睛说:"小球球,滑滑梯,滚来又滚去。"

(2) 亲子呼吸感知游戏

游戏目的　通过感受家长缓慢的呼吸节奏,帮助特殊婴儿逐渐学会放松身体,缓解紧张或焦虑,增强婴儿的安全感。

游戏玩法

① 第一阶段:妈妈平躺在床上,让宝宝仰卧平躺在妈妈的肚子上,妈妈双手环抱,采用腹式呼吸法,鼻吸气嘴吐气。吸气时用肚皮顶宝宝的屁股,让宝宝感受大人肚子的起伏。

② 第二阶段:爸爸将宝宝环抱在胸前,手掌托住宝宝的后脑勺,让宝宝的头轻微上仰,能看到爸爸的脸。爸爸双脚打开,膝盖朝向脚尖的方向,吸气下蹲肚子鼓起,呼气站立肚子收缩。让宝宝感受吸气、呼气的慢动作,以及站起、蹲下高度的变化。

③ 第三阶段:妈妈将宝宝抱在胸前,母子面对面,宝宝身体贴在妈妈的肚皮处,手掌托住宝宝的后脑勺,让宝宝的头轻微上仰,能看到妈妈的脸。妈妈采用腹式呼吸法,鼻吸气嘴吐气,对着宝宝的头发吹气,让宝宝感受到呼吸的节奏和气流。游戏中可以配以轻柔的音乐。

(3) 听音寻物游戏

游戏目的　通过不同音色玩具产生的声响,吸引特殊婴儿的注意力,增强听觉感知能力。

游戏玩法

① 第一阶段:家长选择手串铃或沙球等具有轻柔声响的玩具,先在宝宝的眼睛前面轻轻摇晃,发出声音,再边摇晃边移到离宝宝耳边 5 cm 的位置轻轻摇晃,并在同侧耳边说话:"宝宝,××在唱歌。"观察宝宝的反应后,再次将玩具拿到宝宝的眼前晃动,再移动到另一侧,反复这一组动作。

② 第二阶段:家长用小空瓶装五颜六色的小珠子,在宝宝的眼前轻轻左右摆动,发出声音,观察宝宝的眼珠活动情况。边念儿歌:"小珠子滚呀滚,滚到耳朵边,滚到小手里……"边将瓶子从眼前移动到耳边、小手等不同的位置,吸引宝宝转头、手抓、蹬腿、翻身等动作。

③ 第三阶段:家长坐在宝宝身后,一手保护宝宝,一手拿着一个系着彩带和铃铛的圈,边晃动边垂在宝宝眼前,上下或左右移动,移动速度不要太快,吸引宝宝眼神跟随,用手抓彩带。

（4）小船摆荡游戏

游戏目的 通过感受身体的左右或前后晃动，发展婴幼儿的前庭觉和平衡能力。

游戏玩法

① 第一阶段：妈妈用一只手托住婴儿的头部和颈部，另一只手托住宝宝的臀部，采用横抱式，使宝宝的身体横向贴在胸前；随着成人身体的左右晃动，使宝宝随之轻轻摆动，臀部的手掌在摆动时可轻拍节奏。

② 第二阶段：爸爸将宝宝翻身放在一只手的手臂上，用手掌托住宝宝的头颈部，腿部卡在手臂的臂弯处，前臂收拢，让宝宝身体侧面靠在爸爸的身上，防止宝宝翻出去。另一只手覆在宝宝的头颈处，手臂左右或前后晃动，覆在宝宝头颈处的手掌可以随着晃动拍节奏。

③ 第三阶段：宝宝平躺在毛毯上，父母分别拉起毯子的四角，跪立在软垫上，跟着音乐《月亮船》轻轻向左右、前后、上下，像秋千一样摆动毛毯画圈。毛毯距软垫 $10\sim20\,cm$。

（5）裸身感受游戏

游戏目的 通过直接接触不同材质的物体等，激发全身自由运动，增强全身触觉感知能力，提高身体协调能力。

游戏玩法

① 第一阶段：在温暖、安静、舒适且光线柔和的房间里，床上铺一条纯棉毯，宝宝裸身仰卧在毯子上，肚脐处盖一条毛巾。播放一些轻柔、舒缓的音乐，帮助婴儿放松。妈妈将润肤油或抚触油涂抹在手掌，微笑着看着宝宝，随着音乐双手轻柔地在宝宝的身上进行抚触和按摩，边抚触边告诉宝宝身体部位或者念儿歌，吸引宝宝的注意力。也可以双手抓握宝宝的手掌或脚掌，轻轻来回拉动，帮助宝宝感受推拉的力量。

② 第二阶段：在床上铺设不同材质的毯子（纯棉、亚麻、大豆纤维等天然材质），准备丝绸帕子、毛绒小熊、按摩球等。宝宝裸身趴着或躺在毯子上。宝宝躺下去时，要注意观察宝宝的面部表情，确保宝宝能接受。躺下后，可以用不同材质的玩具轻轻拂过宝宝的身体不同部位，让宝宝感受软、硬、毛茸茸、颗粒感等不同材质的物体，吸引宝宝扭动身体或挥动手脚。

③ 第三阶段：在床上铺设不同材质的毯子，准备不同材质或有声响的玩具。宝宝裸身趴卧在毯子上。用不同材质的玩具或者布料在宝宝的脚掌、腿部、臀部、手臂游走，最后放到宝宝的眼前，逗弄宝宝伸手抓握和抬头。

（三）家长指导与家庭支持系统

常见误区的纠正见表 6-1-3。

表 6-1-3 误区纠正对照表

常见误区	科学指导
必须每天训练 1 小时	将干预融入日常照料活动
只使用专业教具	改造生活用品（如袜子装米粒做触觉袋）

1. 家长咨询常见问题应对

场景一 孩子抗拒触觉游戏

三步解决法

① 暂停观察：记录具体抗拒表现（哭闹/扭头/肌张力增高）。

② 调整方案：从家长手掌抚触开始，逐步过渡到工具。

③ 正向强化：每次耐受后立即播放孩子喜欢的儿歌。

情景二 当孩子被诊断为脑瘫高风险时

三步应对法

① 情绪着陆：双手紧握温水杯，感受温度与重量（生理层面平静）。

② 认知重构：书写"虽然……但是……"句式。例如，虽然诊断让人害怕，但我们抓住了黄金干预期。

③ 行动清单：制作本周 3 件可执行事项（如改造游戏角）。

2. 家庭环境改造清单

（1）安全改造必做项

① 地垫厚度≥5 cm（缓冲跌倒冲击）。

② 家具尖角安装半透明硅胶护套（兼作视觉提示）。

（2）进阶干预环境

① 用 LED 灯带划分活动区（红光区-大运动/蓝光区-安静游戏）。

② 吊顶旋转装置悬挂不同质地的玩具（刺激伸手抓握）。

3. 家长心理支持工具

（1）5 分钟压力缓解法

双手紧握温水杯感受温度（生理镇静）；书写"虽然……但是……"句式重构认知。

微进步记录表见表 6-1-4。

表 6-1-4　微进步记录表

日期	进步事件	家长感悟
5/1	目光接触 3 秒	宝宝开始注意到我的笑容了
5/5	自主抓握摇铃 5 次	小手越来越有力了！

（2）问题诊断工具箱

问题诊断工具箱见表 6-1-5。

表 6-1-5　问题诊断工具箱

家长困惑	快速评估法	干预优先级
孩子总不看人	20 cm 处摇铃测试追视	紧急（需排除视力问题）
翻身总往一侧	观察非对称颈紧张反射	48 小时内咨询职业治疗（OT）

（3）沟通话术对比表

误区 1　你家宝宝比同龄人落后太多了。

正解　我们一起来制定小宝的专属进步计划。

误区 2　每天必须做满 1 小时训练。

正解　把游戏藏在换尿布、喂奶这些日常里，宝宝会更开心。

4. 家庭游戏材料 DIY 指南

家庭游戏材料 DIY 指南见表 6-1-6。

表 6-1-6　家庭材料 DIY 指南

材料	改造方案	训练目标
旧袜子	填充不同材质（大米/棉花）	触觉辨别
矿泉水瓶	装入彩色液体密封	视觉追踪
快递气泡膜	粘贴在爬行垫上	触觉脱敏

育儿宝典

1. 家长未能及时发现宝宝的发育异常或者担心早期诊断的准确性

很多家长困惑于孩子的一些表现到底是正常发育的个体差异，还是确实预示着存在特殊需求。例如，有的婴儿在 3 个月时抬头不太稳，但医生又说再观察看看，家长就不确定是否真的需要进一步检查来确诊是否有运动发育迟缓等问题,担心过度检查但又怕错过早期干预的最佳时机。

建议

(1) 引导家长通过多种途径深入了解婴儿各阶段的正常发育里程碑

除了常见的育儿书籍外,还可以关注专业的育儿公众号、观看权威的育儿科普视频等。例如,一些知名的儿科专家会在其个人公众号或视频平台账号上定期发布关于婴儿发育的知识内容,讲解每个月婴儿在运动、认知、语言、社交等方面应达到的大致标准,这些内容通常会配有生动的案例和图片,便于家长理解。

(2) 如果家长对某一位医生的诊断或建议存在疑虑,可以考虑咨询不同的医生

现在很多医院都设有儿科专家门诊、特需门诊等,家长可以预约不同的专家,向他们讲述宝宝的详细情况,包括之前医生的诊断意见以及自己观察到的宝宝表现等。不同的医生可能会从不同的角度给出看法和建议,通过综合比较这些意见,家长可以获得更全面、准确的信息,从而更好地判断宝宝是否需要进一步的检查或干预。

2. 一旦宝宝被诊断出有特殊情况,家长对于何时开始正式的干预治疗存在争议

在宝宝诊断出特殊情况后,一部分家长认为应该立即开始,不放过任何可能改善的机会;而另一部分家长则担心孩子太小,承受不了干预带来的压力,想等孩子再大一点、身体更强壮些再开展干预。

建议

(1) 强调早期干预的重要性

向家长解释清楚,0～3岁是宝宝大脑发育的黄金时期,尤其是对于有特殊情况的宝宝而言,这个阶段大脑具有很强的可塑性。以孤独症为例,在早期大脑神经连接正在快速形成和调整,如果能在此时开展有效的干预治疗,就可以利用大脑的可塑性来促进宝宝正常神经通路的建立,帮助他们更好地发展认知、语言、社交等能力。对于听力障碍的宝宝,早期干预能让他们在语言学习的关键期尽早接触并学习语言,避免因听力问题导致语言发育迟缓。

举例说明一些成功的早期干预案例,比如某些孤独症宝宝在确诊后立即接受了专业的干预训练,经过一段时间后,在社交互动、语言表达等方面都取得了明显的进步,让家长切实感受到早期干预的积极效果。

(2) 说明专业干预方案的适应性

告知家长,现在正规的专业干预机构会根据宝宝的具体情况制定个性化的干预方案。对于年龄较小的宝宝,干预方案不会设置过高的强度和难度,而是会充分考虑到宝宝的身体承受能力和发育阶段特点。比如,针对孤独症倾向的宝宝,专业人员会从简单的眼神交流训练、对声音和物品的感知训练等基础内容开始,逐渐增加难度,确保宝宝能够逐步适应干预过程。

以听力障碍宝宝为例,早期的干预措施可能包括佩戴合适的助听器或进行人工耳蜗植入(根据具体病情),同时配合专门的语言康复训练,而这些训练的强度和方式都会根据宝宝的年龄、身体状况等因素进行调整,不会让宝宝感到过度劳累或压力过大。

任务思考

1. 说说0～1岁婴儿正常发育阶段的重要里程碑有哪些,可以采用哪些方法来观察?
2. 模拟为发育迟缓的0～1岁婴儿做"飞机抱"摆荡游戏的动作,并说说应注意哪些安全要领。
3. 在家长对开展干预治疗持有疑虑且深感困惑之时,要怎样去正确引导他们?

任务二　指导 1～2 岁特殊幼儿的家庭教养与咨询

案例导入

小明，1 岁半，在日常观察中被发现有一些孤独症倾向。他很少与家人有眼神交流，对家人的呼唤常常没有回应，仿佛沉浸在自己的小世界里。例如，当妈妈拿着他最喜欢的玩具在他面前晃动并叫他的名字时，他只是盯着玩具看，不会抬头看妈妈一眼。

小明在语言发展方面也较为迟缓，到了 1 岁半，还只会发出一些简单的单音节，像"啊""哦"等，而且很少主动用语言表达自己的需求，更多时候是通过哭闹或者拉大人的手去指向想要的东西。对环境变化非常敏感，一旦家里的家具摆放位置发生改变，或者带他去一个新的环境，他就会显得极度不安，哭闹不止，很难安抚下来。

一、1～2 岁特殊幼儿的家庭照护指导与家长咨询

（一）日常护理

1. 饮食合理安排

根据幼儿的特殊需求调整饮食结构。例如，有吞咽困难的幼儿，食物要做得更细软、易于吞咽，可将蔬菜、水果打成泥状，肉类做成肉末等。同时，要注意保证营养均衡，包括蛋白质（如鸡蛋、鱼肉、豆腐等）、碳水化合物（如米饭、面条等）、维生素（各种新鲜蔬菜和水果）和矿物质的摄入。控制进餐时间和环境，尽量营造安静、舒适的就餐氛围，避免分散幼儿的注意力。可以使用专门的幼儿餐椅，让孩子养成良好的就餐习惯。

2. 加深深度睡眠管理

建立规律的睡眠时间表，每天在大致相同的时间安排午睡和晚上睡觉。一些可能存在睡眠障碍的特殊幼儿，如有孤独症倾向的孩子，可能对环境变化敏感，要确保睡眠环境安静、黑暗且温度适宜。幼儿可以在睡前进行一些放松的活动，如接受轻柔的按摩、听舒缓的音乐等，以便放松身心进入睡眠状态。

（二）家庭成员积极参与协作

1. 明确分工

家庭成员之间要明确各自在康复训练中的职责和分工。比如，妈妈主要负责孩子的语言训练和日常生活中的康复引导；爸爸侧重于孩子的大运动训练和户外康复活动；祖辈在照顾孩子生活起居的同时，给予孩子情感上的支持和鼓励。

通过明确分工，确保每个家庭成员都能在康复训练中发挥自己的作用，避免出现职责不清、互相推诿的情况。

2. 协同合作

家庭成员要相互配合、协同工作。例如，在进行一项训练活动时，一个家长负责示范和引导孩子；另一个家长可以在旁边观察孩子的反应，及时给予反馈和调整训练策略。或者在孩子完成一项训练任务后，所有家庭成员都要给予一致的表扬和鼓励，让孩子感受到整个家庭对他的支持。

定期召开家庭会议，讨论孩子的康复训练进展情况、遇到的问题以及下一步的计划，保持家庭成员之间的沟通顺畅，共同为提高孩子的康复训练实效而努力。

（三）加强安全保障

1. 家居环境安全

检查家居环境，确保没有危险物品暴露在外。例如，将尖锐的刀具、剪刀等放在孩子够不着的地方；收起细小的物品，如硬币、纽扣等，防止孩子误食；在楼梯口安装防护栏，避免孩子摔倒滚落。对于行动不便的特殊婴幼儿，如脑瘫患儿，要确保家中通道宽敞无障碍，方便孩子使用辅助器具（如轮椅、助行器等）通行。

2. 外出安全

带孩子外出时，一定要使用合适的儿童安全座椅（如果乘坐汽车），并系好安全带。在步行时，要紧紧拉住孩子的手，防止孩子乱跑走失或遭遇交通事故。注意公共场所的安全隐患，如商场的自动扶梯、公园的池塘等，提前告知孩子哪些地方危险，不能靠近。

（四）加强康复训练辅助

1. 了解康复目标和计划

家长要与专业的康复治疗师充分沟通，清楚了解孩子的康复目标和具体的康复计划。例如，对于有语言发育迟缓的孩子，康复目标可能是在一定时间内增加词汇量、提高语言表达能力等，康复计划则包括每天的语言训练内容、训练频率等。根据康复计划，在家中积极配合开展辅助训练。比如，按照康复治疗师的要求，每天定时和孩子进行简单的语言互动游戏，如指认物品并说出名称等。

2. 创造训练环境

在家庭环境中创造有利于康复训练的条件。例如，为了训练孩子的精细动作，可以准备一些适合的玩具，如积木、拼图、串珠等，放在孩子容易拿到的地方，鼓励孩子经常玩耍，锻炼手部的灵活性。对于有社交障碍的孩子，可邀请一些年龄相仿、友善的小朋友到家里做客，为孩子创造一个简单的社交环境，帮助孩子逐渐适应与他人的互动。

二、1～2岁特殊幼儿的穿衣出行指导与家长咨询

1. 穿衣指导

（1）为幼儿选择方便穿脱的款式

考虑到特殊幼儿可能在身体活动能力或配合度上存在差异，衣物款式要方便穿脱。比如，选择有前开襟或侧开襟的上衣，搭配宽松的袖口和领口，便于家长为孩子穿衣和脱衣，减少孩子在穿衣过程中的不适感和抗拒心理。

裤子可选择有弹性腰围的款式，如松紧带腰围或带有可调节纽扣的腰围，方便孩子穿着，同时也能适应孩子不同的腰围变化（如进食前后等）。

（2）注意特殊幼儿功能性设计

根据特殊幼儿的具体需求，选择具有特定功能的衣物。例如，对于行动不便（如脑瘫患儿）的孩子，可选择带有辅助固定装置的鞋子，如魔术贴或搭扣设计的鞋子，方便孩子穿脱，且能提供较好的脚部支撑，帮助孩子行走。

对于一些感官敏感（如孤独症倾向的孩子）的幼儿，服装款式要尽量简约，避免过多的装饰元素，如蝴蝶结、亮片、珠子、流苏等。这些装饰可能会引起孩子的过度关注或产生不适感。过多的视觉刺激可能会导致他们情绪烦躁不安。选择款式简单、线条流畅的衣物，例如纯色的T恤、基础款的裤子等，让孩子的视觉感受更加简洁、平和。

（3）注意季节适配

冬季为孩子穿衣要注重保暖，但也要避免过度包裹导致孩子活动不便。可以先为孩子穿上贴身的纯棉内衣，起到保暖和吸汗的作用。然后加上一件保暖的毛衣或绒衣，再根据天气寒冷程度选择合适的外套，如羽绒服或厚棉服。夏季衣物要轻薄、透气，以利于孩子身体散热。选择短袖、短裤或短裙等款式的纯棉衣物，让孩子穿着凉爽舒适。可为幼儿准备一顶帽子，避免光线突然过强导致孩子紧张。

2. 出行指导

（1）选择适宜的方式出行

如果距离较近，步行是不错的选择。家长要紧紧拉住孩子的手，确保孩子在自己的视线范围内，防止孩子突然乱跑走失或遭遇交通事故。对于行动不便的特殊婴幼儿，如使用轮椅或助行器的孩子，要提前检查辅助器具是否完好，能否正常使用。并且在行走过程中要留意道路状况，避开坑洼、台阶等障碍物。

（2）乘坐公共交通工具注意关注孩子情绪

乘坐公共交通时，如公交车、地铁等，要时刻关注孩子的举动，防止孩子因人群拥挤导致情绪失控或走失。如果孩子有特殊需求（如携带医疗设备等），要提前了解相关规定，确保顺利出行。

（3）关注外出环境适应

在带孩子进入公共场所如商场、公园、博物馆等之前，要提前告知孩子一些基本的行为规范，如不能大声喧哗、不能乱跑等。对于有感官敏感问题的孩子，如有孤独症倾向的孩子，要提前了解公共场所的环境特点，如是否有嘈杂的声音、刺眼的灯光等，并采取相应的措施，如戴上耳塞、太阳镜等，以适应环境。在公共场所，要时刻关注孩子的情绪变化，一旦发现孩子出现烦躁不安、哭闹等情况，要及时了解原因并采取措施调整，如带孩子到相对安静的地方休息一下。

三、1～2 岁特殊幼儿的亲子游戏指导与家长咨询

当孩子在 1～2 岁这个本该充满活力与探索欲的年龄段，却因特殊情况面临着发展的挑战时，家长心中的担忧与急切不言而喻。都渴望找到有效的方法来助力孩子的成长，而亲子游戏或许就是那束照亮孩子发展道路的希望之光。在日常的养育过程中，很多家长会困惑于该如何与特殊婴幼儿进行合适的游戏互动，怎样让游戏既能带来欢乐又能切实促进孩子各方面的发展。

1. 感官体验游戏

（1）游戏目的

通过不同感官的体验，锻炼手眼协调能力，学习观察和探索目标，培养感官感知能力。

（2）游戏玩法

游戏一 摸摸小口袋

让宝宝坐在妈妈的腿上或舒适的垫子上。妈妈拿出一个小口袋，鼓励宝宝伸手到口袋里摸一摸里面的东西，然后问道："宝宝，摸摸看，里面是什么呀？感觉怎么样？"引导孩子用语言描述（如果孩子语言能力有限，可以用简单的词汇如"软软的""毛毛的"等表达）或者通过表情、动作来展示自己的感受。每次摸完一个口袋后，可以和宝宝一起把里面的物品拿出来看看，加深宝宝对不同质地的认知。视听障碍或语言障碍的宝宝可以让他们摸，家长表述让他们了解这样的感受如何表达。肢体残障宝宝，可以用身体其他可以接触物体的部位体验。

游戏二 听声音猜物品

妈妈从盒子里拿出一个物品，在宝宝看不到的地方轻轻摇动或敲击，发出声音，然后问孩子："宝宝，听听看，这是什么声音呀？猜猜是哪个东西发出来的？"如果宝宝猜对了，给予表扬和鼓励，如"哇，宝宝好厉害呀，猜对啦！"如果宝宝猜不对，就把物品拿出来给宝宝看，再让宝宝听一听声音，帮助宝宝建立声音和物品的联系。对于孤独症幼儿，要事先跟宝宝沟通游戏，发出的声响不宜过大或突然，声音可以由远而近，以免宝宝受到惊吓。

游戏三 彩色卡片找朋友

爸爸先拿出一组卡片，将它们一张一张地摆在宝宝面前的桌子或地上；然后拿起另一组卡片中的一张，问："宝宝，找找看，这张卡片的朋友在哪里呀？"引导宝宝从摆在面前的那组卡片中找出颜色相同的那张。这个游戏可以帮助宝宝认识颜色，提高视觉辨别能力。此游戏中的图片图案、颜色要简单，不宜复杂。

2. 运动发展游戏

（1）游戏目的

通过适当的运动，提升肌肉力量、灵活性和协调性，改善运动能力。强化大脑功能，有助于智力开发。

培养特殊婴幼儿的自信心和社交能力,减轻孤独感和焦虑情绪。

（2）游戏玩法

游戏一　推球小能手

让宝宝站在或坐在起点位置,爸爸将球放在宝宝面前,示范如何用手或脚推动皮球,然后鼓励宝宝也来试试。宝宝推动皮球后,爸爸可以和宝宝一起跟着球走,看球能滚多远,一边走一边说:"哇,宝宝把球推得好远呀,真厉害!"推球的方法可以多样,可以用头顶,用手部或脚部推或踢等。

游戏二　火车过隧道

使用专门的儿童爬行隧道玩具,或者利用家中现有的物品自制简易隧道。例如,用几个大纸箱首尾相连,去掉侧面的纸板,形成一个类似隧道的空间。确保隧道内部光滑,没有尖锐的边角。可以在隧道上开几个孔洞,让宝宝可以在隧道内随时观察外部。在隧道的一端放置宝宝喜欢的玩具或小零食作为诱饵,吸引宝宝爬过去。如果宝宝有些害怕或不太愿意尝试,妈妈可以先和宝宝一起在隧道里玩一会儿,比如在隧道里藏猫猫,让宝宝逐渐熟悉环境,再引导宝宝独自爬行。

游戏三　跨越障碍

选择室内较为空旷的地方,如客厅或儿童房。准备一些轻便、安全的障碍物,比如几个小抱枕、软质的塑料小桶、矮的积木块等。将这些障碍物按照一定的间隔(开始时间隔可以稍大些,根据孩子的能力调整)排列在地上。在障碍物之间放置宝宝感兴趣的玩具或零食。妈妈一手牵着宝宝的手,帮助宝宝抬起脚跨过障碍物,必要时可以用手扶住宝宝的脚踝处,辅助宝宝学习跨越的动作要领,慢慢让宝宝自己尝试独立跨越,捡拾物品。

游戏四　捏捏小面团

准备一小团柔软的面团,可以是自制的(用面粉和水简单调制而成)或者儿童专用面团。将面团放在干净的盘子里。准备一些简单的小模具,比如圆形、方形、心形等形状的塑料模具。爸爸先示范如何用手指捏面团,比如把面团捏成一个小团子,或者用模具把面团压成各种形状。然后让宝宝也来尝试。在宝宝操作过程中,爸爸可以在旁边手把手地帮助,给予指导,如"宝宝,用大拇指和食指这样捏哦""宝宝,手摊开,拍拍面团,它就变成扁扁的了"。

3. 语言发展类游戏

（1）游戏目的

通过语言游戏,帮助特殊婴幼儿理解事物名称等,增强认知能力,锻炼逻辑和思维,培养社交技能。

（2）游戏玩法

游戏一　喂食游戏

准备一个或多个卡通动物纸盒,挖个 10 cm 以上的洞,摆放各种常见食物模型和一把汤匙。妈妈可以手把手地扶住宝宝的手,将食物模型舀进动物嘴巴里,并引导宝宝说:"吃萝卜,吃饼干……"宝宝熟悉玩法后,可以由妈妈发出指令,宝宝寻找对应的食物模型进行独立游戏。也可以妈妈和宝宝互相喂食,边喂食边说:"宝宝吃葡萄。"鼓励宝宝模仿说短句。

游戏二　跟我一起做动作

爸爸先做一个简单的动作,如拍手、点头、跺脚等,然后对宝宝说:"宝宝,看看爸爸做什么动作呢?"引导宝宝模仿自己的动作。刚开始,可以爸爸做动作,妈妈手把手辅助宝宝模仿,如果宝宝模仿成功,给予表扬和鼓励,如"哇,宝宝好厉害呀,跟爸爸做的一样呢!"并且和宝宝击掌一下。动作尽量简单、多重复,使宝宝体验成功感。

游戏三　找找好朋友

准备配对卡片,刚开始先由妈妈发出指令,引导宝宝根据指令找出相应的卡片。当宝宝熟悉卡片后,以提问的形式引导宝宝寻找图片之间的关联:"宝宝,水要倒在哪里呢?"鼓励宝宝说完整句。针对视障儿童,可以采用专门的视障卡片或者提供实物。

育儿宝典

1. 康复或干预训练效果不明显怎么办？

首先，康复、干预训练是一个长期的过程，不要期望短期内就能看到明显的效果。要坚持按照专业康复治疗师制定的计划训练，并且定期和治疗师沟通，反馈宝宝的情况。治疗师会根据实际情况调整训练计划。另外，宝宝的状态、情绪等因素也会影响训练效果。比如，如果宝宝身体不舒服或者情绪不好，就会影响训练的完成度和效果。所以，要关注宝宝的整体情况，在孩子状态好的时候多安排训练。

2. 如何知道训练强度是否合适？

合适的训练强度应该是宝宝既能接受又能在一定时间内取得进步的。一般来说，如果宝宝在训练过程中表现出明显的抗拒、哭闹或者极度疲劳，说明训练强度过大了；而如果宝宝完成训练后感觉很轻松，没有任何挑战，说明训练强度过小了。要密切观察宝宝的反应，并且可以和专业康复治疗师商量，根据宝宝的年龄、身体状况等因素来确定合适的训练强度。

3. 宝宝进入辅食期后挑食怎么办？

首先要了解孩子挑食的原因。可能是因为不喜欢食物的口感、颜色、形状等，也可能是因为之前有过不愉快的进食经历。可以尝试变换食物的做法，把不喜欢的食物做成不同的形式，如把胡萝卜做成胡萝卜泥、胡萝卜汁或者胡萝卜饼等，让孩子尝试新的口感。同时，要控制孩子的零食摄入量，避免在饭前吃太多零食影响正餐。另外，家长要以身作则，自己养成良好的饮食习惯，不挑食、不偏食，孩子会在潜移默化中受到影响。

4. 宝宝不怎么和我交流怎么办？

宝宝可能是因为自身的特殊情况（如语言发育迟缓、社交障碍等）导致不太愿意和家长交流。首先要耐心等待孩子的表达，不要强迫孩子说话。

可以通过一些简单的互动游戏来吸引孩子的注意力，如躲猫猫、拍手游戏等。在游戏过程中，鼓励孩子发出声音或者做出反应。同时，要给予孩子充分的情感鼓励，当孩子有一点点进步时，要给予表扬和奖励，增强孩子的自信心。

任务思考

1. 说说1～2岁幼儿在外出时应注意哪些问题，如何避免婴幼儿产生危险和情绪激动等问题的发生？

2. 模拟为发育迟缓的1～2岁幼儿进行跨越障碍游戏的动作指导，并说说不同特殊情况的宝宝要采用哪些方法来指导带动。

3. 当家长针对宝宝的康复或干预训练效果提出疑虑时，应怎样去分析原因？可以运用哪些方法做出相应的调整？

任务三 **指导 2～3 岁特殊幼儿的家庭教养与咨询**

案例导入

轩轩,2 岁 2 个月,出生后被诊断为听力障碍。他对外界声音的反应很微弱,只有当声音特别大的时候,才会有一些明显的反应。比如大声拍手或者敲响锣鼓时,他会稍微愣一下神,但很快又恢复到原来的状态。

在语言发展上,由于听力受限,他的语言表达能力很差,到了 2 岁 2 个月还只能发出一些简单的单音节,如"啊""哦"等,而且很难理解别人说的话。他的社交互动也受到了影响,因为听不到别人的声音,很难与他人进行正常的互动交流。比如,其他小朋友和他打招呼时,他不知道该怎么回应,只是看着对方。

一、2～3 岁特殊幼儿的家庭照护指导与家长咨询

(一)饮食照护

1. 营养均衡搭配

确保孩子摄入各类营养素,包括蛋白质、碳水化合物、脂肪、维生素和矿物质。蛋白质可来源于肉类(如鸡肉、鱼肉、牛肉等)、蛋类、豆类及奶制品;碳水化合物可选择米饭、面条、面包等;蔬菜和水果则提供丰富的维生素和矿物质。例如,每天可为孩子安排一份肉类菜品、一份蔬菜、一份水果、适量的主食以及一杯奶制品。

根据孩子的特殊情况调整。如果孩子存在吞咽困难,食物要做得更细软,如将肉类剁成肉末,蔬菜煮烂或打成泥状等,方便孩子吞咽。对于有食物过敏史的孩子,要严格避开致敏食物,并确保替代食物能提供相应的营养成分。

2. 饮食习惯培养

确立规律的进餐时间,每天尽量在相同的时间点安排早餐、午餐和晚餐,以及适当的加餐(如上午、下午各一次)。这有助于孩子的身体形成良好的生物钟,促进消化吸收。

营造安静、舒适的进餐环境,减少外界干扰,如关闭电视、收起玩具等。鼓励孩子自主进食,即使孩子吃得不太干净或较慢,也不要急于代劳。可以提供适合孩子抓握的餐具,如小勺子、小叉子等,帮助孩子锻炼手部精细动作和自理能力。

(二)自理能力培养

1. 洗漱习惯培养

培养孩子良好的洗漱习惯,从简单的洗手、洗脸开始,逐渐过渡到刷牙、漱口等。可以使用儿童专用的洗漱用品,如带有可爱卡通形象的香皂、牙膏等,吸引孩子的兴趣。在洗漱时,要耐心示范动作,如正确的洗手步骤(手心手背搓一搓、手指缝里也搓搓等),让孩子跟着模仿,逐步掌握正确的洗漱方法。

2. 如厕习惯培养

当孩子表现出对如厕有一定的认知和兴趣时(如能表达自己要上厕所的意愿、对马桶或便盆感兴趣等),可以开始如厕训练。首先,为孩子准备一个适合的马桶或便盆,最好是带有可爱图案或孩子喜欢的卡通形象的,放在卫生间方便孩子使用的位置。

在训练过程中,要耐心引导孩子。当孩子成功在马桶或便盆上如厕后,要给予表扬和奖励,如小贴纸、拥抱等,增强孩子的自信心和积极性。如果孩子出现失误,不要责备孩子,而是要安慰并鼓励他下次做好。

（三）关注家居环境安全

1. 危险物品的收纳

对家居进行全面的安全检查，将尖锐的刀具、剪刀、针等放在孩子够不着的地方；收起细小的物品，如硬币、纽扣、珠子等，防止孩子误食；把药品放在有锁的柜子里，确保孩子无法触及；在楼梯口安装防护栏，避免孩子摔倒滚落。

2. 电器设备的防护

确保插座有保护盖，防止孩子触电；将电暖器、电水壶等电器放置在孩子碰不到的地方；对于行动不便的特殊婴幼儿，如脑瘫患儿，要确保家中通道宽敞无障碍，方便孩子使用辅助器具（如轮椅、助行器等）通行，同时要注意家具的摆放位置，避免孩子碰撞受伤。

（四）提高康复训练实效

1. 在家庭环境中创造有利于康复训练的条件

例如，为了训练孩子的精细动作能力，可以准备一些适合的玩具，如积木、拼图、串珠等，放在孩子容易拿到的地方，鼓励孩子经常玩耍，锻炼手部的灵活性。也可以利用家庭日常用品进行康复训练，如用勺子训练孩子的精细动作，用椅子训练孩子的跨越动作等。

2. 针对兴趣制定计划

考虑孩子的特殊需求、兴趣爱好以及学习风格来制定训练计划。比如，孩子对音乐感兴趣，可以将音乐融入语言或运动康复训练中，让孩子跟着音乐的节奏拍手、踏步来锻炼运动协调能力，或者通过唱儿歌的方式学习新词汇、锻炼语言表达能力。

3. 确保计划的系统性和循序渐进性

康复训练计划要形成一个系统，各个训练项目之间要有逻辑联系，相互促进。比如，在训练孩子的认知能力时，可以先从认识简单的形状、颜色开始，逐渐过渡到认识物品的功能、分类等更复杂的内容。

（五）情感沟通与心理支持

1. 积极倾听与回应

家长要时刻关注孩子的情绪和需求，当孩子有表达的欲望时，要积极倾听并给予回应。即使孩子的表达不太清晰，也要通过眼神、微笑、点头等方式让孩子感受到被关注和理解。例如，当孩子拿着一个玩具想要和家长分享时，家长要停下手中的工作，认真地看着孩子，并用简单的话语回应，如"哇，宝宝这个玩具好漂亮呀，谢谢你和妈妈分享哦"。

2. 给予情感鼓励

在孩子进行康复训练或尝试新事物时，要给予充分的情感鼓励。比如，当孩子成功完成一个简单的训练任务时，要给予表扬和奖励，可以是一个小贴纸、一个拥抱或者一句赞美的话，如"宝宝太棒了，这么快就完成啦，妈妈真为你骄傲"。通过这种情感鼓励，增强孩子的自信心和积极性，让孩子在家庭环境中感受到爱与支持。

二、2~3岁特殊幼儿的穿衣出行指导与家长咨询

（一）穿衣指导

孩子运动量明显增强，喜欢活动，汗腺分泌旺盛，因此应该给他们穿着适量的衣服，避免穿得过多导致出汗过多，这样反而容易感冒。保持宝宝的头部凉爽，可以通过给他戴一个小帽子来实现。同时，确保宝宝的手暖、肚暖、足暖，避免腹部受凉。

孩子有了初步的自理意识，推荐选择前开连身式的和尚服，宽大的T恤，松紧带裤头的运动裤或中裙。这种衣服方便孩子练习穿脱，同时也能更好地保护孩子的肚脐不受凉。避免选择牛仔裤或者紧身衣，因为这可能会限制孩子的运动发展。

可以通过摸孩子的后背来判断其是否穿得合适。如果后背温暖干燥，说明穿衣得当；如果后背潮湿发烫，则可能穿得过多；如果后背发凉，则需要增加衣物。

（二）出行指导

外出旅游的地点要考虑孩子的特殊性,要站在孩子的角度,想想是否有孩子感兴趣的东西。确定所选择的地方残障设施、人流量、景观等因素适宜孩子。不要出现让孩子产生恐惧、紧张、反感等不良情绪的场景。

在出发前,多跟孩子沟通出游行程,让孩子明白出行就是从熟悉的地方,去另一个地方,看平时看不到的风景。可以通过多种形式,让孩子知道去的场所什么样,可以去做什么。比如,以图片,或者短视频的形式,让孩子知道接下来要去哪里,事先给予孩子充足的安全感。

出行前可以和孩子一起商量出游时需要准备什么衣物;根据旅行的目的地气候选择适合的服装;孩子希望携带哪些书籍或者动画片,在乘坐火车或飞机的过程中消磨时间等,这些都可以和孩子共同商量并提前做好准备。

对于一些预想中可能会发生的情景,试着和孩子在家里进行情景演练,通过模拟情景来告诉孩子,遇到类似的事情时应该如何做。教导他们记住自己的全名、家长的联系电话,以及急救的报警电话等重要信息。这些关键信息能极大地提高他们应对突发情况的能力。

三、2~3岁特殊幼儿的亲子游戏指导与家长咨询

2~3岁的宝宝们本应在房间里欢快地奔跑,兴致勃勃地摆弄着玩具,奶声奶气地和家人交流,尽情地探索着周围的一切。然而,对于那些特殊婴幼儿来说,这些看似平常的场景可能会因为他们的特殊状况而变得困难。但别担心,亲子游戏可以成为改变这一现状的神奇钥匙。通过巧妙构思的亲子游戏,依据孩子的特殊需求,有针对性地锻炼他们的各项能力,让他们在游戏的欢乐氛围中逐渐成长、进步。

1. 感官体验游戏

（1）游戏目的

通过不同感官的体验,锻炼手眼协调能力,学习观察和探索目标,培养感官感知能力。

（2）游戏玩法

游戏一　声音猜猜猜

收集一些能发出不同声音的常见物品或自制发声道具,如铃铛、木鱼、小鼓、拨浪鼓、装有不同种类豆子的塑料瓶、会发出声音的植物等。初始时,引导宝宝摆弄并聆听不同的声音,用简单的词汇表达听到的声音或物体,如"沙沙沙""木鱼响,笃笃笃"等。待宝宝熟悉了以后,在桌子上放置一块竖立的隔板,妈妈在隔板后面依次敲打或摇动产生声响,让宝宝猜猜是什么在发出声音。每次游戏数量3种以内,根据宝宝的接受能力慢慢提高。

游戏二　彩色光影秀

准备一个手电筒或可调节灯光颜色的小夜灯,以及一些不同颜色的透明塑料片(如红色、蓝色、黄色、绿色等)。拉上窗帘,环境较暗。爸爸先打开手电筒或小夜灯,将灯光照在墙上或天花板上,妈妈手影做出兔子造型,让宝宝观察墙上出现的光影:"宝宝,你看,墙上的小兔在跳跳跳。"引发宝宝的兴趣。可以用各种形状的影子,让宝宝猜猜是什么形状。接着可将不同颜色的塑料片投影到墙上,引导孩子认识颜色,并不断变换不同颜色的塑料片,让孩子感受不同颜色的光影变化,增加游戏的趣味性。鼓励宝宝用简短的语言表达自己的观察。智力障碍的宝宝需要的颜色不超过3种,并反复演示和示范表达;听说障碍的宝宝可引导用手模仿形状,或者用水彩笔表示自己看到的颜色。

游戏三　神奇的瓶子

准备装有不同气味的瓶子和相应的食物若干,如花香、果香、调味香等。引导宝宝自己打开盖子闻闻气味,妈妈告诉宝宝气味的名称。如果宝宝喜欢,可以拿食物让宝宝尝一尝。提供的气味从宝宝喜爱的,慢慢过渡到比较少接触的气味,体验各种嗅觉,进行嗅觉刺激,减少特殊婴幼儿对部分气味的不适应。

游戏四　欢乐踩豆子

播放节奏欢快的音乐,将豆子装入一个可束口的布袋,将布袋放入脸盆中。抱着宝宝坐在椅子上,将脚放入布袋里,鼓励宝宝边听音乐边轻踩袋子里的豆豆。豆豆可以大小不同,有所变化,刺激幼儿的感官体验。如果起初宝宝害怕,可以先让他们用手在布袋里搅动,增强安全感,再用脚进行游戏。鼓励宝宝通

过踩踏感知、认识不同的豆豆名称。家长要始终陪伴,避免宝宝把豆豆误放入口鼻耳等。

2. 生活自理体验游戏

(1) 游戏目的

通过模拟生活场景,让幼儿学习和掌握基本的生活自理技能,提升生活自理能力,增强社会融合性。

(2) 游戏玩法

游戏一　给宝宝洗澡

提供一个玩具澡盆、毛巾、小肥皂、子母扣衣服裤子,以及一个玩具娃娃。妈妈先示范抱娃娃、给娃娃脱衣服、帮娃娃洗澡等动作,手把手引导宝宝帮娃娃洗澡、穿衣服等。边做边说:"我给娃娃洗澡,洗洗手,洗洗脸,洗洗脚,娃娃洗得香喷喷!"等宝宝感兴趣后,可以提供真的水和盆,让宝宝尝试独立操作。有自闭障碍的宝宝,家长可以以问答的方式,鼓励宝宝边游戏边互动。

游戏二　穿衣拼图游戏

准备一套穿衣步骤拼图,或者木质的娃娃换衣拼图。先和宝宝一起,将拼图按照衣服、裤子、鞋子分类。接着,爸爸可以先拿起一块拼图,比如穿上衣的一块,问孩子:"宝宝,你觉得这块拼图应该放在哪里呀?"引导宝宝根据穿衣的实际步骤来拼图。爸爸可以一边拼一边给宝宝讲解每个步骤的含义和做法,让宝宝在拼图的同时,对穿衣步骤有更清晰的认识,从而提高穿衣自理能力。给视觉障碍的宝宝提供大小不同的衣服裤子,让宝宝通过摸来分辨,提高宝宝的触觉能力。

游戏三　刷牙小怪兽

准备一支儿童专用的卡通形象牙刷和大嘴巴河马玩具。妈妈和宝宝一起,边给河马刷牙边唱儿歌《刷牙歌》,让宝宝感知刷牙的趣味。妈妈和宝宝可以互换玩具进行游戏,也可以让宝宝帮妈妈挤牙膏、刷刷牙,逐步对刷牙产生兴趣,不抵触。

3. 社交互动游戏

(1) 游戏目的

通过模拟社交场景,增强语言表达能力,逐步适应不同的社交环境,增强孩子的自信心。

(2) 游戏玩法

游戏一　一起搭积木

准备一套积木,最好是颜色鲜艳、形状多样的积木,如正方体、长方体、圆柱体、三角形等。妈妈先拿起一些积木,搭建简单的建筑或造型,如一座小房子或一座桥。边搭建边说:"宝宝,妈妈在搭小房子呢,你也来一起搭呀。"然后把积木递给宝宝,鼓励宝宝和自己一起搭积木。在搭积木的过程中,可以和孩子互动,如问孩子:"宝宝,你觉得我们这里应该放一个什么形状的积木呀?"或者说:"宝宝,你看这块积木放在这里好不好看呀?"当宝宝和家庭成员能较融洽地游戏后,可以邀请宝宝熟悉的小伙伴来参与此游戏。通过这种互动,培养宝宝的社交互动能力和合作精神,同时也锻炼宝宝的空间认知能力。

游戏二　超人大战

准备一件大披风和一件小披风,带宝宝到室外空旷的运动场或者草地。爸爸穿上披风扮演超人,邀请和带领宝宝和小伙伴一起在空地上奔跑。可以拉着宝宝,边跑边鼓励:"宝宝是小超人,和爸爸一起跑!"等宝宝跑动能力提高后,可以邀请小伙伴一起来玩游戏,爸爸扮演超人,小朋友追逐"超人";也可以让宝宝扮演超人,让小伙伴来追逐宝宝。爸爸在一旁保护和提醒。肢体残障的宝宝可以由大人推动轮椅奔跑,或者将宝宝放置在自行车座椅上,让宝宝感受速度和清风拂面的轻松愉快。

游戏三　快乐舞会

事先准备欢快的音乐、沙锤、铃铛、表演服装等道具。事先帮宝宝装扮,爸爸、妈妈也装扮。开启音乐,拉着宝宝的手随音乐节奏律动,引导宝宝模仿简单的点头、招手、叉腰蹲等动作,体验音乐舞蹈带来的快乐。宝宝喜欢这项游戏后,可以邀请 1~2 名小伙伴来参与游戏,促进宝宝与同伴的融洽相处。肢体残障的宝宝可以由大人抱在怀中舞蹈或者坐着进行部分肢体的舞动。

游戏四　好玩的水

事先准备一个浴盆、玩水工具(水勺、水车、水杯、捞网等)、软胶玩具(漂浮小船、鸭子一家、发条小青蛙）、玩水服、拖鞋等。爸爸、妈妈陪伴宝宝一起玩水,拿水勺舀水,轻轻倒在宝宝手上,引导宝宝用手接水。语言鼓励宝宝接过水勺模仿妈妈刚才的动作。边玩边鼓励宝宝:"水流下来了,好舒服呀! 宝宝要玩吗?"接着,拿两个杯子发出指令:"宝宝,把水舀到妈妈的杯子里好吗?"也可以拿软胶动物,和宝宝在水中游戏,边玩边进行简单对话。在游戏中要注意,不要一开始就使用水枪、会叫的玩具等,避免特殊宝宝受到惊吓。

育儿宝典

1. 如何让宝宝感受到家长的爱?

宝宝其实很敏感,能通过很多方式感受到家长的爱。比如,经常抱抱孩子、亲亲孩子,和孩子说一些亲昵的话,如"妈妈爱你""爸爸爱你"等。在宝宝做事情时,不管是成功还是失败,都要给予支持和鼓励,让宝宝在每一个细节中都能感受到爱。另外,花时间和宝宝一起做喜欢的事情,如看绘本、玩玩具等,也是让宝宝感受到爱与关怀的重要方式。

2. 宝宝对穿衣很抗拒怎么办?

宝宝自我意识萌芽,有了自己的想法。特殊婴幼儿常见情绪不稳定的情况,会用比较激烈的行为来抗拒穿衣。家长要先稳定宝宝情绪,耐心询问交流。抗拒穿衣可能有多种原因。首先,检查衣物是否舒适,比如是否有标签刺激皮肤,领口袖口是否太紧,衣料是否粗糙,宝宝是否害怕衣物图案等。如果是因为这些原因,更换舒适的衣物会改善这种情况。

尝试把穿衣过程变成有趣的游戏,比如和孩子说"我们来给小熊穿衣服啦,现在轮到宝宝啦"。通过这种方式吸引宝宝的兴趣,让穿衣过程变得更有趣味性。

3. 如何根据宝宝的特殊情况选择合适的鞋子?

2~3岁宝宝的行动意愿增强,如果孩子有行动不便的问题,如脑瘫患儿,要选择能够提供良好脚部支撑的鞋子,比如带有魔术贴或搭扣设计的鞋子,方便穿脱且能稳定脚部。对于有感官敏感问题的孩子,如有孤独症倾向的孩子,要选择缝线平整、没有过多装饰、标签隐藏在里面的鞋子,以减少对孩子感官的刺激。

任务思考

1. 针对2~3岁特殊幼儿出行,要做哪些准备? 出行过程中要注意哪些问题?
2. 如何培养2~3岁特殊幼儿的自理能力?
3. 可以通过哪些游戏帮助2~3岁特殊幼儿培养社会交往能力?

实训实践

实训实践任务书

任务名称 3岁发育迟缓幼儿家庭教养与咨询实训

任务内容 针对3岁发育迟缓的幼儿,通过实训实践,为家庭提供教养指导和咨询服务,帮助家庭更好地理解和应对孩子的特殊需求,促进孩子的健康成长。

任务要求
① 了解发育迟缓幼儿的生理、心理发展特点。
② 掌握针对发育迟缓幼儿家庭的教养和咨询技巧。
③ 能够制定个性化的教养计划,并提供有效的家庭咨询。
④ 记录实训过程,填写实训表格,进行反思和总结。

任务目标
① 提高学生对特殊幼儿家庭教养与咨询的认识和能力。

② 帮助学生掌握与特殊幼儿家庭沟通和交流的方法。

③ 培养学生针对特殊需求制定个性化教养计划的能力。

④ 通过实训实践,增强学生的实践能力和职业素养。

过程描述

（1）准备阶段

① 收集关于 3 岁发育迟缓幼儿的教养和咨询资料。

② 学习并掌握相关理论和技巧。

③ 设计实训方案和实训表格。

（2）实施阶段

① 选择或分配一个或多个 3 岁发育迟缓幼儿家庭作为实训对象。

② 与家庭进行初步沟通,了解孩子的具体情况和家庭需求。

③ 根据孩子的特殊需求,制定个性化的教养计划。

④ 为家庭提供教养指导和咨询服务,包括日常护理、教育训练、心理支持等方面。

⑤ 记录实训过程,填写实训表格,包括孩子的表现、家庭的反馈、自己的观察和思考等。

（3）总结阶段

① 对实训过程进行反思和总结,分析成功经验和不足之处。

② 撰写实训报告,详细记录实训过程、结果和感悟。

③ 与导师和同学分享实训经验,交流和讨论。

材料、工具

① 0～3 岁特殊幼儿教养与咨询相关书籍、文献和资料。

② 实训表格和记录本(见表 1)。

③ 沟通工具(如电话、微信等)用于与家庭保持联系。

④ 个性化教养计划制定工具(如电脑、软件等)。

⑤ 准备一些教育训练用的玩具、图片、工具等材料。

表 1　实训记录表

宝宝姓名：	宝宝昵称：	爸爸姓名及职业：	妈妈姓名及职业：	家庭其他成员：
宝宝特殊情况描述				
实训内容				
日期	实训内容	婴幼儿表现	家庭反馈	观察者思考
	初步沟通,了解家庭和孩子情况	宝宝对陌生人有些害怕,眼神躲闪,无法和老师直视或问答。通过家长的介绍,宝宝对老师有好奇心,在老师周围跑来跑去,自言自语,听不清楚说什么	家长能较细致地讲述宝宝的发育情况,并提供相关医院的诊断书;妈妈为主要教养人,能主动沟通宝宝的表现。期待得到专业的指导和帮助	观察:宝宝的发育情况比实际年龄迟缓至少 12 个月。策略:要先与宝宝耐心建立信任关系
	制定个性化教养计划,并与家长进一步讨论适宜性	进一步观察宝宝的表现、习惯等,为宝宝制定个性化计划	家长对计划表示认同,但有一些疑问(详细记录疑问),教师解答	观察:宝宝对老师带的海洋球玩具表现出好奇,会拿起球来扔,扔完非常兴奋,老师尝试抱住宝宝一起扔球。策略:教师要进一步通过游戏与宝宝建立信任

赛证 链接

单选题

1. 对于患有先天性心脏病的 0~3 岁婴幼儿,家庭养护中以下哪项是错误的?（   ）

　A. 避免孩子剧烈哭闹和运动　　　　　　B. 尽量减少孩子的户外活动

　C. 注意预防感冒和其他呼吸道感染　　　D. 按照医生要求定期复查

2. 0~3 岁孤独症婴幼儿的家长在日常生活中,下列哪种做法有助于孩子的康复?（   ）

　A. 严格按照固定的时间表安排孩子的生活

　B. 避免孩子接触新环境和陌生人

　C. 只关注孩子的行为问题,忽视其兴趣爱好

　D. 利用孩子的兴趣点引导其参与社交互动

3. 对于 0~3 岁视力残障婴幼儿,家庭养护中应注意（   ）。

　A. 尽量减少孩子的活动,避免受伤

　B. 不使用声音或触觉来引导孩子,以免干扰其听觉发展

　C. 为孩子提供丰富的触觉和听觉刺激

　D. 把孩子的生活物品随意摆放,锻炼其空间感知能力

4. 简述 0~1 岁特殊婴儿的穿衣出行指导。

5. 简述 1~2 岁特殊幼儿的家庭照护指导中应该如何加强安全保障?

6. 为 1~2 岁特殊幼儿设计 1 个家庭运动亲子游戏(准备、玩法、注意事项)。

主要参考文献

［1］吴晓丹.0～3岁婴幼儿家庭教育与指导［M］.北京：北京师范大学出版社，2023.

［2］张家琼,李丹.0～3岁婴幼儿家庭教育与指导［M］.北京：科学出版社，2015.

［3］李生兰.学前儿童家庭教育（修订版）［M］.上海：华东师范大学出版社，2006.

［4］北京市教育委员会.0～3岁儿童早期教育指南［M］.北京：北京师范大学出版社，2010.

［5］李洪曾.学前儿童家庭教育［M］.大连：辽宁师范大学出版社，2002.

［6］冯德全.0～3岁婴幼儿家长指导手册［M］.北京：中国妇女出版社，2007.

［7］鲍秀兰.0～3岁婴幼儿早期教育和早期干预［M］.北京：人民卫生出版社，2018.

［8］王明晖.0～3岁婴幼儿认知发展与教育［M］.上海：复旦大学出版社，2011.

［9］万钫.学前卫生学（第3版）［M］.北京：北京师范大学出版社，2012.

［10］崔玉涛.崔玉涛育儿百科［M］.北京：中信出版集团股份有限公司，2019.

［11］中国营养学会.中国居民膳食指南（2022）（科普版）［M］.北京：人民卫生出版社，2022.

［12］本书编写组.0～3岁婴幼儿早期教育家长指导手册［M］.福州：福建人民出版社，2010.

［13］徐华莉.0～3岁儿童艺术启蒙与指导［M］.上海：复旦大学出版社，2014.

［14］龚陈,刘世云,谈婷婷.婴幼儿回应性照料［M］.长沙：湖南师范大学出版社，2024.

［15］吕贻方,高若虹,阮玉立.幼儿生活照护［M］.长沙：湖南师范大学出版社，2024.

［16］尹传松,黄丽娥,吴蓉.婴幼儿生活照顾［M］.长春：吉林大学出版社，2021.

［17］王红.0—3岁婴幼儿家庭教育与指导［M］.上海：华东师范大学出版社，2020.

［18］上海市教师教育学院.上海市0～3岁婴幼儿发展要点与支持策略（试行稿）［M］.上海：上海教育出版社，2024.

［19］万钫.学前卫生学（第3版）［M］.北京：北京师范大学出版社，2012.

［20］李海芸,刘恋.学前儿童卫生与保健［M］.南京：南京大学出版社，2018.

［21］张文军.学前儿童发展心理学（第2版）［M］.长春：东北师范大学出版社，2017.

［22］杨霞.可怕的2岁,麻烦的3岁［M］.天津：天津科学技术出版社，2020.

［23］中国营养学会.中国居民膳食营养素参考摄入量（2023版）［EB/OL］.（2023－11－19）［2024－07－21］.https://www.cnsoc.org/drpostand/.

［24］中国营养学会.中国学龄前儿童平衡膳食宝塔（2～5岁）［EB/OL］.（2022－05－21）［2024－07－21］http://dg.cnsoc.org/upload/affix/20220601170023894.jpg.

［25］中国政府网.国家卫生健康委办公厅关于印发3岁以下婴幼儿健康养育照护指南（试行）的通知［EB/OL］.（2022－11－19）［2024－12－21］.https://www.gov.cn/zhengce/zhengceku/2022-11/29/content_5729421.htm.

［26］American Academy of Pediatrics. Potty Training Regression［EB/OL］（2022－05－25）［2024－07－21］. https://www.healthychildren.org/English/ages-stages/toddler/toilet-training/Pages/Regression.aspx.

［27］中华人民共和国国家质量监督检验检疫总局,中国国家标准化管理委员会.中华人民共和国国家标准牙膏［EB/OL］.（2017－11－01）［2024－07－21］.http://c.gb688.cn/bzgk/gb/showGb?type＝

online&hcno＝75C994CB8D81BA2297AB899C62D0ED43.

［28］苏雪云.婴幼儿早期干预［M］.上海:华东师范大学出版社,2016.

［29］朱迪斯·班杜拉-乌兹.特殊需要婴幼儿评估的实践指导［M］.钱文,刘明,主译.上海:华东师范大学出版社,2005.

图书在版编目(CIP)数据

婴幼儿家庭教养指导与咨询/陈雅芳,颜晓燕总主
编;郭俊格主编.--上海:复旦大学出版社,2025.
8.-- ISBN 978-7-309-18058-9

Ⅰ. G781

中国国家版本馆 CIP 数据核字第 20254PL507 号

婴幼儿家庭教养指导与咨询

陈雅芳　颜晓燕　总主编

郭俊格　主　编

责任编辑/张志军

复旦大学出版社有限公司出版发行

上海市国权路 579 号　邮编:200433

网址:fupnet@ fudanpress.com　http://www.fudanpress.com

门市零售:86-21-65102580　团体订购:86-21-65104505

出版部电话:86-21-65642845

上海四维数字图文有限公司

开本 890 毫米×1240 毫米　1/16　印张 11.5　字数 364 千字

2025 年 8 月第 1 版第 1 次印刷

ISBN 978-7-309-18058-9/G·2716

定价:49.00 元